한국 현대시 100년 12가지 주제별 읽기

시집사리 詩集思理

시집사리詩集思理

2025년 11월 20일 인쇄
2025년 11월 25일 발행

지은이 김동원

펴낸이 강경호 편집 강나루 디자인 정찬애
펴낸곳 도서출판 시와사람
등록 1994년 6월 10일 제 05-01-0155호
주소 광주시 동구 양림로119번길 21-1(학동)
전화 (062)224-5319   E-mail jcapoet@hanmail.net

ISBN 978-89-5665-785-1 03810

·잘못된 책은 구입하신 서점에서 바꾸어 드립니다.
·값은 표지에 있습니다.

이 도서의 국립중앙도서관 출판예정도서목록(CIP)은
서지정보유통지원시스템 홈페이지(http://seoji.nl.go.kr)와
국가자료종합목록 구축시스템(http://kolis-net.nl.go.kr)에서
이용하실 수 있습니다.

© 김동원, 2025
이 책은 저작권에 의해 보호를 받는 저작물이므로
출판사와 저자의 허락 없이 무단 전재와 복제를 금합니다.

한국 현대시 100년 12가지 주제별 읽기
시집사리詩集思理

김동원

시와사람

책을 펴내며

　이 책을 구상한 지도 벌써 십 년이 흘렀다. 이는 오로지 내 시 공부의 신독(愼獨)과 독락(獨樂)을 위한 저간의 날들이었지만, 한국 현대시 100년을 탐색하는 작업은, 애초에 내 능력 밖이었다. 주옥같은 시인들의 작품과 시론집을 밤새워 통독하며 예술에 대한 그들의 광기와 울분, 언어와 언어 이전의 치열한 갈등에 흠뻑 취했다. 시대를 초월하여 시인은, 시를 찾다 길을 잃었고, 길을 찾다 홀연히 시를 들었다. 내가 읽은 시들은 모두 절정이었다. 심연의 노래가 아닌 시가 없었다. 달빛에 적신 아름다운 서정시도 있고, 모국어에 대한 열렬한 사랑과 진실이 담긴 시도 있다. 외로운 자, 가난한 자, 아픈 자, 그리고 몸 없는 자들을 위해, 나는 그 시에 뿌리를 내리고 날개를 달아주고 싶었다. 대지에 찬란한 아침이 오면, "세상은 사랑하기에 알맞은 곳. / 이 세상보다 더 나은 곳이 어디 있는지 나는 알지 못한다. Earth's the right place for love. / I don't know where it's likely to go better."(R·프로스트, 「자작나무 Birches」) 하여, 사랑의 전당인 이 세상에서 시를 알고 느끼는 것보다 더 즐거운 일이 있을까. 시 읽기는 결국 세상의 기쁨과 슬픔, 아름다움과 신비에 다가서는 일이다. 하지만 좋은 시 읽기는, 생각만큼 쉽지 않고 작가와 독자, 비평가들마다 다양한 가능성과 해답이 존재한다. 특히 한 편의 시 속에서 시인이 드러내고자 하는 의도와 의미, 질적인 특성을 새롭게 읽고 이해하는 일이야말로, 비평의 일차적인 즐거움이다. 이런 비평이란 어의는 예로부터 비점(批點), 평점(評點), 관주(貫珠)라 하여 잘된 시구에 특별한 표기를 하여 판단, 평가하는 데서 비롯된다. 서양의 경우 비평에 해당하는 말로서 Criticism은 Critic에서 왔으며, 이는 그리스어로 '식별할 수 있는($\kappa\rho\iota\tau\iota\kappa\acute{o}\varsigma$. kritikós)'이란 말에 그 어원을 두고 있다. 하여 비평가는 '사리에 맞는 판단이나 분석을 제공하거나, 해석 또는 관측의 가치를 매기는 사람'을 뜻한다.

문학이나 학문적 맥락에서 비평이란 용어는 문예비평을 말하며, 이는 예술, 학문 등에서 미학적 목적에 대한 보다 심도 있는 이해를 요구한다. 김수영의 「시여, 침을 뱉어라-힘으로서의 시의 존재」에 의하면, 시를 논한다는 것은 시를 쓴다는 것과 다르다. 전자의 경우는 시의 내용으로서 현실성과 동의어가 되고, 후자의 경우는 시적 대상을 새롭게 해석한다는 말이 된다. 시인의 관심은 형식의 미학과 틀 속에서 주어지는 반면, 비평적 관심사는 시의 내용과 리얼리티의 실현에 방점이 찍힌다. 따라서 비평가는 창작의 주체가 소재를 새롭게 발견하고 해석하여 이를 구체적으로 형상화하는 능력이며, 한 편의 시가 전체의 틀 속에서 어떻게 기능하고 구조화되어 있는가에 착목해야 한다. 그리고 텍스트가 갖는 의미와 의의를 분석하고, 이를 체계적으로 기술하는 방법이 비평적 글쓰기의 관건이다. 여기엔 무엇보다 시 텍스트에 대한 깊은 이해와 행간을 구성하고 파악하는 능력과 전체에 대한 통찰이 요구된다.

이 책은 그런 점에서 텍스트 분석, 컨텍스트성(contextuality)에 대한 이해와 비평적 감수성에 기반하여 한국 현대시 100년을 몇 가지 주제와 관련하여 구성하였다. 시의 주제와 방법론에 대해 지나친 논리 중심의 전개와 문체는 피하고 작품의 의미와 행간 읽기를 중심으로 서술하였다. 한국 근현대시 100년은 결국 새로운 시란 무엇이고, 어떻게 가능한가에 대한 암중모색의 시간이었다. 흔히 말하는 계몽주의, 낭만주의, 사실주의, 상징주의, 모더니즘, 포스트모더니즘의 사조와 시의 흐름이란 것도, 기실은 그 시대 사회마다 예외적 개인으로서 창작 주체들이 염두에 둔 새로운 시에 대한 이념과 방법론적 접근이다. 이러한 이념과 방법은 '전통 서정시, 피지컬한 시, 메시지가 강한 시, 실험성이 강한 시'(김춘수, 『김춘수의 사색사화집』)의 네 계열로 분화된 양상을 지니며 보다 구체적으로 심화시키고 있다.

한국문학에 있어 1910년대를 전후한 시기는 혼돈과 모색의 시기였다. 개항 이후 파급된 외래 문학의 유입과 전통적인 시가 문학 사이의 대립과 갈등은 과거 어느 시기에서도 찾아볼 수 없었다. 문제는 이러한 성격과 양상이 혼돈과 무질서 그 자체에 있기보다는, 한국문학의 근대성을 추구하고 실현하기 위한 새길 찾기였다. 하여 한국 근대 초기시의 양상은 낡은 틀을 벗고, 이전의 시가(時歌) 형식에 새로운 시대 의식과 신체시의 시도가 있었다. 1910년대에 접어들어 계몽적 시들이 사라지고 자유시로의 지향과 좀더 다듬어진 서정시의 형태가 전개된다. 서구문학의 수용과 함께 새로운 시대에 대한 갈망과 의지가 표출된 시기도 이 무렵이다. 프랑스 상징주의를 비롯한 일련의 외래 사조 유입은, 근대시의 면모를 더욱 일신하고 다채롭게 하였다. 이러한 양상은 1920년대에 들어와 개인과 사회, 전통과 근대의 측면에서 더욱 다양하고 복잡하게 전개된다. 근대시를 정초한 만해와 소월, 삶의 치열한 정신을 담은 카프 문학의 시대가 새롭게 펼쳐진다. 이 시기는 특히 근대적 전통, 혹은 전통의 창조적 계승이란 측면에서 외래 문학의 영향과 자극을 계기로 하여, 우리 문학의 근대성을 시도하고 수립하는 중요한 시기로 볼 수 있다. 특히, 낭만주의와 퇴폐주의는 이 시대의 중요한 특징이다. 한편, 1925년 신춘문예의 등장은 한국 문단에 신선한 문풍을 불러일으켰다. 그리고, 계급주의 시의 퇴조기인 1930-1940년대에는, 주지적이고 이미지즘의 시가 대거 등장한다. 감각적, 회화적, 도시 문명에 대한 고독감을 밀도 있게 그리는가 하면, 식민지 치하의 민족적 비극과 공동체의 삶을 노래한 시인도 주목을 받게 된다. 백석의 경우 북방 정서와 궁핍한 유랑민의 삶을 서사시의 형태로 승화시킨 점은, 암울한 시대 사회의 산물이다. 특히, 이상의 「오감도」와 같은 실험시의 등장은 전위시의 촉발이 된다. 생명파 또는 인생파로 불린 일군의 신진 시인들 또한, 원시적 생명력의 충동과 관능을 탐미하기도 한다. 다시 말하자면, 다양한 시의 조류와 순수시의 지향, 모더니즘의 실현, 생명파와 자연파(청록파)의 등장, 그리고 이육사 윤동주를 중심으로 한 민족 역사의식의 시가 1940년대 전반에 출현한다. 이후 해방 공간과 1950년대는 극심한 좌우 대립과 한국전쟁으로 인한 혼란기였다. 전후 문학은 인간성 상실 및 불안과 공포, 실존적 위기의식을 반영한다. 문단은 조선문학가동맹과 조선청년문학가협회의 좌우익 단체로 크게 양분된다. 현실 인식과 창작 방법에 있어 민족 문학론과 순수 문학론 간의 대립과 논쟁은 뜨거웠으며, 이러한 구도는 여전히 유효한 셈이다. 한편, 광복을 전후해 등장한 청록파 시인들은 서정시의 간결한 압축미와 여백미를 추구한다. 1948년 후반기 모더니즘의 기치를 내건 시집 『새로운 도시와 시민들의 합창』은, 문단의 새로운 관심과 주목을 받게 된다. 현대시조의 출발도 이와 때를 같이한다.

 1960년대는 이전 시대와의 전환기적 국면을 맞게 된다. 말하자면, 4·19 혁명과 5·16 군사쿠데타로 인한 현실비판과 사회의식의 문제가 문학의 중심부로 편입된다. 그런가 하면, 불안과 부조리, 존재와 언어에 대한 주지적 경향의 언어 실험이 한 축을 담당한다. 전통과 모더니티, 분단 문제, 산업화와 근대화, 이농과 도시노동자의 현실, 자유에 대한 열망 등으로 당시 시단의 풍향은 순수시파와 참여시파로 크게 양분된다. 1970년대는 민주화 운동과 민족 문학, 지식인의 고뇌와 자기 성찰, 산업 사회와 도시의 비인간적 구조 속에서 느끼는 개인의 무력감이 더욱 첨예화된다. 계간지의 등장은 현실과 문학과의 관계를 복원한 반면, 중앙과 지방의 문단 서열화 양상을 가속 시켰다. 또한 시집의 상품화 현상은 베스트셀러를 낳았다. 창작 기법에 있어서도 반어와 패러디가 난무한다. 특히 김지하의 「오적(五賊)」이 그러하다. 이 시기는 군부 개발독재로 인한 막대한 외국자본의 유입과 기술 혁신은 문화 예술을 급변시킨다. 빈부의 격차, 독재에 대한 저항, 인권 유린과 민주화에 대한 열망, 구금과 탄압, 감시와 처벌은 산업화의 빛과 그늘을 던졌다. 김지하 이후, 거대 담론과 현실적 문제를 예리하게 파고든 작품들이 시단을 장악하게 된다. 물론, 기왕의 시에 매이지 않고 매너리즘을 극복한 일련의 작품군도 있다. 현대인의 불안의식과 가면 의식에 천착한 시, 재기발랄한 언어, 낯설게 하기의 시법, 유니크한 감성의 시편들이 젊은 층을 사로잡는다.

 1980년대 한국시는 광주민주화운동에 따른 부채 의식과 분단 문제, 민족 문학을 표방한 민중시와 노동시가 혼재하였다. 시대에 대한 풍자라든가, 민중을 주인공으로 한 서사시도 새롭게 표출된다. 동시대를 살아가는 사람들의 가난과 아픔과 외로움을 형상화한 작품이 각광을 받기도 한다. 민중문학의 약점은 정치적 발언은 진보적이지만, 문학 작품에는 보수적이다. 반면, 모더니스트의 한계는 정치적으론 외면하면서, 예술 미학만은 진보를 추구하는 모순을 보인다. 80년대 후반에 오면, 도시적 감수성과 아방가르드, 해체주의와 실험시들이 다양하게 전개되지만, 여전히 민족 문학의 담론으로 수면 하에 놓이게 된다. 1990년대는 공산주의 몰락으로 마르크스 레닌주의를 표방한 민중문학이 퇴조한다. 바야흐로, 시의 다원성 시대가 전개된다. 남성 중심의 주체를 비집고 나온 여성시의 등장은, 페미니즘을 추동한다. 한편, 신자유주의 대두는 문자 문명에서 전자(정보) 문명으로 옮겨가는 과도기다. 인터넷의 등장은 채팅, 표절 시비 등 익명성의 사회로 진입을 의미한다. 시대를 읽는 독법이 다양할 뿐 아니라, 현실에 대한 예리한 관찰과 역동적인 상상력은, 새로운 시들의 등장을 예고한다. 환상성과 감수성을 고루 갖춘 작품이 주목을 끌며, 현대 사회의 물신(物神) 숭배를 비판적 시선으로 성찰한 시도 조명된다. 한편, 환경·생태시의 본격적 출현과 시 속에 영화적 기법을 도입한 시기이기도 하다. 세부 현실에 대한 관찰과 현미경적 투시법은 기왕의 시에 대한 다른 눈과 마음을 요구한다.

2000년대에 들어와 스마트폰의 등장은 신인류 포노사피엔스의 디지털 혁명을 불러왔다. 그런 탈경계의 흐름을 타고 혜성처럼 등장한 '미래파'는, 한국 시단을 순식간에 점유한 아방가르드의 전사다. 전시대의 서정시를 전복시킨 그들의 감각적 언어와 묘사, 산문적 화술과 개인적 상징은 매우 이채로웠다. 특히, 소수자의 성차별과 불평등한 사회의 부조리, 폭력과 야만, 2020년 팬데믹 이후의 고통과 죽음 이미지 등을 주제로 한 시는, 가상현실을 토대로 환상성과 우주적 상상력을 극대화 시킨다. 이런 포스트휴머니즘(Posts Humanism)은, 우주와 지구, 자연과 인간의 초연결 시대를 열었다. 이른바 동일성과 통합의 시학은 퇴조하고, 차이와 해체의 시학이 도래한다. 일인칭 화자의 자리에 다층적, 분열적 주체가 대체되며, 부조리한 현실, 그리고 언어를 방법론적으로 파악하고 해체한다. 언어를 음절과 형태소의 최소 단위로 쪼개고, 단어와 기호를 혼합하고, 색채와 시선의 이미지를 분산하여, 수많은 낯선 점으로 찍어놓은 '주체'가 그러하다. 행(行)과 연(聯)의 급박한 단절과 비약은 미래시의 강점이자 약점이다. 거칠고 모호한 언어 습관, 외래어 및 외국어의 과다한 사용 등은 문제가 있어 보이지만, 미래파는 분명 21세기 한국 시단의 새로운 시의 시대를 열었다.

이 책은 총 12장으로 구성되어 있다. 1장 〈이 망할 놈의 시〉에서는 시와 시인이란 무엇인가, 왜 시를 쓰는가에 천착한 글이다. 그런 만큼 시와 현실, 시와 언어, 시와 시인의 가치, 시와 독자 간의 상호 연결성을 파고든 문제작들을 살폈다. 광기와 시마에 들린 시, 불길한 예감의 시, 비참과 폐허와 예언의 시를 다루면서, 좋은 시는 '미쳐야 미친다(不狂不及)'는 진리와 내포를 모색하였다. 2장 〈고양이를 바라보는 여섯 개의 시선〉에서는 고양이의 계보를 집중적으로 다뤘다. 근현대시 속에서 시대마다 개인마다 유다른 시선으로 고양이를 묘파한 시법은 신선하고 묘오하였다. 고양이의 감각적 이미지와 다이내믹한 메타포는, 시 행간에서 세련미의 극치를 보인다. 섬세한 고양이의 내면을 철학으로까지 끌어올린 일부의 시는 미학적이자 예술적이기까지 하다. 3장 〈봄, 꽃의 시학〉에서는 현대시에 나타난 꽃과 색(色)의 다양한 상징과 은유를 탐색하였다. 꽃은 개인과 시대 사회 여하에 따라 각기 다른 문맥으로 읽힌다. 근대 이후에 들어와 꽃은 다채로운 색과 빛, 은유와 환유의 방식으로 다루어지며, 최근 들어 꽃은 몸, 혹은 모더니티의 제유적 방식으로도 수용, 재생된다. 색은 시의 감정이며, 시간의 말을 공간 속에 새겨 놓은 알레고리allegory이다. 4장 〈에로티즘Erotism〉에서는 원초적 사랑과 성(性, sex)의 문제, 당대의 관념이나 형식을 깨부수고 금기에 도전한 섹슈얼리티한 시들을 다루었다. 알몸의 강렬한 이미지와 그로테스크한 애무의 시편들을 겹쳐 놓았다. 딴은, 외설과 예술의 경계에서 여성성을 해학적 차원으로 에스컬레이션 시키는 시도 있으며, 이런 관능과 가학적 요설은 탐미의 세계로 시적 외연을 확장한다. 5장 〈사랑의 진리와 존재 방식〉에서는 환희와 쾌락, 순수와 모순, 갈등과 욕망이 뒤엉킨 사랑과 이별의 방식을 엿본다. 때로는 질투와 광기의 누설을 통해, 때로는 상처와 용서의 방식으로, 우리의 심장을 떨림과 울림의 세계로 안내한다. 공허와 외로움의 절절한 비가(悲歌)는, 탄식과 눈물, 거짓과 원망, 죽음과 애증의 메아리가 되어 허공에 울려 퍼진다. 누구나 사랑을 하면 시인이 되고 이별을 하면 시가 된다. 하여, 사랑-이별은 생명-죽음과도 같이 문학의 중요한 테제로 기능하며, 이는 광기에 사로잡힌 자만이 구가할 수 있는 시인의 운명이자 천형이다. 6장 〈사투리 시의 맛과 멋〉에서는 현대시에서 사투리를 활용한 다채로운 작품들을 다루고 있다. 우선, 사투리 시는 맛깔스럽고 말 중에서 가장 원초적이고 자유롭다. 수천 년 그 지형과 기후에 따라 몸과 마음으로 체득한 신체의 언어이자 소리의 시어다. 사투리 시는 사물 간의 미세한 감각의 차이와 오묘한 느낌으로 독자에게

다가간다. 사투리 시야말로 한 민족의 정신과 문화를 다양하게 할 뿐만 아니라, 해학과 유머를 통해 카타르시스의 세계로 끌어올린다.

7장 〈아방가르드Avantgarde, 혹은 미래파의 모험〉에서는 모더니즘(Modernism 근대주의), 아방가르드(Avant-Garde, 전위예술), 데카당스(Decadance, 허무주의), 키치(Kitsch, 천박한/대중취의), 포스트모더니즘(Postmodernism, 탈현대주의/ 해체주의)의 다섯 가지 범주를 살폈다. 다분히 실험적이고 전복적(顚覆的)인 상상력으로 전통의 경계를 무화시키는 정신의 첨병으로서 아방가르드 시는, 모호성, 불확실성, 주체의 붕괴와 비순수와 반예술 운동의 기치를 내건 바 있다. 미래시는 언어와 언어 사이에 크레바스(crevasse)가 존재하며, 위험과 긴장, 정형과 무정형, 안과 바깥의 대칭적 사유가 깊다. 난해와 카오스로 무장한 미래시는, 교란과 비약, 전복과 은폐의 한복판에서 다중 우주를 확장한다. 그것은 존재하지 않는 방식으로 존재하는 환(幻)의 세계이며, 언어 자체가 발화자가 된다. 8장 〈신춘시 읽기의 몇 가지 방식〉에서는 현대시의 새로운 내일을 가늠하는 신춘문에 신인 작가의 작품을 분석한다. 참신하고 다층적인 언어 실험, 응시와 발견, 언어의 조탁(彫琢)과 감각, 현실의 부조리와 풍자, 압축 혹은 형상화의 미학 등을 추구한 개성적 작품이 주를 이룬다. 9장 〈리듬과 한(恨)의 정서〉에서는 시와 리듬의 관계를 한국인의 한(恨)의 관점에서 겯고 튼다. 천문(天文), 지문(地文), 인문(人文)은, 그 자체가 시의 무늬이자 음악이다. 삼라만상은 생로병사를 통해 저마다의 업(業)과 한(恨)을 푼다. 물소리도 천둥도 바람도 사람도, 저승과 이승 사이에서 풀어야 할 것이 있기 때문이다. 〈푼다〉는 것은 본래의 상태로 돌아가는 것이다. 깨끗이 지워 생의 근원으로 다시 간다는 뜻이다. 리듬은 본질적으로 하나의 생명 현상으로서 율려(律呂) 의식과 함께 우리의 전통 사상과 그 맥이 닿아있다. 10장 〈부조리와 비극의 시〉에서는 부조리한 현실의 절망을 딛고 일어선 강력한 시를 중심으로 전개된다. "인간은 세계의 의미를 추구하지만 세계는 그 자체로 존재할 뿐, 아무런 의미가 없다." 하여, 세계는 합리적인 인간의 물음에 결코 대답하지 않는다. 이런 실존적 국면에서 부조리한 인간은, 자신의 죽음과 운명에 도전하며, 삶의 참된 의미와 현실성을 찾고자 부심한다. 그러나 여기엔 반드시 비극적 행위와 결말이 수반된다. 이를 토대로 한국전쟁 전후의 남북 분단과 극심한 좌우 대립과 민중의 저항, 유신 독재와 오월 광주에서 자행된 살인과 만행, 고문과 부당한 인권 유린, 평등과 불평등, 지배와 피지배 등을 형상화한 부조리의 시를 다루었다. 11장 〈경계의 시학〉에서는 서로 다른 것들의 사이와 접점에서 본 아름다움과 새로움을 찾아 나선다. 동아시아 예술과 미학의 독특한 개념 가운데 하나인 경계는, 감각과 인식의 대상으로서 외계(外界)나 외물(外物)을 지시한다. 우리가 추구하는 시와 예술은 항상 현재가 아니라 도래할 미래이다. 그 미래는 안으로 문을 닫아 걸은 골방이 아니라 주체와 세계가 만나는 접점, 경계 위에서 피어난다. 하여 가시계와 비가시계의 사이와 경계를 예각적으로 묘사한 시, 절망에서 놀라운 해학과 페이소스를 발견한 시, 감각적 이미지의 다층적 시선을 환경문제에까지 확장한 시, 사물과 환타지를 리믹스하여 다차원적으로 사유한 시, 선(禪)의 모순과 비약을 통해, 현실의 고행과 도(道)의 수행이 불이(不二)함을 역설한 시를 집중적으로 모색하였다. 마지막 12장 〈시와 깊이〉에서는 인간의 심연을 울린 슬픔과 아름다움이 깃든 그늘의 시학을 탐색한다. 시가 어디까지 가 닿을 수 있는지를 행간의 깊이를 통해, 그리움Sehnsucht의 시혼과 음영을 엿본다. 모든 시는 결국 몸의 확장에 다름 아니다. 세계는 하나의 몸이며, 몸의 말이다. 시의 말과 행간은 소리가 형상으로 드러나는 과정이어서 멀고 아득하다. 최소한의 말로 최대한의 울림을 드러내는 게 시라면, 칼의 언어일수록 시의 피는 더욱 깊게 스민다. 은폐된 것들의 비은폐와 무의식이 시의 심층 언어라면, 이는 모호와 난해, 압화와 음영, 사물에 투영된 알레고리로 점철되어 있다. 아름다운 것이 위험한 거라면, 욕망의 언어는 죽음과 부조리에 대한 강렬한 저항과 반동, 모순의 극지다.

언어는 끌어안는 공(空)의 방식과 밀어내는 색(色)의 방식으로 인연 생기한다. 한편, 장자의 말처럼 '천하를 천하에 감추는 것, 若夫藏天下於天下而不得所遯'이 시다. 하여, 궁하면 변하고(窮則變), 변하면 통하고(變則通), 통하면 오래간다(通則久)(『주역』,「繫辭下傳」)는, 그 미완의 영역이 시의 깊이다. 내공과 시안(詩眼)이 얕아, 미처 다 담지 못한 흘러버린 귀한 시편은 훗날을 기약한다.

끝으로 이 책에 모신 모든 시인에게 감사의 큰절을 올린다. 좀더 가까이서 저들의 시를 읽은 것만으로도 영광으로 생각한다. 누구보다 채우(彩雨) 김상환 평론가에게 고마움을 표한다. 『시집사리(詩集思理)』 원고의 전반을 꼼꼼히 읽고, 세밀한 곳까지 글의 숨결을 불어 넣어 주었다. 그리고 이 책을 출간해 준 계간《시와사람》강경호 발행인과 강나루 편집주간께 깊이 감사를 드린다. 훗날 밤새워 시를 읽을, 한 젊은 시인을 위해 이 책을 남긴다.

2025년 가을
무학산 시락당에서 김동원

시집사리 詩集思理

CONTENTS

책을 펴내며 _ 김동원 / 7

시와 사유 · 하나
제1장 **이 망할 놈의 시** / 20

시와 사유 · 둘
제2장 **고양이를 바라보는 여섯 개의 시선** / 52

시와 사유 · 셋
제3장 **봄, 꽃의 시학** / 68

시와 사유 · 넷
제4장 **에로티즘** / 90

시와 사유 · 다섯
제5장 **사랑의 진리와 존재 방식** / 108

시와 사유 · 여섯
제6장 **사투리 시의 맛과 멋** /130

시와 사유 · 일곱
제7장 **아방가르드, 혹은 미래파의 모험** /152

시와 사유 · 여덟
제8장 **신춘시 읽기의 몇 가지 방식** /184

시와 사유 · 아홉
제9장 **리듬과 한恨의 정서** /206

시와 사유 · 열
제10장 **부조리와 비극의 시** /228

시와 사유 · 열하나
제11장 **경계의 시학** /270

시와 사유 · 열둘
제12장 **시와 깊이** /296

참고문헌 /316

시집사리 詩集思理

PART + 01

시와 사유·하나

모든 시는 그 스스로 '유일한 시'로 태어난다. 모든 시는 태어나는 순간 항상, 최초의 단 한 작품이 되는 것이다. 하지만 태어남과 함께 그것은 어디론가 떠밀려 간다. 태어남 자체가 격랑이기 때문이다. '유일한 시'로서의 비밀은 체험됨과 동시에 사라져 간다. 그것은 시인에게서 빠져나간다. 이것이 언어의 본질이다. 언어들은 일렁이는 상태로 존재함으로써 태어나는 순간을 끝없이 재현해 내지만 '유일한 시'는 끝내 말해지지 못한다. '유일한 시'라고 말해지는 상태조차 파도가 일고 있는, 끝없이 미끄러지는 격랑의 순간에 불과한 것이다. … 시는 시인이 아는 것을 쓰는 것이 아니라 모르는 것을 쓰는 것이다. 시인은 모르되, 시는 알고 있는 것, 그것이 시이다. 시인이 앎으로부터의 도피를 해야 하는 까닭은 그가 한 편의 시 속에서 매번 기성의 것을 배반하고 새로운 발견을 해야 하는 현행범이기 때문이다. … 시인은 덫을 만드는 사람이다. 그 덫에는 자신만이 걸려든다. 시를 썼을 때 그는 그 덫에서 빠져나올 수 있다. 펜을 잡고 언어와 씨름하고 있을 때, 그는 자신이 쓰고 있는 시가 완전한 형태로 존재하는 어떤 시에 근접하고 있음을 느낀다.

— 이수명, 『횡단』(민음사, 2011, p49) 중에서

제1장
이 망할 놈의 시

시와 시인

　시는 문장의 가장 심오한 것(유우석,「董氏武陵集紀」)이다. 시는 듣는 것이 아니라 들리는 것이다. 보는 것이 아니라 보이는 것이다. 오는 것이 아니라 이미 와 있는 것이다. 미치지 않으면(不狂) 미치지 못하는 것(不及)이 시다. 언어로 전하고 마음으로 받는 것이 시감(詩感)이다. 하여, 시가 무(巫)에 접하면 신(神)이 보인다. 명시는 보이지 않기에 들리고 들리지 않기에 보인다. 신품은 행간 사이에 귀신이 지나간 흔적이 있다. 대저, 천지창조의 시법은 무량하다. 모든 사물의 근본은 하나지만 저마다 생긴 모양이 다르듯, 시법은 한곳으로 귀착되나 그에 이르는 길은 천만 갈래이다. 있는 것은 있는 것이 아니요, 없는 것은 없는 것이 아닌 세계, 그것이 시다. 유(有)가 유가 아니며 무(無)가 무가 아니듯, 시는 물질이자 에너지이다. 언어 이전의 사물과 실재의 비밀은 억겁을 통해 모였다 흩어지고 흩어졌다 다시 모이는 생기(生氣, 生起)에 있다. 시는 이런 생생한 기운과 일어남, 사건 그 자체다. 찰나에 떠오르는 생각의 기미와 기색, 기척은, 시인이 아니면 잡을 수 없다. 하여 시인은 시신(詩神)과 접하거나, 시마(詩魔)에 들리어 귀신도 반할 귀시(鬼詩)를 짓거나 귀경(鬼景)을 펼쳐 보인다. 시의 예지가 번뜩이는 광인이야말로 다름 아닌 시인이다. 시구 한 자를 빼면 우주가 무너지고, 시구 한 자를 더하면 한 우주가 생겨나는 묘처가 시이다. 시는 한바탕 무의식의 꿈이라도 좋다. 그 꿈을 깨고 나면 형(形)은 상(象)에 숨고, 상(象)은 다시 형(形)에 숨느니. 형상은 호흡에, 호흡은 형상에, 이것은 저것에, 저것은 다시 이것에 숨는, 중중무진(重重無盡)의 인연이 바로 시다.

하여, 시는 보기는 하되 보지 못하고, 듣기는 하되 듣지 못한다. 사물은 침묵하고 인간은 말한다. 시인은 사람도 아니고 귀신도 아니며, 이승과 저승 어디에도 속하지 않는 음허(陰虛)한 존재이다. 시는, 행간마다 화두를 뚫어야 보이는 독참(獨參)이다. 시는, 시를 만나면 시를 죽이고, 시인을 만나면 시인을 죽여야만 관(觀)을 얻는다. 시를 말하는 자는 시를 모르고, 시를 아는 자는 말하지 않듯, 시의 경계는 선(善)도 되고 악(惡)도 된다. 시는 도끼를 갈아서 바늘을 만드는 과정이다. 시인은 사물과 언어가 관통하는 고통의 통로다. 시는 시니피에와 시니피앙 사이에서 사라진다. 하여, 시의 무의식은 언제나 의식의 터진 틈 사이에서 여러 겹으로 흔들거린다.

시가 태어난 자리가 본디 꽃자리이다. 시는 시시각각 휘황찬란하다. 흉중에 젖은 불이다. 천 갈래 만 갈래 찢어지고 갈라지다, 끝내 한곳에 모인 것이 시다. 시의 심장은 고인 핏속에 슬은 구더기다. 사람살이의 갈라진 바닥이 시다. 시적 진실은 사실 너머에 존재한다. 시는 시 아닌 것을 시로 여긴다. 겨울 흰 눈 속에 핀 매화가 꽃의 진경이듯, 시는 모순과 갈등 속에 핀 언어의 꽃이다. 시는 인간 영혼의 바다를 정화하는 소금이자 천기누설이다. 하여, 시는 신(神)이다. 시인은 천지만물 속에 내재한 신을 해방시킨다. 영원의 입장에서 보면, 사물간의 연기(緣起)는, 서로 동화하고 드나들며, 이어지고 변화한다. 이런 세계에서는 모든 사물 간 걸림이 없다. 즉, '하나가 곧 일체이고 일체가 곧 하나'(一卽多 多卽一)이다. 우주 일체는 그 어느 하나라도 홀로 있거나, 일어나는 일이 없이, 모두가 끝없는 시공 속에서 서로의 원인이 되며, 대립을 초월하여

하나로 융합한다. 하여, 아무리 아름다운 시일지라도 궁극엔 헛것이며, 그 헛것의 본질은 비극적이다.

"무릇, 세상 만물은 무엇인가 평안함을 얻지 못하면 소리 내어 우는 법이다.(大凡物不得其平則鳴.)"(한유韓愈, 당 768~824년) 하여, 시는 천지만물을 위해 울어 주는 곡비(哭婢)다. "시란 궁한 연후에 나온다.(詩窮而後工)"(구양수歐陽脩, 송 1007~1072년) 시의 밥그릇은 텅 빈 기물이다. 시는 첫사랑의 흰 눈이자 이별의 폭설이다. 이것을 말하는가 하면, 저것에 가 있고, 저것을 말하는 가하면, 이미 그것 너머에 존재한다. 아득한 마음의 천 길 벼랑이 '자아'와 '타자'의 거리이자, 그리움의 무늬요, 외로움의 공간이다. 시는 태초의 집이다. 유한한 세계를 짜올려 무한을 짓는다. 시는 언어 밖에 있고 언어 안에 있다. 수십 억 년 지었다 부순, 몸 가진 것들의 창조와 몸 없는 것들의 파괴이다. 시는 몸의 감옥을 부수고 뛰쳐나와 길(道)의 자유를 얻는다. 시는 색채다. 원형으로 가는 순결의 흰색이자, 모든 색이 다 집결한 검은색이다. 하여, 대상을 욕망하는 천지간의 무늬다. 시는 촉감이다. 바람의 악기로 직조된 음이다. 만물의 선율로 그려낸 이미지이다. 서정시는 답답한 가슴이 뻥 뚫리는 구멍이다. 시는 내 몸을 관통한 접신이자 신명이다. 지극(至極)을 통해 울리는 종소리이다. 시는 환(幻)이다. 잠깐, 허공에 보였다 사라지는 복사 꽃빛이다. 아니, 꽃빛 너머에 흔들리는 비바람이다. 시는 무너진 억장이다. 언어의 지문이 문드러져버린, 무(無)의 손바닥이요 발바닥이다.

곰곰 생각해보면, 시는 생사(生死)의 그림자놀이다. 시는 선(禪)이면서 禪이 아니요, 시이면서 詩가 아니다. 하여, 시란 언어 이전도 아니요, 언어 이후도 아니다. 시는 추상을 통해 구상으로 직진하고, 구상을 통해 추상을 초월한다. 시는 언어를 통해 이 세상 모든 더러운 색(色)과 공(空)의 욕망을 대신 닦아 준다. 알고 보면, 언어는 우주의 욕망의 기호다. 상극을 뚫어 상생을 추구하며, 주관과 객관, 안과 밖, 중심과 주변의 이원 구조를 부정한다. 하여, 물과 불의 갈등이 아니라 태극의 조화요, 율려이다. 둘로 나뉘지도 않고 하나에 집착하지도 않는 뫼비우스의 띠다. 시는, 역(易)의 오행 속에서 한바탕 우주와 함께 배꼽 빠지도록 웃다 가는, 몸짓들의 풍자요 해학이다. 그렇다. 시는, 사물의 기미(幾微)들과 세계의 기적들을 통해 '지금 여기'를 자각한 꿈 꾼 자의 노래다.(김동원 시집, 『빠스각 빠스스각』, 그루, 2022, pp.79~83)

망할 놈의 시

시인이여. / 절실하지 않고, 원하지 않거든 쓰지 말라. / 목마르지 않고, 주리지 않으면 구하지 말라. / 스스로 안에서 차오르지 않고 넘치지 않으면 쓰지 말라. / 물 흐르듯 바람 불듯 하늘의 뜻과 땅의 뜻을 좇아가라. / 가지지 않고 있지도 않은 것을 다듬지 말라. / 세상의 어느 곳에서 그대 시를 주문하더라도 / 그대의 절실함과 내통하지 않으면 응하지 말라. / 그 주문에 의하여 시인이 시를 쓰고 시 배달을 한들 / 그것은 이미 곧 썩을 지푸라기詩이며, 거짓말詩가 아니냐. / 시인이여, 시의 말 한마디 한마디가 그대의 심연을 거치고 / 그대의 혼에 인각된 말씀이거늘, 치열한 장인 의식 없이는 쓰지 말라. / 시인이여, 시여, 그대는 이 지상을 살아가는 인간의 삶을 위안하고 / 보다 높은 쪽으로 솟구치게 하는 가장 정직한 노래여야 한다. / 온 세상이 권력의 전횡(傳橫)에 눌려 핍박받을지라도 / 그대의 칼날 같은 저항과 충언을 숨기지 말라. / 민주와 자유가 유린당하고, 한 시대와 사회가 말문을 잃어버릴지라도 / 시인이여, 그대는 어둠을 거쳐서 한 시대의 새벽이 다시 오는 진리를 깨우치게 하라. / 그대는 외로운 이, 가난한 이, 그늘진 이, 핍박받는 이, 영원 쪽에 서서 일하는 이의 맹우(盟友)여야 한다. (「시인선서」, 2004년 한국시인협회)

대체, 누가 처음 시(詩)라고 명명했는가? 지긋지긋한 관념의 공허한 놀이판을 누가 짰는가. 이 「망할 놈의 시」(이승훈(1942~, 강원도 춘천 출생,『환상이라는 이름의 역』, 미래사, 1991)는 언제 다 없어지는가. 왜 시인은 밤낮없이 시마에 달라붙어 미쳐 사는가. 그놈의 말(言) 때문이다. 천문(天文), 지문(地文), 인문(人文)은 모두 말의 한통속이다. "이름을 이름 지우면(名可名), 그것은 늘 그러한 이름이 아님(非常名)"을 진즉, 깨달아야 했다. 노자처럼, 그놈의 말에 속지 말았어야 했다. 말이 세상을 열고, 존재를 열고, 끝없이 인간을 꼬임에 빠지게 한다는 사실을 눈치챘어야 옳았다. 그 유명(有名)과 무명(無名)의 경계에 서서 홀리지 말았어야 했다. 애초부터 언어를 버리고, 언어 이전으로 발길을 돌려서야 했다. 아흐! 모질고, 독하도다, 이 망할 놈의 시!

> 용기도 없고 사랑도 없고 기쁨도 없다
> 눈도 없고 코도 없다
> 밑빠진 나날 입도 없다 입도 없다
> 아아 사랑했던 너의 얼굴도 없고 기차도 없고 다리도 없고
> 건너야 할 다리도 없고 오늘도 없다
> 오늘도 없는 것들을 위하여 시를 쓴다
> 시를 어떻게 쓰나
> 망할 놈의 시를
> 쓸 줄 안다면 얼마나 좋을까
> 없는 얼굴이 나를 감싸면 없는 해가 생기고 없는 풀이 생기고 없는 시가 생길 테니까
> 없는 내가 마침내 없는 기차를 타고 없는 너를 찾아가면 얼마나 좋을까
> 그런 걸 믿고 살아온 게 말짱 애들 장난 같고
> 그런 걸 믿고 살아온 게
> 망할 놈의 시
> 시 같다!
>
>   - 이승훈,「망할 놈의 시」전문

아뿔싸! 눈(目)과 배(腹)가 맞기 전, 저「망할 놈의 시」와 헤어졌어야 옳았다. 시란 놈은 원래 "눈도 없고 코도 없다". 아니, "밑빠진 입도 없다". 그놈은 공(空)이었다가, 색(色)이었다가, 저것이 아니었다가, 이것도 아니었다가, 결국 무시무종(無始無終)이 된다. 시라고 말하는 순간, 시가 아니요, 시가 아니다라고 말하는 순간도, 시가 아니다. 이 "망할 놈의 시"는 "건너야 할 다리도 없고 오늘도 없다." 없는 것도 아닌, 있는 것도 아닌 세계가 시다. 보이는 것도 아닌, 보이지 않는 것도 아닌 경계가 시다. 그런 점에서 경계의 경(境)은 시비(是非)가 나누어지는 궁극적인(이상우,『동양미학론』) 지점을 말한다. 들리는 것도 아닌, 들리지 않는 것도 아닌 세계가 시다. 애당초 시란 놈은, 정말 존재한 것인가. 공연히 없는 시를 붙들고 밤낮없이 도깨비장난에 춤추는 건 아닐까. 하여 이승훈은 "없는 얼굴이 나를 감싸면 없는 해가 생기고 없는 풀이 생기고 없는 시가" 생기고, 끝내 "없는 내가 마침내 없는 기차를 타고 없는 너를 찾아가면 얼마나 좋을까"라고 탄식한다. "그런 걸 믿고 살아온 게 말짱 애들 장난 같고 / 그런 걸 믿고 살아온 게 / 망할 놈의 시 / 시 같다!"고 시인은 토로한다. 이런 고백이 가능한 배후에는 "오늘도 없는 것들을 위하여 시를 쓴다"라는 구절에서 보듯이 존재와 무 사이, 즉 부재의 사유와 현존을 추구하기 때문이다. 그리고 시는, 정의하는 순간 사라지고 마는, 비어 있어 가득한 말일 때, 비로소 그 패러독스(paradox)의 진면목을 드러낸다.

시와 현실

현실 공간이 문학 공간에 들어오면, 현실은 곧 그 작가의 체험, 상상력에 의해 변형되고 굴절되어 새로운 이미지가 탄생한다. 이 새로운 이미지야말로 사실을 넘어선 진실의 세계에 닿는 다리이다. 다시 말해,「시의 언어는 우리를 꿈꾸게 해 주고, 만나게 해 주고, 나아가서는 감추어졌거나 망각되었던 삶의 모습들을 드러내 줌으로써, 우리에게 깨어남의 기쁨을 되찾게 해 주는 것이다. 하여, 시의 언어는 되찾아진 현실, 다시 태어난 현실이며, 또한 우리를 다시 태어나게 하는 현실이 아닐까 (이성복, 『끝나지 않는 대화』중에서, 열화당, 2014)

시인은 이름을 남기는 자가 아니라, 시를 남기는 사람이다. 역사의 길 위에서 현실의 욕망을 반추하는 거울이다. 그 욕망의 끝에서 상처를 돌아보고, 어떻게 이 세계를 인식할 것인지를, 묻는 자가 시인이다. 하여 시는 너무 달면 행간이 썩는다. 행이 연에 아부하면 둘 다 죽는다. 홀연히 들리는 것이 시인의 귀다. 시력(詩歷)이 높아질수록 시마가 싶어진다. 시의 기세가 막히는 명치끝이, 시가 뚫리는 장소다. 불가능할수록 시의 몸을 뒤집어라. 비명을 지를 때까지 말을 찔러라. 시는 막다른 골목에 다다라서야 칼을 빼들고 덤빈다. 명시는 척보면 누구나 다 안다. 귀신처럼 연과 연 사이를 속여야 좋은 시다. 밤하늘 빽빽이 펼쳐져 있는 별의 수만큼이나 땅에는 시어들로 깔려 있다. 형과 상들이 저마다의 상징과 은유로 이름을 불러주기를 고대하고 있다. 시인은 굳이 본체를 보려고 애걸복걸할 필요가 없다. 흔들리는 사물의 그림자만 잘 보아도 그것의 기미와 기척을 낚아챌 수가 있다. 하여, 나만의 언어 감옥에 갇혀 살지 말고 꼿꼿이 면벽한 채 깨어있어야 한다. 집착은 종종 시인을 우스꽝스럽게 만든다. 해학humor과 풍자의 다리를 넘나들 때 시적 상상력은 폭발한다. 말을 비틀면 화자는 희화된다. 꿈과 현실의 괴리는 낭만적 아이러니Romantic Irony를 낳았다. 특히 시에서 욕설은 "나, 제발, 욕이라도 먹게 해서, 정신 차리게 좀 해줘"(김열규, 『욕, 그 카타르시스의 미학』중에서, 사계절, 1997)라고 발버둥치는, 병든 개인이나 부조리한 사회의 구조 신호다.

「이 시인 놈아」(김동원 시집 『빠스각 빠스스각』, 그루, 2022)는 고백의 시다. 화자 '아내'의 방백(aside)을 통해 '시인'의 무능을 까발린 작품이다. 문청 시절 나는 시인이 되면 나라에서 월급을 주는 줄 알았다. 이 글을 쓰는 아침 나는, 청상과부로 살다 저승에 가신 어머니에게 용서를 빌어야 한다. 결혼 후 어느 날 아내가 쌀독에 쌀이 떨어졌다고 했다. 순간 나는 '왜, 쌀이 떨어졌지?'라고 반문하며 아내를 의아하게 쳐다보았다. 무능의 극치를 용서해주길 바란다. 사랑하는 아내여! 병(病)이 깊이 들고서야 나는, 두 여자가 철없는 나를 위해 얼마나 고행하였는지를 깨달았다. 아내는 어린 남매를 들춰 매고 압력밥솥처럼 팽글팽글 평생 힘겹게 돌았다. 희한하게도 그녀는 내게 한 번도 "시를 그만 두세요"라고 '빈말'이라도 말한 적이 없다. 하여 「이 시인 놈아」는 '아내'가 그 말을 하기 전, 먼저 '나'를 꾸짖음으로써 남은 생을 비껴가고자 한다. 곰곰이 내 삶의 뒤쪽을 쪼개 봐도, 아무도 내게 "닥쳐요"라고 명령하지 않았고, 누구도 "입금 좀 제때" 하라고 지시한 적이 없다. 늘 나의 몸은 내게 있어 주체와 객체 사이에 놓인 환상이었다. 시인은 그 자체가 은유이자 알레고리(Allegory)이며 이미지이다. 하여 "집세"를 제때 내기 위해서 "노을"이 될 필요는 없다. 가족이 밤마다 배가 고파 "보름달"을 뜯어먹어도, "장미 년, 모란 년, 매화 년"을 "끌어안고, 행간 속에 들어가" 나오지 않아야 시인이다. 「이 시인 놈아」속에는 현실 공간과 꿈의 공간이 역설로 재배치된다. 아무리 아내가 "빈말이라도, 돈 좀 줘 봐라, / 이 시인 놈아!"하고 외쳐도, 이번 생에선 나는 '못 들은 척'시로만 살 것이다.

닥쳐요, 잊히면 좀 어때요.

진짜 시인이라면 구름에게 명령해요.

입금 좀 제때 하라고요.

집세가 없어요, 여보!

제발 노을에게 부탁이라도 해 봐요, 우리.

넷이서 밤마다 보름달만 뜯어먹을 순 없잖아요.

달무리라도 덮고 실컷 울고 싶어요.

당신이야 장미 년, 모란 년, 매화 년

끌어안고, 행간 속에 들어가면 그만이지만,

시인의 아내는 뭐예요.

그만, 그만, 내일 바람이 송금한다는

허황한 그딴 소린, 집어치워요. 제발!

빈말이라도, 돈 좀 줘 봐라,

이 시인 놈아!

— 김동원, 「이 시인 놈아」 전문

  결국 「이 시인 놈아」는 예술과 인생-현실의 관계를 역설의 시법으로 묻고 있다. 시인은 삶의 현실에서는 보잘 것 없는 '놈者'으로 비하되어 있지만, "진짜 시인이라면 구름에게 명령"할 만큼, 말의 힘과 권능이 있다. 그런 말과 삶의 사이에서 "시를 쓴다는 것은 무엇인가. 그리고 시를 논한다는 것은 무엇인가. 그러나 이에 대한 답변을 하기 전에 이 물음이 포괄하고 있는 원주(圓周)가 바로 시에 있어서의 형식과 내용의 문제와 동심원을 이루고 있다는 것을 우리는 쉽사리 짐작할 수 있는 것이다. 따라서 시를 쓴다는 것—즉 노래—이 시의 형식으로서의 예술성과 동의어가 되고, 시를 논한다는 것이 시의 내용으로서의 현실성과 동의어가 된다는 것도 쉽사리 짐작할 수 있는 것이다. // 시는 온몸으로, 바로 온몸을 밀고 나가는 것이다. 그것은 그림자를 의식하지 않는다. 그림자에조차도 의지하지 않는다. 시의 형식은 내용에 의지하지 않고, 그 내용은 형식에 의지하지 않는다. 시는 그림자에조차도 의지하지 않는다. 시는 자유의 과잉을, 혼돈을 시작하는 것이다. 모깃소리보다도 더 작은 목소리로 시작하는 것이다. 모깃소리보다도 더 작은 목소리로 아무도 하지 못한 말을 시작하는 것이다. 아무도 하지 못한 말을. 그것을……."(김수영,「詩여, 침을 뱉어라—힘으로서의 詩의 存在」에서)

그렇다. 시는 현실을 뚫고 나가는 시인의 관(觀)이다. 시는 불가능에 도전하는 언어 예술이다. 궁극적으로 미완성의 노정이다. 끊임없이 산꼭대기에서 굴려야만 하는 시지프스의 고뇌의 바위다. 오직 이 순간만을 파고드는 집중이야말로 '미완성'의 길이다. 머무는 곳마다, 서 있는 자리마다, 시가 태어나는 곳임을 자각해야 한다. 하여 시는, 궁하면 변하고(窮則變), 변하면 통하고(變則通), 통하면 오래간다(通則久)'는, 주역의 그 미완성의 극(極)을 사랑한다. 그래서 나짐 히크메트(1902~1963, 터키 출생)는 이렇게 노래하였는지도 모른다. "가장 훌륭한 시는 아직 쓰여지지 않았다 / 가장 아름다운 노래는 아직 불려지지 않았다 / 최고의 날들은 아직 살지 않은 날들 / 가장 넓은 바다는 아직 항해되지 않았고 / 가장 먼 여행은 아직 끝나지 않았다 // 불멸의 춤은 아직 추어지지 않았으며 / 가장 빛나는 별은 아직 발견되지 않은 별 / 그때 비로소 진정한 무엇인가를 할 수 있다 / 어느 길로 가야 할지 더이상 알 수 없을 때 / 그때가 비로소 진정한 여행의 시작이다"(시,「진정한 여행」전문)

시의 가치, 시인의 가치

시(詩) 한 편에 삼만 원이면 / 너무 박하다 싶다가도 / 쌀이 두 말인데 생각하면 / 금방 마음이 따뜻한 밥이 되네 // 시집 한 권에 삼천 원이면 / 든 공에 비해 헐하다 싶다가도 국밥이 한 그릇인데 / 내 시집이 국밥 한 그릇만큼 / 사람들 가슴을 따뜻하게 덥혀 줄 수 있을까 / 생각하면 아직 멀기만 하네 // 시집이 한 권 팔리면 / 내게 삼백 원이 돌아온다 / 박리다 싶다가도 / 굵은 소금이 한 됫박인데 생각하면 / 푸른 바다처럼 상할 마음 하나 없네
(함민복 「긍정적인 밥」전문. 시집 『우울氏의 하루』, 세계사, 1990)

돈은 유용하고 아름답다. 돈의 모순은 더 아름답다. 궁핍은 시의 균열이다. 현실과 이상의 틈입이다. 돈과 시는 제로섬 게임이다. 한쪽이 쌓이면 반대쪽은 줄어든다. 자본주의의 현실은 시인에겐 불안과 공포의 상황이지만, 자아와 세계의 불화를 전제로 한 시작(詩作)에 있어선 더없는 조건이다. 이런 불화에서 화해로 진입하는 데는 마음의 시가 양식 이상의 의미를 갖는다. 돈과 시의 유사점은 구체적이자 추상적이다. 지옥과 천국의 페르소나이다. 둘 다 날 것의 생생한 느낌을 '훅' 끼친다. 하여, 절실한 자(者)만 얻는다. 돈과 명시는 현실 깊숙이 파고 들어가, 체제의 허(虛)와 실(實)을 꿸 때 진가가 드러난다. 때론 도전과 응전의 방식으로, 때론 시대의 문제의식을 첨예하게 발설한다. 돈과 시는 환상이다. 브레이크 없는 욕망의 질주다. 오규원(1941~2007, 경남 밀양)의 시 「프란츠 카프카」(4시집 『가끔은 주목받고 싶은 생이고 싶다』, 문학과 지성사, 1987)에는 물질만능주의에 대한 통렬한 풍자가 반어법으로 제시된다. 현대 사회의 정신적 가치의 몰락과 상품화된 현실을 자조 섞인 어조로 비판한다.

―MENU―
샤를르 보들레르   800원
칼 샌드버그   800원
프란츠 카프카   800원

| 이브 본느프와 | 1,000원 |
| 에리카 종 | 1,000원 |

가스통 바슐라르	1,200원
이하브 핫산	1,200원
제레미 리프킨	1,200원
위르겐 하버마스	1,200원

시를 **공부**하겠다는
미친 제자와 앉아
커피를 마신다
제일 값싼
프란츠 카프카

— 오규원, 「프란츠 카프카」 전문

　우선, 「프란츠 카프카」라는 제하의 이 시는 자본주의 하에서 문학의 위기와 현실을 하나의 장면과 상황으로 드러내고 있다. 그런 농조(弄調)에다 시각적 형태가 전경화된 행 처리가 돋보인다. 일상에서 가장 흔한 "─MENU─"판을 등장시켜, 시가 기성품의 값으로 전락한 현실을 묘사한다. 메뉴판은 자본주의 속성을 가장 간결하게 이미지화된 틀이자, 현대 사회의 규격화된 형식을 패러디한다. 21세기 자본주의의 맹목적 추구는 시인·소설가·문학평론가·철학자까지 메뉴판 속에서 희화화된다. 이런 패러독스는 "시를 **공부**하겠다는 / 미친 제자"를 통해 적나라하게 표출된다. 물신 숭배가 판치는 이 시대에 시 쓰는 행위는 "미친" 짓이자, 비현실적 행위다. 하여, 현대 사회에서 문학을 논하는 것 자체가 시적 알레고리인 셈이다. 물론 "제일 값싼" "프란츠 카프카"를 마시는 행위는 반어일 수 있다. 인간의 부조리와 존재의 불안을 통찰한 카프카를 빌어, 예술의 모든 행위가 교환 가치로만 환산되는, 이 시대의 저급

한 문화적 행태의 허구를 통쾌하게 까발린다.

시와 언어

　시의 언어가 생각을 빠져나갈 수 있는 것은 그것이 몸을 가지기 때문이다. 몸은 생각을 놓치게 되어 있다. 생각과 멀어지게 되어 있다. 시는 언어가 몸을 만드는 과정이다. 이 몸이 어떠한 방향으로 움직일지는 예단할 수 없다. 시는 오직 스스로 움직이는 자생의 몸인 까닭이다. // 표현하는 것이 아니라 근접한다. 언어는 사물을 표현하지 않는다. 사물을 이해하는 것이 아니며 사물을 덮을 수도 없다. 언어는 권능적이지 않으며 반대로 흠이 많고 구멍이 숭숭 뚫려 있어서 무언가를 잘 포괄하지 못한다. 사물을 조이거나 건져내지 못한다. 언어의 부실함과 미숙함은 사물과 결합하지 못하게 하고, 사물에 한없이 다가서도록 만들 뿐이다. 그리하여 언어가 사물을 표현하는 것이 아니라 사물에 근접해가는 것이라 해야 한다. 이 과정에서 사물이 언어에 어른거린다. 언어가 너무 과격한 운동을 하면 어른거림이 흔들려 깨진다. 바로 시에서의 추상이다. 추상은 시인이 언어에 너무 많은 권능을 부여한 결과이다. 시인이 언어를 끌고 다닌 것이다. 시인이 한 발자국 물러서고, 사물의 어른거림을 유지하면서 언어가 아슬아슬하게 앞으로 나아가는 것이 시다.(이수명, 『표면의 시학』, 난다, 2018, pp.16~19)

　문학을 바라보는 관점이나 비평 방법에 있어 널리 알려진 것으로 우리는 에이브람즈(M.H. Abrams)의 『거울과 램프』(The mirror and The Lamp)를 지목하게 된다. 여기서 거울과 램프, 즉 빛과 그림자 내지 현실과 환상의 모티프는 문학을 근본적이고도 보다 심층적으로 이해하는데 유용한 틀을 제공한다. 나아가 저자는 이런 시도를 하나의 비평 방법으로 확장시키는데 '작가 / 독자 / 작품 / 우주(또는, 세계·자연·사물·대상)'라는 네 가지 항목을 설정한다. 이는 곧 모방론적(mimetic) 관점인 '작품과 현실', 표현론적(expressive) 관점인 '작품과 작가', 객관론적(objective) 관점인 '작품 자체', 효용론적(pragmatic) 관점인 '작품과 독자의 관계'를 말한다. 텍스트를 매개로 하여 창작과 감상의 상호 관계는 작품 그 자체가 갖는 내적 요소와 작품의 외적 환경(현실, 작가, 독자)의 관계로 수렴된다. 문제는 이 네 가지 항목이 절대적이 아니라 상대적이고 유기적인 만큼 영향을 주고받는다는 사실이다. 시와 시론의 경우도 예외가 아니며, 다른 장르에 비해 더 새롭고 풍부한 감각적 사유와 방법, 전통에 대한 창조적 계승이 요청된다. 하여 "모든 위대한 시인은 오직 단 하나뿐인 유일한 시로부터만 시작(詩作)을 한다. 시인의 위대함은 오직 그가 얼마만큼 이 유일한 시에게 자신을 토로해서 자신의 시작적(詩作的) 언어를 그 유일한 것 가운데서 순수하게 보존할 수 있는가에 의해서 측정된다. 한 시인의 유일한 시는 말해질 수 없는 채로 머문다. 개별적인 시들이나 또는 그 시들의 전체 또한 모든 것을 말하고 있지는 않다. (…) 언어의 비밀을 말해 줄 언어가 없다. 언어의 본질을 나타낼 언어는 주어지지 않는다.(하이데거, 「시에 있어서의 언어」, 이수명, 『횡단』(재인용), 문예중앙, 2011, pp.55~58)

　역사적으로 작품에 대한 독자의 이해 방식은 아는 만큼 보인다. 예술, 혹은 시는 독자의 교양적 수준과 전문적 지식에 따라 감상 폭과 깊이는 천차만별이다. 근현대시 100년을 이해하는 데 있어 독자의 대응 방식은, 시대에 따라 다양한 층위를 띤다. 실험시인 이상(1910~1937, 서울 출생)의 「오감도」를 제외하면, 1980년 때까지 서정시의 흐름은, 대게 개인적 정서와 모더니즘 경향의 혼합이다. 서정시의 약점은 시적 구조와 표현 면에서 신선하지 않다. 반면 신춘문예와 최근 미래시는 너무 낯설다. 언어와 언어 사이는 절벽이다. 상징 기호와 형태소의 해체는, 도통, 그 '시'가 무슨 말을 함의한 것인지조차 이해 불가이다. 서정시는 감각과 경험된 현실을 언어에 투영하는 반면, 미래시는 기존 시단의 주류를 전복(顚覆)한다. 하여, 현대시는 환상적이고 시니컬하다. 근대 서정을 읽던 방식으론, 미래시의 행과 행, 연과 연의 이미지 연결은 불가능하다.

이런 모호성과 겹 이미지는 '이거나 아니거나, 있거나 없는 모두이면서 아무도 아닌 것'(이규리)으로 규정된다. 이쯤 되면 정말 '시가 존재하는 것인가?'란 강한 의문을 품게 된다. 아닌 게 아니라, "모든 위대한 시인은 오직 단 하나뿐인 유일한 시로부터만 시작(詩作)을 한다". 이 경우 유일한 시는 "말해질 수 없는 채"로, 불가능의 가능, 즉 타자의 현상으로 주어진다는 사실이다. 한편, 박남철(1953~2014, 경북 포항 출생)의 「독자놈들 길들이기」(『地上의 人間』, 1984, 문학과지성사)는, 새로운 시에 대한 그 시대 "독자 놈들"의 무지(無知)를 질타한다.

　　내 詩에 대하여 의아해하는 구시대의 독자 놈들에게 →차렷, 열중쉬엇,
　　차렷,

　　이 좆만한 놈들이……
　　차렷, 열중쉬엇, 열중쉬엇, 정신차렷, 차렷, ○○, 차렷, 헤쳐모엿!

　　이 좆만한 놈들이……
　　헤쳐모엿,

　　(야 이 좆만한 놈들아, 느네들 정말 그 따위로들밖에 정신 못 차리겠어,
　　엉?)

　　차렷, 열중쉬엇, 차렷, 열중쉬엇, 차렷……
　　　　　　　　　　　　　　　- 박남철,「독자놈들 길들이기」전문

　박남철 시집 『地上의 人間』은 현대시의 충격적 사건이다. 야유와 풍자, 욕설과 비틀린 세계에 대한 분노와 언어 실험은, 비극적이자 섬뜩하다. "반윤리성과 자학적 냉소", 거꾸로 박은 활자, 부조리에 대한 보들레르적인 악마적 시관(詩觀)은, "기존의 시적 틀과 형식을 깨부"순다.(김

병익 해설) 그때까지의 규격화된 시적 논리완 확연한 경계에 서 있다. 80년대 박남철의 아방가르드는 복제를 거부한 절규에 가깝다. 끊임없는 실패를 통한 실험의 고통은 그로테스크하다. 부조리한 현실, 억압된 사회의 음영, 내면의 자기 검열을 예리한 칼로 찌른다. 하여, 반항만큼 그의 시 정신은 순수하게 읽힌다. 이런 난해한 시적 알레고리를, 독자들은 미처 알아채지 못할 것이다. 박남철에게 시는 타협의 대상이 아니라 상대를 불편하게 하는 장르이다. 맹목적 추종이 아니라 비시적 질타로 일갈한다. 그는 자신의 "詩에 대하여 의아해하는 구시대의 독자 놈들에게" 얼차려를 준다. 그것도 그가 역겨워한 군바리의 언어로 "이 좆만한" 독자 놈들에게 "차렷, 열중쉬엇, 열중쉬엇, 정신차렷,"을 반복한다. 이런 메타포는 박남철 시를 해학의 차원으로 끌어올린다. 물론 배알이 꼴린 독자들은 그에게 이렇게 반문할지도 모른다. "야 이 좆만한" 시인 "놈들아, 느네들 정말 그 따위로들밖에" 시 못 쓰겠어, "엉?"하고 말이다.

시마(詩魔) 1

　이 한 편을 쓰기 위해 태어났다고 선언할 수 있는 시를, 쓰고 나선 죽어도 좋다 싶은 시를, 다시 더 쓸 필요가 없다고 절필하게 하는 시 한 편을 써보고 죽고 싶다. 죽을 때도 그 한 편을 외우면 행복하게 죽게 되는 그런 시를, 죽은 자도 일으키는 밀교의 주문 같은 시를, 독초의 꽃처럼 눈길만 마주쳐도 까무라치게 하는 시를, 첫 구절만 읽고 나도 홀연 기절하게 되는 시를 쓰고 싶다. 매운 고추보다 더 맵고 아린 시를, 한번 읽고 나면 인생을 바꿔버리게 하는 시를, 쓰고 나서도 읽고 나서도 몇 달씩 잠 못 들게 하는 시를 써보고 싶다. (…) 시신(詩神)이여! 어디서 듣고는 있는가? 그래도 비웃는가? 제발 낯 돌려 날 좀 봐! 나 아직도 정녕 싹수 있는 시인인가? (유안진, 「죽은 자도 깨우는 밀교의 呪文 같은 시를」, 2000, 《시와 시학사》 발췌)

"시마는 '시 귀신'이다. 시마는 어느 순간 시인에게 들어와 살면서 시인으로 하여금 끊임없이 시를 생각하고 시만 짓게 하는 귀신이다. 시마가 한번 붙으면 다른 일에는 하등의 관심이 없고, 오로지 시에만 몰두하게 된다. 더욱이 짓는 시마다 절창 아닌 것이 없다. 시마는 시인에게 즐거운 괴로움을 선사하는 모순적인 존재다"(정민『한시미학산책』, 휴머니스트, 1996. p263) 그렇다. 시마에 한 번 붙들리면, 천기누설인지도 모르고 중얼댄다. 어떤 자는 미치광이가 되고, 어떤 자는 제 죽음을 시참(詩讖)으로 예언한다. 하여 시마는 시신(屍身)이자 시신(詩神)이다.

기형도(1960~1989, 경기도 안성 출생)의「이 겨울의 어두운 창문」은 음습하다. 그의 시는, 불길한 예감으로 휘몰려오는 검은 먹구름이다. 시대에 눌린 비참과 폐허의 노래다. 현실에 대한 절망과 고뇌가 몸부림친다. 80년대의 음화와 절규를 관통한 스물아홉의 비가(悲歌)다. 기형도는 중앙일보 기자였다. 1989년 3월 7일 새벽, 시집을 출간하기 위해 준비하던 중, 서울 종로 파고다 심야 극장에서 숨진 채 발견된다. 사인은 뇌졸중이었다. 그해 5월 문단 지인들의 아름다운 마음들이 모여 유고 시집『입 속의 검은 잎』(문학과지성사, 1989)이 출간된다. 그는 1985년부터 1989년까지 집중적으로 시를 발표했다. 그의 시는 진눈깨비의 언어이자 안개의 시어이다. 죽음의 알레고리이자, 현대시의 불멸의 사원이 되었다. 푸른 색채의 언어를 통해 바람의 무늬를 짰다. 그의 시는 절망의 건축이자 사랑의 창(窓)이다. 가난의 시어를 뿌렸고 신화의 열매를 거뒀다. 주체는 언제나 흔들리는 다중 자아다. 그의 시는 매순간 묘사적 이미지로 확장된다. 실존을 통해 '나'를 물었고, 환멸을 통해 시대를 벌했다. 그의 시는 투명한 언어였고 순수의 고백이었다. 하여, 그는 요절로서 영원 속에 별이 되었다. 그의 시는 길 위에서 태어나, 길 위에서 죽었다. 허상을 벗고 표상의 실재를 추구하였다. 때로는 형이상학으로, 때로는 형이하학으로 형상화하였다. 죽음을 통해 생을 보았고, 시를 통해 독행(獨行)을 택했다. 그의 시는 언어를 버리자 시가 되었다. 때론 기억의 방식으로, 때론 유령의 방식으로, 기형도는 스스로 시마가 되어 불길에 타 버렸다.

어느 영혼이기에 아직도 가지 않고 문밖에서 서성이고 있느냐. 네 얼마나 세상을 축복하였길래 밤새 그 외로운 천형을 견디며 매달려 있느냐. 푸른 간유리 같은 대기 속에서 지친 별들 서둘러 제 빛을 끌어모으고 고단한 달도 야윈 낫의 형상으로 공중 빈 밭에 힘없이 걸려 있다.

아느냐, 내 일찍이 나를 떠나보냈던 꿈의 짐들로 하여 모든 응시들을 힘겨워하고 높고 험한 언덕들을 피해 삶을 지나다녔더니, 놀라워라. 가장 무서운 방향을 택하여 제 스스로 힘을 겨루는 그대, 기쁨을 숨긴 공포여, 단단한 확신의 즙액이여.

보아라, 쉬운 믿음은 얼마나 평안한 산책과도 같은 것이냐. 어차피 우리 모두 허물어지면 그뿐, 건너가야 할 세상 모두 가라앉으면 비로소 온갖 근심들 사라질 것을. 그러나 내 어찌 모를 것인가. 내 생 뒤에도 남아 있을 망가진 꿈들, 환멸의 구름들, 그 불안한 발자국 소리에 괴로워할 나의 죽음들.

오오, 모순이여, 오르기 위하여 떨어지는 그대. 어느 영혼이기에 이 밤 새이도록 끝없는 기다림의 직립으로 매달린 꿈의 뼈가 되어 있는가. 곧이어 몹쓸 어둠이 걷히면 떠날 것이냐. 한때 너를 이루었던 검고 투명한 물의 날개로 떠오르려는가. 나 또한 얼마만큼 오래 냉각된 꿈속을 뒤척여야 진실로 즐거운 액체가 되어 내 생을 적실 것인가. 공중에는 빛나는 달의 귀 하나 걸려 고요히 세상을 엿듣고 있다. 오오, 네 어찌 죽음을 비웃을 것이냐 삶을 버려둘 것이냐. 너 사나운 영혼이여! 고드름이여.
― 기형도, 「이 겨울의 어두운 창문」 전문

그의 시는 절박하다. 「이 겨울의 어두운 창문」은 바람의 절규다. 고통의 비명이다. 고뇌의 작업이자 심연의 통곡이다. 그 울음소리는 너무 깊어 심이(心耳)로만 들린다. 그의 시는 접신의 내림이다. 하여, 어둠 속 중얼거린 홀림이 있다. 죽은 자와 산 자의 말이 뒤엉켜 있다. 예언의 불길에 휘감겨 불탄다. 뼈를 태우고 굶주림으로 시험에 들게 한다. 굴욕과 핍진으로 절망에 몸서리친다. 기형도의 「이 겨울의 어두운 창문」은 귀(鬼)의 몸을 빌려 쓴 시참의 시다. 견딘 자에게만 명시를 준다. 징조와 소명을 깨달은 자만 절규한다. 이 시는 간절하게 자신을 묻고 답했다. 감탄과 호격은 부름과 응답으로 들린다. 「이 겨울의 어두운 창문」은, 어두움 속에서 언어의 살점과 뼈를 발랐다. 생사를 관(觀)해 내세를 전복한다. 죽음의 허(虛)와 삶의 실(實)을 한 축에 꿴다. "어느 영혼이기에 아직도 가지 않고 문밖에서 서성이고 있느냐." 기형도는 빙의(憑依)의 방식으로, 귀(鬼)를 몸에 들인다. 절절하면 홀연 시가 들린다. "그 외로운 천형을 견디며 매달려 있"는 귀가 보인다. 모순의 형용과 도치의 방식으로, 기형도의 달은 "야윈 낯의 형상"으로 "공중 빈 밭에 힘없이 걸려 있다." 객관적 상관물 '달'은 주체의 투영이며, "푸른 간유리 같은 대기"는 참혹한 삶의 은유다. 끊임없는 죽음의 갈등과 행간의 긴장은 "응시"를 통해, 생과 대립각을 세워 꿈의 세계로 전이된다. "가장 무서운 방향을 택하여" "공포"와 "확신의 즙액"이 된다. 그에게 실존은 절망과 희망의 양립이다. 이런 죽음에 대한 선험적 호명은, 결국 강렬한 삶의 구조 신호다. "어차피 우리 모두 허물어지면 그뿐,"이다. 현생의 부조리와 내생의 "환멸" 구조야말로, 기형도 시의 이중 부정의 중요한 테제다. 한편, 죽음을 호명하면서도 "그 불안한 발자국 소리에 괴로워"하는 "망가진 꿈들"은, 실존의 파편이자 생에 대한 애착이다. 하여, 생사는 "모순"의 연속이며 "오르기 위해 떨어지는" 다중의 주체다. 불의의 사고로 먼저 간 누이(17세)의 죽음은 기형도(15세)에게 엄청난 충격과 고통을 안겼다. 그 트라우마는 "몹쓸 어둠"이자, "검고 투명한 물의 날개"로 비유된다. 물은 육체의 은유이자 "냉각"된 현실이며, "액체"를 관통한 영혼의 가벼움이다. 아무리 발버둥쳐도 인간은 "죽음을 비웃"지 못하며,

"삶을 버려둘" 수도 없다. 하여, 기형도의 모순은 "공중에" "빛나는 달의 귀"로 "고요히 세상을 엿"듣지만, 끝내 죽음의 바다에 잠기고 만다. 이런 내적 상처는, 80년대의 시대 아픔에 겹쳐, 기형도 시를 '부정의 시학'으로 규정하는 근거가 된다.

시마(詩魔) 2

시는 전쟁이다. 전쟁의 각오가 서지 않는다면 그 문턱조차 들어설 생각을 말라. 철학 공부를 하라. 철학은 왜 시를 써야 하는가, 하는 근본을 담은 물음 앞에 당당하게 설 수 있게 한다. 철학 기반이 없으면 시인으로 멀리 갈 수 없다. 횔덜린이나 휘트먼이 그렇듯이 가장 좋은 시인들은 자기 분열과 싸우고, 제 안의 숨은 샤먼과 의사를 숨긴 심연의 철학자들이다. 좋은 시인들은 시대의 심연을 들여다보는 철학자이다.(장석주, 『은유의 힘』, 다산책방, 2017, p.15)

위대한 예술이 다 그렇듯, 미쳐야 미친다(不狂不及). 스스로 주체하기 힘든 광기야말로 빛나는 명작을 만든다. 최창윤(1968~2014, 대구 출생)은 『사기史記』의 「자객열전」에 나오는 형가(荊軻)를(「인생이여 만세」) 자신의 전생이라고 밝힌다. 한때 형가였던 "최창윤은 짧고 날카로운 칼 한 자루로 진시황을 찔러 죽이고 세상을 무너뜨리려던 자객이다. 시인 최창윤은 시라는 칼로 세상을 찔러 천지를 울리고 귀신을 감동시킬 날을 갈망한다. 수많은 호걸과 현자, 협객, 광대를 만나 훈수를 받고, 도서관에 처박혀 동서양의 숱한 지혜의 책들을 섭렵하고, 형형한 눈빛으로 날카로운 칼을 품고 저잣거리에서 술을 마시고 미친 듯이 노래에 몸을 내맡긴다."(정지창 표4) 그러던 그가 시「창힐」(유고시집 『잘 가라, 버디 홀리』, 북인출판사, 2015)을 발표한 후 갑자기 췌장암으로 세상을 떠났다. 하여, "시인이 목숨을 걸고 세상을 찌르기 위해 써낸 시라는 것도, 모래가루로 만다라를 그리는 티베트 승려처럼 "아름답지만 필멸(必滅)"에 불과한 허무한 것이 되어버렸다.

　지난 밤 크립키**를 읽다가 책을 덮고 울었다 이번 삶에선 아무래도 뜻에 닿지 못할 것 같았다 타고 난 어리석음이 내 지난 날들을 삼켰으니 이제껏 무엇인들 깨달음에 이르렀을까 형상을 빌려 뜻을 얻고자 하였지만 내 생각의 씨앗들은 닻도 없이 표류중이다 먼 곳만을 너무 오래 바라본 게 틀림없는데, 뜻도 없이 떠나온 삶이 이토록 비루하고 처참하다 묵은 책들이 쌓여 있는 서가에는 빛을 피해 자라는 키 작은 문장들만 가득하고 지난 겨울 내내 나는 그림책들이 가득한 북쪽 서고들의 안부만을 쫓았다 사실 무욕(無慾)도 내겐 너무 컸을 것이다 실체가 사라진 뜻들은 형상을 떠돌며 뜻을 전하곤 했는데 간혹 몇 해 전 병을 앓다 돌아가신 어머니가 꿈결에 나타나곤 했다 뜻이 글에 앞서 있음을 알고 있었건만 생각해보면 나는 늘 그 붓 앞에서 웅크리고 있었다 지친 몸을 빌려 시를 쓴다 어쩌면 나는 창힐이 오래 전 고용했었던 대서가(代書家)였을 것이다 지워져버린 뜻들을, 실체를 잃어버린 역사를, 사라져버린 사람들의 과거를, 받아 적는다 저 아득하고 깊은 생각의 늪으로부터 끝없이 길어올리며, 우리는 알아야만 한다 우리는 알게 될 것이다***라고 중얼거리며

　말라버린 피를 닮은 내 시는
　이미 오래전 바람 소리로 지워진,
　죽은 자들의 입이다

　　　　　　　　 - 최창윤,「창힐 ─ "그가 글자를 만들자 하늘에서 비가 내리고
　　　　　　　　　　귀신이 밤새 울었다" ─ 『회남자』중에서」전문

　*창힐은 고대 중국의 설화에 나오는 이로, 최초로 글자를 발명하였다고 전해지는 인물이다.
　**솔 크립키(Saul Kripke)는 언어철학에서 본질주의를 옹호하는 미국 철학자이다. 『이름과 필연』이라는 저서를 통해 고유 지시어 이론을 주창하면서 기술주의적 견해들을 반박하였다.

＊＊＊독일의 수학자 다비드 힐베르트의 묘비명.

 그의 대표작 「창힐」은 시에 대한 지극함과 비극적 세계 인식이 두드러진다. "그가 글자를 만들자 하늘에서 비가 내리고 귀신이 밤새 울었다"(『회남자』). 슬픈 부제는 세상을 향해 우는 곡비(哭婢)다. 「창힐」을 읊조릴 때마다 행간에서 최창윤의 흐느낌이 들렸다. "이번 삶에선 아무래도 뜻에 닿지 못할 것 같았다"란 구절은 아리고 먹먹하다. 행간의 묘한 떨림은 「창힐」 속에서 이상하게도 귀신의 웅얼거림이 들리곤 하였다. "타고 난 어리석음이" 그의 "지난 날들을 삼켰으니" 어찌, 시의 "형상을 빌려 뜻을 얻"을 수 있었을까. 그림을 지독하게 사랑한 그는, 늘 "닻도 없이 표류 중"인 바람이었다. 공연히 이 땅에 내려와 "먼 곳만을 너무 오래 바라본" 시인이었다. 나는 두어 번 뒤풀이 장에서 예술을 사랑하는 고독한 최창윤을 만났다. "비루하고 처참"한 심경으로 병상에 누워, 그는 "겨울 내내" 그 어둠 너머를 따라가 보았으리라. "실체가 사라진 뜻들"이 "형상을 떠돌며 뜻을 전하"는, 귀(鬼)를 만났으리라. 일찍 죽은 어머니를, 창힐을, 그리고 "실체를 잃어버린 역사를, 사라져버린 사람들의 과거를, 받아 적"었으리라. 하여, 최창윤의 「창힐」은 "이미 오래전 바람 소리로 지워진, / 죽은 자들의 입"술 사이로 흘러나온 예언이자 시참이었던 셈이다. 문자-문명의 발명, 즉 시의 탄생은 하늘에서 비가 내리고 귀신이 밤새 울 만큼 충격적인 사건이다. 그런 창힐을 소재로 한 이 시는 "말라버린 피를 닮"아, 시마에 홀린 독자에게 감정 이입되어, 더욱 사무치고 절실하게 흉금을 파고든다.

시마(詩魔) 3

 전통과 모더니티는 현대시의 중요한 두 축이다. 전통에 대한 부정적 계승으로서의 모더니티는 차이를 생성하는 새로운 모티프이자 시선이다. "모더니티가 창조를 가능하게 하는 결정적 요인이라면, 전통은 예로부터 내려오는 사상事象이 아니라, 현재와의 관련 속에서 끊임없이 새롭게 창조되는 것이다."진정으로 새로운 것으로 불릴 수 있는 것은 어떤 사물일 수가 없고 어떤 과정일 수도 없다. 그것은 일종의 비존재(nothingness)"[르노 바르바라스(황수영 옮김),「새로운 것은 무엇인가?」]에 해당한다. 이런 비존재-존재와 존재자 사이의 차이로서 존재-와 관련하여 현대시의 새로움(novelty)은 부정성의 사유와 함의에 있다.(김상환,「현대시의 전통과 창조-부정성의 함의」) 그리고 그 부정성은 "낡은 것이 새로운 것으로 바뀌는"순간에 주어지며 "죽음의 깊이"가 있다(김수영,「生活現實과 詩」)는 사실이다.

　김이듬(1969~, 경남 진주)의 시「시골 창녀」(시집『히스테리아』, 문학과지성사, 2014)를 보면 전통에 대한 새로운 인식소로서 낭만적 모더니티가 있다. 그런 만큼 데카당하고 키치적이며, 알레고리컬하고 좀더 매직한 데가 있다. 부정의 시선으로 시대에 따라 다르게 읽힌 여성의 몸을 음각하는 그녀의 몸은 역사의 거울이자 개인의 흔적이다. 몸은 말의 오르간(organ)이자 파편화된 현실이다. 어떤 때는 질문의 형식으로 은유되기도 하고, 어떤 때는 주체와 객체로 실체화되기도 한다. 하여, 시간과 공간 속에서 "몸은 거듭난다. 새롭게 해석된다. 그렇기에 몸은 변화하는 사건이고, 기록되는 감정이다."(금은돌,『금은돌의 예술산책』, 청색종이, 2020) 시 전문을 보자.

　　　진주에 기생이 많았다고 해도
　　　우리 집안에는 그런 여자 없었다 한다
　　　지리산 자락 아래 진주 기생이 이 나라 가장 오랜 기생 역사를 갖고 있다
　　지만
　　　우리 집안에 열녀는 있어도 기생은 없었단다

백정이나 노비, 상인 출신도 없는 사대부 선비 집안이었다며 아버지는 족보를 외우신다
　낮에 우리는 촉석루 앞마당에서 진주교방굿거리춤을 보고 있었다
　색한삼 양손에 끼고 버선발로 검무를 추는 여자와 눈이 맞았다

　집안 조상 중에 기생 하나 없었다는 게 이상하다
　창가에 달 오르면 부푼 가슴으로 가야금을 뜯던 관비 고모도 없고
　술자리 시중이 싫어 자결한 할미도 없다는 것
　인물 좋았던 계집종 어미도 없었고
　색색비단을 팔러 강을 건너던 삼촌도 없었다는 거
　온갖 멸시와 천대에 칼을 뽑아들었던 백정 할아비도 없었다는 말은 너무나 서운하다
　국란 때마다 나라 구한 조상은 있어도 기생으로 팔려간 딸 하나 없었다는 말은 진짜 쓸쓸하다

　내 마음의 기생은 어디서 왔는가
　오늘밤 강가에 머물며 영감(靈感)을 되실까 하는 이 심정은
　영혼이라도 팔아 시 한 줄 얻고 싶은 이 퇴폐를 어찌할까
　밤마다 칼춤을 추는 나의 유흥은 어느 별에 박힌 유전자인가
　나는 사채이자에 묶인 육체파 창녀하고 다를 바 없다

　나는 기생이다 위독한 어머니를 위해 팔려간 소녀가 아니다 자발적으로 음란하고 방탕한 감정 창녀다 자다 일어나 하는 기분으로 토하고 마시고 다시 하는 기분으로 헝클어진 머리칼을 흔들며 엉망진창 여럿이 분위기를 살리는 기분으로 뭔가를 쓴다

　다시 나는 진주 남강가를 걷는다 유등축제가 열리는 밤이다 취객이 말을 거는 야시장 강변이다 다국적의 등불이 강물 위를 떠가고 떠내려가다 엉망진창 걸려있고 쏟아져 나온 사람들의 더러운 입김으로 시골 장터는 불야성이다

부스스 펜을 꺼낸다 졸린다 펜을 물고 입술을 넘쳐 잉크가 번지는 줄 모르고 코를 훌쩍이며 강가에 앉아 뭔가를 쓴다 나는 내가 쓴 시 몇 줄에 묶였다 드디어 시에 결박되었다고 믿는 미치광이가 되었다

눈앞에서 마귀가 바지를 내리고
빨면 시 한 줄을 주지
악마라도 빨고 또 빨고, 계속해서 빨 심정이 된다
자다가 일어나 밖으로 나와 절박하지 않게 치욕적인 감정도 없이
커다란 펜을 문 채 나는 빤다 시가 쏟아질 때까지
나는 감정 갈보, 시인이라고 소개할 때면 창녀라고 자백하는 기분이다 조상 중에 자신을 파는 사람은 없었다 '너처럼 나쁜 피가 없었다'고 아버지는 말씀하셨다
펜을 불끈 쥔 채 부르르 떨었다
나는 지금 지방축제가 한창인 달밤에 늙은 천기(賤技)가 되어 양손에 칼을 들고 춤춘다

— 김이듬, 「시골 창녀」 전문

남성 중심의 이데올로기에 대항하는 여성의 권리와 주체성이 개성적인 이미지로 처리된 「시골 창녀」는 근대 여성의 억압과 울분을 파고들고 있다. 여성의 사회적 차별, 관념화된 '성(sex, gender, sexuality)과 억압으로부터의 해방'을 주장한다. 하여, 그녀는 조선의 "기생"과 "버선발로 검무를 추는 여자", "음란하고 방탕한" "감정 창녀"를 통해, 한국 사회의 마초이즘(machoism)을 비판하고 있다. '시골 창녀'라는 제목이 갖는 모순형용(oxymoron)은, 전통 유교의 틀 속에서 자행된 억압된 여성성을 고발하고 있다. 반면, 시의 이면에는 시마에 들린 시인의 광기가 번뜩인다. 불안정한 내면 심리의 중심에는 속죄의식과 분노의 알레고리가 놓여 있다. "마귀가 바지를 내리고 / 빨면 시 한 줄을 주지"하고 약속하면, "악마라도 빨고 또 빨고, 계속해서 빨 심정"이 그것이다. 이런 무의식의 욕동들(appetites)은 "커다란 펜을 문 채", "시가 쏟아질 때까지"

빨고 또 빨겠다는 처절한 예술혼으로 승화된다. 궁극적으로 이 시의 메타포는 자의식과 교접해 있다. 그런 점에서 "감정 갈보"와 "창녀"의 자기 비하는, 까발리고 싶지 않은 무의식의 페르소나이다. '너처럼 나쁜 피가 없었다'는 충격적인 아버지의 말 또한, 역설적이게도 강렬한 피의 거부로 비쳐진다. 이것은 "펜을 불끈 쥔 채 부르르" 떠는 수치심의 극적 묘사이며, 남성 폭력성에 대한 강렬한 저항 의식의 표지(標識)이다. 근대 여성의 삶이 얼마나 비루하였는지, 한국 남성 사회가 얼마나 모순적인지를 희화한 이 시에서 또 하나 주목할 점은, 시적 내러티브와 유장한 리듬이다. 내재율의 그 서러운 가락이 주는 치명적인 아름다움이다.

남강을 중심으로 펼쳐진 등불 축제의 화려함 뒤에 어룽진 늙은 무희(舞姬)의 심리는 시니컬하다. 인용시가 수록된 시집 『히스테리아』 해설에서 한 평자(조재룡)는 말한다. "물음을 던지고 나면, 다시 생겨난 또 다른 상처 때문에, 세계의 거울 앞에서 여전히 피를 흘리고 있는, 제 추하고 비겁한 얼굴을 주시하는 일을 감행하려 한다. 상실되었던 것, 불완전한 전망이 끊임없이 회전하면서, 우리의 삶을 흠뻑 적시고, 사회를 강타하며, 역사를 참칭해 나가는, 저 어쩔 수 없는 것들이, 왜 어쩔 수 없는지를 물고 늘어지다가 실패하는 언어"의 방식이 히스테리아의 세계다. 하여, 「시골 창녀」는, 히스테리의 심리적 현상에 대한 문학적 형상이며, "너무 어수선하고, 불안정하고 난해하고 뭔가 들끓는 것 같고 지나치게 뜨거"운 치명적 매혹이, 슬프다 못해 그로테스크(grotesque)하다고 시인은 말한다. 전통적 정서와 모던한 방법이 역동적으로 전개된 이 시는, 은유의 칼잡이와 환유의 칼날이 어우러진 축제의 달밤처럼 가히 절정이다.

시귀(詩鬼), 혹은 미완(未完)에 이르는 길

문제는 '그것'이 앎의 대상이 되는 즉시 '불가능'으로 바뀐다는 점이다. 우리는 '그것'을 알 수 없고, 단지 '그것'이 될 수 있을 뿐이다. 사실 된다는 말은 맞지 않다. 이미 되어 있는 것을 알 뿐이다. 그러나 이미 되어 있는 것을 안다는 것 또한 어폐가 있다. 그 또한 앎이며, 따라서 '긁어 부스럼'이고 '평지풍파(平地風波)'이다. 그렇다고 알지 않으면 '되어 있을' 수도 없다. 왜냐하면 되어 있는 것 또한 앎이기 때문이다. // 르네 샤르에 의해 '영원한 바깥의 흐름', 혹은 '죽음의 유골함'과 가깝지만 '혼례 가능한 저 너머'로 명명되는 '그것'의 자리는 우리가 한 번도 머문 적 없고, 머물 수도 없는 곳이며, 그럼에도 여전히 우리 안에 찾아지는 곳이다. 이 자리를 기억/보존하고 모험/실패할 수 있는 유일한 수단은 언어이다. // 예술은 언어로 표현할 수 없는 것을 표현하려다 실패하는 형식이다.(이성복, 「불가능 시론」에서)

시는 텅 빈 기물이다. 허공 위에서 밤낮으로 움직이는 미완성의 예술품이다 "음악은 하늘에서 흘러나와 사람의 몸에 붙은 것이다. 바닷물 속에서 붉은 현을 켜며 올라오는 해는 그 자체가 악기이다. 한밤중 물속에 들어가도 젖지 않는 달은 얼마나 신비로운 선율인가. 하여, 천지 만물은 모두 소리의 악기통이다. 하늘과 땅은 음양의 리듬으로, 오행은 행간의 악보로 드러난다. 겨울의 흰눈은 봄의 들꽃 피는 소리에 숨고, 물의 음악은 초록의 여름 나뭇가지를 타고 허공의 생각을 만진다. 온갖 색채가 가을 단풍 속에 제소리들을 숨기고, 낙엽은 늙은 몸을 끌고 땅속 뿌리에 스며 은유의 소리로 부활한다. 강물은 스스로가 물의 연주자요, 바다는 강물들의 교향곡이다. 바람의 지휘자를 통해 천지는 한바탕 무위를 드러낸다. 하여, 자연은 형상을 창조하여 색의 음악을 만들고, 변화의 음을 통해 매 순간 무화시킨다. 때론, 화산 폭발과 번개의 리듬으로 불의 음악을 펼치기도 하고, 때론 해일과 폭우로 물의 음악을 선사하기도 한다. 삼라만상은 상징의 율을 통해 이미지로 드러나고, 구상과 추상의 악기를 바꾸어가며, 색과 공의 법칙으로 우주를 탄주한다. 하여 음악은, 지수화풍토(地水火風土)란 경이로운 음계를 버무려 일월의 조화음을 만든다. 그 사이 인간은 희로애락의 고저장단에 사주팔자의 추임새를 얹어, 한바탕 각자의 시공의 방식으로 몸을 통해 놀다 가는 악기인 셈이다."(김동원 시집 『빠스각 빠스스각』, 그루, 2022, p.96)

   천지만물은 말을 통해 드러나는 문장이다. 하여, 시의 행간 여백은 그 변화와 의태가 무궁무진하다. "말이 있어 천하가 열린다. 하늘이란 말이 있어 하늘이 있게 되고, 땅이라는 말이 있어 땅이 있게 된다. 산이 있고 물이 있고 나무가 있고 풀이 있어 만물이 있게 된다. 이렇게 말이 있어 세상이 열리고 존재하는 것이 생겨나(드러나) 우리 앞에 마주 선다. '유명(有名)'의 세계를 통해 있고 없음(무명無名)의 유·무가 생겨나고, 고하·장단이 있게 되고, 전후·좌우가 있게 된다. 아름다운 것, 선한 것과 악한 것, 어렵고 쉬운 것이 있는가 하면 음音과 성(聲)이 있게 된다. 이 모든 것은 말이 있어 있게 된다. 말은 표현으로서 가지는 의미체로 존재한다. 모든 존재하는 것은 다 드러나 있는 의미체이다. 그러므로 존재하는 모든 만물은 곧 말이다. 말은 의미의 세계이며 존재자는 의미로 존재한다. 그 의미로서 존재하는 것을 만물이라고 한다. 의미 아닌 것으로 존재하는 것은 없다. 이 세계는 말, 곧 언어 안에서만 모든 것을 문제 삼을 수 있다. 그리고 언어 밖의 것을 언어 안으로 끌어들일 때, 그 언어(존재)의 문제는 언어 밖의 것과는 무관하다는 것을 말하고 있다. (송항룡, 『노자를 이렇게 읽었다』, pp.15~23.) 하여, 이 아름다운 미완성의 예술인 시는, "꽉 찬 이미지의 범람보다, 텅 빈 시 행간의 울림이 가슴에 더 와닿는다. 오직 이 순간만을 파고드는 집중, 미완성으로 가는 길목은 적요하다. 머무는 곳마다, 서 있는 자리마다, 미완성의 시가 태어나는 곳임을 자각한다. '뛰어난 기교가 어수룩해 보이는'(노자) 이치를 가늠한다. 궁하면 변하고(窮則變), 변하면 통하고(變則通), 통하면 오래간다(通則久)'(주역)는, 그 미완성의 극極을 사랑한다. 하여, 미완성이여! 다가오니 형체가 없구나, 만지니 감촉이 없구나, 소리가 너무 커 들리지 않는구나.

네 그렇게 올 줄 알았다

장미는 너를 베었고

그녀는 피를 묻혔다

달빛에 젖은 건

기껏, 색色이었더냐

몸이 칼을 받는구나

늑골에 물이 괴었다

또 귀鬼가 보이는구나

쓸어버려라, 바람아!

네 그렇게 갈 줄 알았다

불길보다 더 빨리 타올라

관棺을 덮으리라

어둠 속 손을 넣은 자者,

오, 발목이 잘린 시여!

— 김동원, 「미완성」 전문

하여 나는 밤마다 시의 "피를" 묻으러 백지 위에 면벽 수행을 한다.

비극이야말로 은유의 몸을 연다. "오, 발목이 잘린 시여!" 화석화된 형식을 부수고, 파격을 몰아부쳐 전격적으로 치고 들어간다. 무지(無知)의 미완성만이 몸에 "칼을 받는"다. 사무치게, 절실하게, 더 깊이, 시의 몸을 찔러야 한다. 불가능의 시학은 "늑골에 물이" 고이게 한다. 대상을 버리고, 실재를 버리고, 그 소멸마저 버린, 시허(詩虛)가 미완성이다. 언어는 언어 이전의 '숨'을 몰아 쉴 때 극에 달한다. 하늘이 내린 것을 찰라에 받지 못하면, 시는 영원한 미궁에 빠진다. 미완성은 바탕이 없다. 속수무책인 미완성을 따라가면 "귀鬼"가 보인다. 하여, 나는 "쓸어버려라, 바람아!"하고, 그 미를 탄식한다. 미완성은 천경(天鏡)에 비친 기물이다. "불길보다 더 빨리 타올라 / 관을" 덮는 어둠이다. 명시는 '존재와 비존재' 사이, 떨림과 울림의 비밀이어서, 직유와 상징을 뚫어야 깊다. 언어의 피와 살이 돋을 때까지, 피 가진 것들의 심장을 파 먹어야 한다. 천하는 천하를 숨기는 방식으로 드러난다. 알지 못함을 아는 것이 '미완성'의 출발이다. 하여, 미완성은 그윽하고, 묘하고, 신령스럽다. 천지는 시의 한 뿌리요 만물은 시와 한 몸이다. 궁극으로 만물은 생사의, 미완성의 노래다. 봄은 여름 속에 숨고, 여름은 가을 속에 숨고, 가을은 겨울 속에 숨고, 끝내 겨울은 시의 미완이 된다."(김동원 시집 『빠스각 빠스스각』 2022, 그루, pp.173~175). 미완성은 완성되지 못한 게 아니라 또 다른 완성의 차원을 말한다. 이미 굳어진 완성보다 새로운 미시적 가능성으로서 미혹으로서 아름다움이다. 하여, 미(未)는 미(美, 迷, 微)다.

시집사리 詩集思理

PART + 02

시와 사유·둘

사실주의를 포기하고 자연적인 윤곽보다는 시각 이미지의 본질을 추구하기 시작한 20세기 아방가르드 화가 중에는 고양이 애호가들이 많았다. 그중 레오노르 피니Leonor Fini의 「일요일 오후」(1980, 캔버스에 유채)는 유명하다. 3단 선반에 커다란 고양이 여섯 마리가 속살이 비치는 잠옷 차림의 소녀 다섯 명과 함께 찬장을 가득 채우고 있다. 아방가르드 화가들의 그림에 담긴 고양이는 단순화하거나 과장하거나 상징화한 것이 특징이다. 두 뾰족한 귀나 몇 개의 수염만으로 고양이의 존재를 드러내는 그림도 있다. 반면에 왜곡된 형태이긴 하지만 더 정교한 그림도 있다. 특히, 파울 클레Paul Klee의 「고양이와 새」(1928, 캔버스에 유채)는 가장 유니크하다. 사냥하는 고양이 특유의 매섭게 노려보는 표정이 담겨 있는 그림이다. 고양이가 노려보는 대상인 듯한 새는 고양이의 이마에 찍혀 있다. 그림은 마치 이 고양이가 작은 새를 말 그대로 마음에 담고 있다고 말하는 듯하다. 「신성한 고양이의 산」(1923, 혼합 매체)은 더 환상적인 구도의 작품으로 고양이를 신의 수준으로 격상했다. 거대한 고양이가 고고하게 자신의 신선한 산을 다스리고 있고, 그 밑으로 왜소한 인간들이 보인다. 이 작품에서 그는 고양이를 권력자로 묘사하고 인간들에게는 미미한 역할을 맡겼다.

- 데즈먼드 모리스(이한음 옮김), 『고양이는 예술이다』(은행나무, 2018) 중에서

제2장
고양이를 바라보는 여섯 개의 시선

고양이의 눈과 시간

무릇 시의 내면과 영혼은 고양이를 크게 닮아있다. 고양이의 독립성과 조용한 발걸음, 그리고 응시의 눈초리는 사뭇 시적이다. 고대 일본의 닌자(忍者)들은 고양이 눈동자의 열림 상태를 보고 시간을 예측하였다. 일본 민가에서는 아직도 '고양이 눈 시간'이라는 게 있다. 고양이 눈은 새벽 무렵과 해질녘에는 동공이 크게 열려 둥글게 보이다가 차츰 달걀 모양으로 갸름해진다. 정오 무렵엔 아주 가늘어져 고양이의 눈이 숫제 바늘처럼 일직선이 된다. 이런 고양이의 라이트모티프(Leitmotiv)에 대해 시인 보들레르는 여성에 대한 은유로, 작가 호프만은 자아로 표상한다. 보들레르의 「고양이들Le Chats」에 나타난 고양이의 중층 이미지가 강유(剛柔)를 겸한 신비로운 눈동자와 꿈, 고독과 고결한 태도, 지식과 관능, 성과 속, 의식과 무의식, 침묵과 어둠의 공포 등에, 은유와 상징의 미학으로 스며든다. 그의 시가 에드거 앨런 포우의 「검은 고양이」에서 영향을 받았다면, 호프만의 「수고양이 무어의 인생관」의 무어는 회색 수고양이로서, "나의 자아야말로 모든 독자에게 가장 흥미로운 것"이라는 확신에 가득 차 있다. 호프만의 경우 도스토옙스키, 고골리, 발자크, 포, 바그너, 차이콥스키 등 위대한 예술가들에게 많은 영감을 주고 지대한 영향을 미친다. 특히『수고양이 무어의 인생관』(문학동네)은 일본 근대소설의 아버지인 나쓰메 소세키의『나는 고양이로소이다』에 직접적인 영향을 끼친 작품으로 널리 알려져 있다. 소세키는 이 작품을 통해 고양이의 눈에 비친 우스꽝스럽고 서글픈 인간의 초상을 드러내며, 전통과 서구의 문명 충돌에서 근대 일본인의 군상과 그들의 모순을 풍자 비판한다.

한편, 나쓰메의 고양이는 1920년대 우리나라 고월 이장희(1900~1929, 대구 출생)에게로 이어진다.「봄은 고양이로다」가 그것이다. 이 시는 감각적이고 참신한 표현으로 여전히 독자들의 많은 사랑을 받고 있다. 이후 '고양이'는 1930년대 서정주의「화사(花蛇)」에서 다시 새롭게 변용된다. 징그러운 '뱀'의 혓바닥과 상징은, 스무 살 여자의 '고양이 같은 붉은 입술'의 색정적 원죄 의식으로 형상화된다. 70년대에 와서 이가림은「갈색 머리칼의 애인의 장난」속에서 '고양이'를 시니컬하게 표현한다. 원초적 본능을 자극해 관능의 문을 열게 한 충동과 유혹이 그것이다. 끝내 사랑의 문을 열지 못한 젊은 애인을 향한 애무의 시, 육체의 욕망으로선 결코 사랑의 궁극을 발견할 수 없다는 점에서 낭만적 진실과 알레고리가 있다. 80-90년대 사이사이 고양이 시는 잠깐 털갈이를 하며 나타났다 사라진다. 2000년대 송찬호에 와서 '고양이'는 다시 찬란하게 부활한다. 그의 시집『고양이가 돌아오는 저녁』(문학과지성사, 2009)에 소개된 시「고양이」와「고양이가 돌아오는 저녁」은 빼어나다. 전자가 고양이를 통해 물질문명에 잃어버린 인간 정신의 가치를 회복하고자 쓴 철학적 동화시라면, 후자는 인간과 자연을 '가난과 고독'의 한 축으로 꿴 적요의 시다. 이런 견인주의자적 자세는, "입안의 비린내를 헹궈내고" "궁기를 감춰두고" 마침내 "달의 찬장을 열고" " '마음의 비린내"를 핥을 수밖엔 도리가 없다. 시 행간의 텅 빈 달의 여백은 침묵과 청빈이 주는 아름다움에 서정시가 어떻게 깊어질 수 있는지를 새삼스레 보여준다. 그리고 마지막으로 김동원의 시집『깍지』(그루, 2016)에 수록된 「국화꽃밭 문 옆엔 가을비가 울고 있었어요」는, 어미 고양이의 죽음을 이미지화한 비극적인 시다. 가을비와 국화, 새끼 고양이와 어둠 속 죽음을 감싼 은유는, 인간 삶과 동일시되며 다층적 이미지로 행간 속에 깊이 숨어 있다. 이 글에서는 전혀 다른 여섯 마리의 '고양이'가 각자의 시선으로 '야옹'하고 등장한다.

봄, 고양이의 신체와 감각

이장희의 「나는 고양이로다」는 감각의 극치와 세련미를 드러내 보이고 있을 뿐 아니라, 고양이에 대한 섬세한 관찰과 묘사가 탁월하다. 그런 만큼 언어의 윤곽이 뚜렷하고 '고양이'의 인상이 강렬하다. 근대시의 초기 국면에서 보기 힘든 이 시에서 "미친 봄의 불길"과 같은 다이내믹한 메타포는 재기발랄하다. 고월의 내면과 봄의 충동을 고양이와 동일시한 점은 특기할 만하다.

> 꽃가루와 같이 부드러운 고양이의 털에
> 고운 봄의 향기가 어리우도다.
>
> 금방울과 같이 호동그란 고양이의 눈에
> 미친 봄의 불길이 흐르도다.
>
> 고요히 다물은 고양이의 입술에
> 포근한 봄 졸음이 떠돌아라.
>
> 날카롭게 쭉 뻗은 고양이의 수염에
> 푸른 봄의 생기가 뛰놀아라.
>
> — 이장희, 「나는 고양이로다」 전문

한 세기가 지났건만, 공감각-시각의 후각화-의 기법은 여전히 참신한 데가 있다. "날카롭게 쭉 뻗은 고양이의 수염"과 "봄의 생기"는 고월(古月)만의 독특한 이미지로 되살아난다. 13세에 일본 유학파가 된 그는, 유학 도중 만난 한 일본 소녀를 연모하다 끝내 그 사랑을 이루지 못한 채 29세의 젊은 나이로 음독자살한다. 아마 그의 음독은 5세 때 일찍 여읜 어머니의 죽음과 부친의 친일 행각이, 시인의 자기 학대와 정서 불안, 자폐와 겹쳐 자살로 치달았을 것으로 추정된다. 인간은 누구나 절망 앞에서 한 번쯤 목숨의 극단을 자살로 마감하고 싶은 강렬한 욕구를 느낀다. 아명 '량희(양희)와 (고)양이' 또한 음성학적 층위에서 묘하게 겹쳐진다.

각 2행 4연으로 된 시 「봄은 고양이로다」는 1924년 5월 《금성》 3호에 발표된다. 이 시의 내재율과 각운(~에, ~라)은 시에 리듬감을 부여한다. 정적 이미지와 동적 이미지를 의도적으로 배치한 구성은 치밀하다. 이 시 어느 행간에 죽음의 음산함이 깃들어 있단 말인가. 은유와 직유, 의인과 활유가 혼용되어 있는 이 시에서, 봄 햇살을 핥아먹는 고양이의 섬세한 동선과 귀여움과 생기는 완벽하게 포착된다. 시 속의 호동그란 고양이의 눈빛은 충동의 수고양이 눈빛이 아니라, 간지러운 봄 아지랑이와 꽃향기에 취해 마냥 조는, 맑고 밝은 눈빛의 암코양이일 것만 같다. 보들레르의 시 「만물조응」이 그렇듯, 이 시 또한 봄의 색과 빛, 향기와 소리, 신체와 기운이 하나로 어우러져 참으로 고양된 시의 분위기이다. 그리고 그럴수록 시의 배면에는 맑은 슬픔이 고양이의 울음소리처럼 느껴지는 이유는 왜일까.

꽃과 뱀, 그리고 고양이

「화사(花蛇)」는 《시인부락》 2호(1936년 12월호)에 처음 발표되었다.

미당의 26세 때 출간한 첫 시집 『화사집』(1941, 남만서고)의 표제시이기도 하다. 내가 「화사」를 처음 접한 건 스물세 살 무렵이다. 징그러운 '뱀'의 혓바닥과 '스무 살 여자'의 색정적 붉은 입술, 그리고 육체적 관능의 '고양이' 이미지는 그야말로 하나의 전율이었다.

사향(麝香) 박하(薄荷)의 뒤안길이다.
아름다운 배암……
얼마나 커다란 슬픔으로 태어났기에, 저리도 징그러운 몸뚱아리냐

꽃대님 같다.

너의 할아버지가 이브를 꼬여내든 달변의 혓바닥이
소리 잃은 채 낼룽거리는 붉은 아가리로
푸른 하늘이다. ……물어뜯어라. 원통히 물어뜯어.

달아나거라, 저놈의 대가리!

돌팔매를 쏘면서, 쏘면서, 사향 방초 길 저놈의 뒤를 따르는 것은
우리 할아버지의 아내가 이브라서 그러는 게 아니라
석유石油 먹은듯…… 석유 먹은 듯…… 가쁜 숨결이야

바늘에 꿰여 두를까 보다. 꽃대님보다도 아름다운 빛……

크레오파트라의 피 먹은양 붉게 타오르는
고운 입술이다…… 스며라! 배암.

우리 순네는 스물 난 색시, 고양이같이 고운 입술……스며라 ! 배암.
— 서정주, 「화사」 전문

이렇게 '아름다운 배암'이 세상에 존재한다는 사실이 마냥 믿기지가 않았다. 마늘모의 대가리를 꼿꼿이 쳐든 채, 혓바닥을 날름거리는 뱀의 눈깔에서, 그는 어찌 "꽃대님"의 매혹적인 색기(色氣)를 찾아냈을까. 구약성서에 나온 이래 뱀은 이브를 꼬여내는 간교함의 상징이다. 제임스 화이트(James White)가 찍은 사진, 알몸의 여배우 레이첼 와이즈(Rachel Weisz)와 무늬 뱀이 뒤엉킨 관능의 포즈는 뇌쇄적(惱殺的)이다. 에덴동산에서 여호와 하느님께서 뱀에게 퍼붓는 심판은 섬뜩하다. "너는 저주를 받아, 죽기까지 배로 기어 다니며 흙을 먹어야 하리라." (창세기 3:13-14)

불덩이처럼 아랫도리가 뜨거웠던 젊은 날의 나는 미당의 「화사」를 통해, 원죄 의식은 커녕 오히려 교활한 뱀과 간부(姦婦)의 꾐이 어찌나 황홀했던지. 그것은 추함이 아니라 오히려 추의 미(美)였으며, 욕정이 아니라 "푸른 하늘을 물어뜯는" 원시적 본능의 갈구였다. 시에서 뱀은 '저주'이자 '유혹' 그 자체를 상징한다. 아무리 "저놈의 대가리"를 향해 "돌팔매를 쏘면서, 쏘면서," 벗어나고자 하나, 끝내는 "석유(石油) 먹은 듯…… 석유 먹은 듯…… 가쁜 숨결"에 뜨거운 몸을 맡겨야 하는, 남녀 절정의 양면을 뜻한다. "정신적 육체적 방황, 혹은 보들레르적 방황"(송하선)에서 비롯된 「화사」에서 미당의 초기 시가 얼마나 서구적 악마주의에 탐닉했는지, 수성(獸性)에 가까운 관능적이고 육체적인, 데몬Demon의 세계에 경도해 있었는지 가늠이 된다.

그런 의미에서 「화사」는 그때까지 근대시에 머물렀던 한국 시단에 현대시의 출발을 선언하는 바가 있다. 즉 인간의 원초적 본능을 자극해 관능의 문을 열게 하고 충동과 유혹의 눈뜸을 자각케 한다. 보들레르가 추구한 암고양이의 색정을 "크레오파트라의 피 먹은 양 붉게 타오르는 고운 입술"에 스미게 하는 동시에, "우리 순네는 스물 난 색시, 고양이같이 고운 입술…… 스며라! 배암."으로 둔갑시킨 점은, 전통의 탁월한 현대적 변용이자 절창이다.

너는 나의 고양이

　이가림(1943~2014, 만주 출생)의 「갈색 머리칼의 애인의 장난」을 무대 위에 올려놓으면, 관객은 어떻게 반응할까? 시낭송의 한 갈래인 시낭송극은 매력적인 장르임에 틀림없다. 시극이 대사와 몸짓 중심이라면, 시낭송극은 소리가 몸짓 언어에 앞서 있다. 시가 시집 속에서 뛰쳐나오면 낭송이 된다. 낭송은 소리 예술이며, 그 속성은 현장성이자 순간성이다. 시낭송은 무대 상황에 따라 순간순간 연출되는 감정의 예술이며, 그만큼 낭송가에게 몰입과 집중을 요한다. 나는 최근 상당한 진척을 이룬 1인 시낭송극에 주목한다. 시 퍼포먼스, 시무(詩舞), 집단 시낭송극, 시노래는 이미 다양한 실험과 연출이 시도되어 왔다. 특별한 장시를 제외하면 1인 시낭송극은 5분 사이 압축된 공연으로 관객을 현장에서 사로잡아야 한다. 이 극의 장점은 어떤 시공간이든 연출이 가능하다는 점이다. 짧은 시간에도 불구하고 인간의 복잡하게 엉킨 현재성과 감정의 문제를 씻어내어 주는 카타르시스가 있다. 높은 수준의 무대 시설과 완벽한 시 선택, 짜임새 있는 연출, 피나는 연습량만 확보된다면, 1인 시낭송극은 시가 언어 예술로만 머무는 한계를 극복해, 전혀 새로운 무대 예술로 승화될 수 있는 가능성을 보여 준다.

　　　무한히 조그만 질투에도 바람에도
　　　불을 켜는 한마리 암캐이고 싶어요
　　　당신의 입속에 발가락을 집어 넣고
　　　당신의 입속에 긴꼬리를 집어 넣고
　　　당신의 입속에 빨간 혀를 집어 넣고
　　　아주 바보의 왕국에서나 있는 웃음을 웃으면서
　　　몰래몰래 축축한 잠으로 가고 싶어요

　　　밝은 곳에서 만져보고 싶어요 당신의

계단 그 아래 계단을 내려가
두레박줄이 닿지 않는 육체의 우물 속에
가라앉은 슬픔과 외로움을 만져보고 싶어요
항상 저의 가장 부드러운 데를 찌르며
「너는 나의 고양이야!」 당신은 말하고
제 입술에 한 방울의 기쁨을 떨어뜨리지만
도대체 끝없는 바램의 끝은 무엇일까요
도대체 사랑의 얼굴은 무엇일까요

- 이가림, 「갈색 머리칼의 애인의 장난」 전문

  이가림의 「갈색 머리칼의 애인의 장난」은 1인 시낭송극으론 제격이다. 이 시는 전위예술의 시로 시니컬하다. 관객으로 하여금 인간의 원초적 본능을 자극하는 충동과 유혹의 시다. 이 시는 1인 시낭송극에서 주요 제재로 다뤄질 만한 사랑, 관능, 질투, 광기, 갈증과 애증 등의 극적 요소를 내포한다. 암코양이로 대변된 쾌락적 색녀 이미지는, 천 년 전이나 천 년 후에나 젊은 청춘남녀가 찾을 색정의 달콤함을, 시 속에 적나라하게 노출시킬 것이다.

  시낭송극의 무대는 제주도나 그 어느 해변의 섬이 보이는 공간이 제격이다. 야경은 출렁이는 밤바다와 어울려 그대로 또 한 편의 시의 무대가 된다. 밤새 서로의 육체에 탐닉한 아름다운 젊은 신혼부부들을 홀 가득 초대해, 시 「갈색 머리칼의 애인의 장난」을 1인 시낭송극으로 꾸민다면 환상이겠다. 서로의 눈빛만으로도 시낭송무대 주위가 꽃밭처럼 환할 것이다. 교태를 머금은 매력적인 여성 1인 시낭송가가 무대에 오른다. 끝없는 욕망을 갈구하는 촉촉한 음성은 젊은 청춘들의 육체와 서로가 서로를 갈구한 뒤의 그 허전한 공백을 감싸 안는다. 무엇보다 이 시낭송극은 시행 속에 미처 독자가 포착하지 못한 관능의 갈망과 허무를 시낭송가가 잘 소화해 내느냐가 관건이다. 저 감미로운 사랑의 곡 「New EndLess Love」가 배경음으로 홀 안을 부드럽게 애무할 무렵, 이미 젊은 신혼부부들의 상상 속엔, 아늑한 침대 속 두 마리 암수 고양이가 되어 서로의 몸을 탐닉할지 모른다. 나는 너의 고양이, 너는 나의 죽음과 생명, 하여, 인간은 신과 악마의 사이쯤이다. "도대체 사랑의 얼굴은 무엇일까", "두레박줄이 닿지 않는 육체의 우물" 속에서 몸과 영혼은 어떤 관계이길래, 밤마다 그 신비로운 묘음이 들릴까.

고양이 철학 시간

송찬호(1959~, 충북 보은 줄생)의 「고양이」와 「고양이가 돌아오는 저녁」은 신화적, 동화적 상상력의 극점에 놓여 있다. "고양이가 돌아오는 저녁 // (…)달이 솟아오르는 창가"에 시인과 고양이와 달이 나란히 앉아, 맑은 가난을 온몸으로 터득해 가는 시골 마을의 그 쓸쓸하고 외로운 밤 정경이 나는 좋다.

> 고양이가 돌아오는 저녁,
>
> 입안의 비린내를 헹궈내고
> 달이 솟아오르는 창가
> 그의 옆에 앉는다
>
> 이미 궁기는 감춰두었지만
> 손을 핥고
> 연신 등을 부벼대는
> 이 마음의 비린내를 어쩐다?
>
> 나는 처마 끝 달의 찬장을 열고
> 맑게 씻은 접시 하나 꺼낸다

오늘 저녁엔 내어줄 게
아무것도 없구나
여기 이 희고 둥근 것이나 핥아보렴

      - 송찬호,「고양이가 돌아오는 저녁」전문

「고양이가 돌아오는 저녁」은 화자에겐 외롭다. 먹을 것이 아무것도 없기 때문이다. "궁기"를 참는 나와 고양이는 나란히 창가에 앉아 달을 뜯어먹으려나 보다. 이 시는 어쩜, 그 시대 가난한 민중의 메타포가 아닐까. "연신" "손을 핥고" "등을 비벼대는" "마음의 비린내를 어쩐다?" 그렇다면, 시는 곤궁한 후에 더욱 공교로워지는 법이다.(詩窮而後工. 구양수,「매성유시집서」) 그리고 "달의 찬장을 열고" 꺼낸 "접시"의 은유는 탁월한 이미지이다. 접시는 "희고 둥근 것(보름달)"으로 다시 치환되어 있다. 전체적으로 환기하는 정서는 맑은 슬픔 또는 밝은-하얀 어둠이다. 이는 고독한 실존으로서 희고 검은 고양이의 빛과도 통한다. 이어 살펴볼 작품은 그의「고양이」이다. 철학적 동화시로서 우화적 상상력의 새로운 차원을 열어 보인 이 작품은, 고양이를 통해 물질문명에 잃어버린 인간 정신의 가치를 회복하고자 염원한다.

여기 경매에 내놓으려 하는 오래된 꽃병이 있어요
꺾은 꽃가지에서 비린내가 나지 않으면 이제 그런 건 거들떠보지도 않네요
그러니 누가 저 꽃병목에 방울을 달겠어요?

쉬잇, 지금은 고양이 철학 시간이에요 앞발을
가지런히 모으고 앉아 모서리 구멍을 응시하고 있네요
아마 지금은 사라져버린 사냥 시대를 생각하고 있겠지요
우리는 모두 어둠과 추위로부터 쫓겨온 무리랍니다

한때는 방 안을 뒹굴던 털실 몽상가와 잘도 놀았답니다

현기증 나는 속도의 바퀴와 아찔한 연애도 해봤구요
네발 달린 의자에 사뿐히 뛰어 올라 털실이 떠나간
털실 바구니에 들어가 때때로 달콤한 오수를 즐기지요

앗, 잠시 한눈을 파는 사이 방 안 모서리, 손거울, 집 열쇠, 어항의 물고기
가 사라지고 없어요
다그쳐 물어도 종알종알 털만 핥을 뿐 모른다 도리질만 하네요
쫑긋 귀 동그란 눈동자……, 그토록 짧은 혀로 그것들 모두 어디다 숨겼
을까요

- 송찬호, 「고양이」 전문

"쉬잇, 지금은 고양이 철학 시간이에요 앞발을 / 가지런히 모으고 앉아 모서리 구멍을 응시하고 있네요 / 아마 지금은 사라져버린 사냥 시대를 생각하고 있겠지요 / 우리는 모두 어둠과 추위로부터 쫓겨온 무리랍니다"

시인은 어떻게 고양이가 철학을 한다고 생각할 수 있는지 모를 일이다. 인간과 가까운 '고양이'를 등장시켜 조곤조곤 옛이야기를 은유로 풀어내는 방식은, 이 시인만의 독특한 화법이 아닐 수 없다. 마치, 인간의 소중한 잃어버린 시간과 기억을 "고양이"를 통해 찾아낸 듯한 은밀한 독백은, 이 시대 어른들의 혼탁한 마음과 영혼을 정화하기에 충분하다. 신범순은 이 시를 두고 '고양이'를 문명에 길들여진 인간의 또 다른 비유로도 해석한다. 태초의 야성을 잃어버리고 물질문명에 찌들린 인간들의 허약함을, 야생을 잃어버린 집고양이의 길들여짐에 궤를 같이 한다.

"앗, 잠시 한눈을 파는 사이 방 안 모서리, 손거울, 집 열쇠, 어항의 물고기가 사라지고 없어요 / 다그쳐 물어도 종알종알 털만 핥을 뿐 모른다 도리질만 하네요"

이 시행이야말로, 고양이의 생태를 실감나게 표현한 대목이다. 송찬호는 고양이라는 녀석을 은유해 현대사회를 비판하는가 하면, 제멋대로인 고양이의 생태를 동화적 발상 속에 녹여 상상한다. 틈만 나면 방안 물건을 눈 깜박할 사이에 물고 어디로 사라지고 마는 고양이의 장난을, 시인은 밉지 않게 본다. 왜냐하면, 고양이야말로 인간 생태의 철학적 문제로까지 시적 외연을 확장하는 중요한 소재이기 때문이다. 송찬호의 시 세계는 자신의 삶 주변에서부터 동화적인 것을 인식하고 재발견한다. 이미 유형화된 것이나 문명의 입구에서 안내자 역할을 맡은 그러한 동화가 아니라, 전혀 새로운 동화로 이 시대 사람들에게 '진정한 삶의 가치가 무엇인지' 색실처럼 풀어낸다. 구멍을 응시하고 사라져간 시간과 시대를 생각하는 고양이의 시간은 아닌 게 아니라, 철학적 시간이다. 그리고 "그토록 짧은 혀로 그것들(존재와 시간-필자주) 모두 어디다 숨겼을까".

국화와 고양이

겨울 밤하늘 보름달이 뜨고 사위엔 고요만이 깃든 시간, 나는 산책에서 돌아와 문득 앞집 베란다를 타고 넘어가는 한 마리 검은 고양이를 보았다. 길을 가다말고 갑작스레 휘익 하고 돌아서는 순간, 나는 고양이의 눈빛과 마주치게 되었다. 모골이 송연해진다. 이 글을 쓰는 자정 무렵, 지금도 들리는 저 고양이들이 내는 아기 울음소리는 참 기기묘묘하다. 마치 죽은 혼령 같기도 하고, 침묵의 그림자 같기도 한 그것은 내게 형언할 길 없는 시상(詩想)을 가져다준다. 고요히 듣는다는 것이 얼마나 비밀스러운지, 소리가 이토록 시의 무궁한 영감의 신호라는 것을 전엔 크게 깨닫지 못했다. 특히 암수의 현란한 짝짓기 울음은 짜릿한 관능마저 불러일으킨다. 어둠 속 달그림자, 그리고 그 너머 감나무의 휘어진 곡선, 수코양이들의 소리는 귀기(鬼氣)가 서린 것이 음울한 색조, 그것이다.

> 국화꽃밭 문 옆엔 가을비가 울고 있었어요
>
> 빗물이 하늘을 물고 내려와
>
> 꽃밭에 흘러내리고 있는 줄도 모르고
>
> 그 저녁 앞발을 괸 채 죽어있던 어미 고양이
>
> 새끼는 빗속에 젖어 날 쳐다보고 있었는데,
>
> 국화꽃밭 속엔 어미가 어둠 속 웅크리고 죽어 있었어요
>
> — 김동원, 「국화꽃밭 문 옆엔 가을비가 울고 있었어요」 전문

이 시의 착상은 그야말로 슬픈 행운이었다. 전날 밤부터 베란다 앞 국화꽃밭에 가을비가 추적추적 내리고 있었다. 비에 흠뻑 젖은 세 마리 고양이와 창가에서 가을비를 구경하던 내가 서로 눈이 마주친 건 오후 한 나절이었다. 그런데 어쩐지 그 여섯 개의 동공은 무척이나 불안해 보였다. 어미가 먹을 것을 구하러 나가 아직 오직 않아 그런가 보다, 라고 혼자 생각해 보았지만, 볕이 좋은 아침 어미 고양이와 함께 베란다 국화꽃밭에 나와 뒹구는 녀석들이었기에 이상한 느낌이 들었다. 비는 계속해서 내렸다. 나는 비가 와서 우울한 기분이 드나보다라고 재차 생각하면서 읽던 책을 마저 읽으려고 서재로 향했다. 저녁 어스름은 이미 창가 유리문에까지 밀려왔지만, 가을비는 금세 그칠 낌새가 아니었다.

비가 창문을 타고 내리는 밤은, 나는 촛불을 켜고 빗물이 유리문에 비

치는 무늬의 신비를 좋아한다. 어룽져가는 빗방울과 그 흐름의 무질서 속에 내비친 촛불의 움직임은 참으로 시적이다. 그날도 촛불을 붙이자마자, 시마(詩魔)가 들어와 내 귓전에서 끊임없이 소곤소곤 말을 건넸다. 순간 유리문 속에 촛불이 고양이 눈빛과 한데 겹쳐 얼비친 것이 환상적이었다. 묘오한 생각이 들어, 문득 창문을 열고 밖을 보니 그때까지 고양이 세 마리가 빗속에서 국화꽃밭을 보고 있지 않는가! 오싹했다. 나는 거실문을 열고 급히 나가 보았다. 오호 애재(嗚呼哀哉)라! 국화꽃밭 속에 어미 고양이가 죽어있는 게 아닌가. 빗물이 하늘의 슬픔을 물고 내려와 꽃밭에 흘려보내는 것도 모르고, 그 어미는 어둠 속에 웅크리고 죽어있었다. 하여, 시 「국화꽃밭 문 옆엔 가을비가 울고 있었어요」(김동원 4시집 『깍지』. 2016, 그루)는 그렇게 태어났다.

시집사리 詩集思理

PART + 03

시와 사유·셋

사생(寫生)에 열중하다 보면 자기도 모르는 사이에 설명이 끼이게 된다. 긴장이 풀어져 있을 때는 그것을 모르고 지나쳐 버리게 된다.〈ego自我〉는 늘 눈 떠 있어야 한다. 세잔느가 사생을 거쳐 추상에 이르게 된 그 과정을 나도 그대로 체험하게 되고, 사생은 사생에 머무를 수만은 없다는데 확신에 이르게 되었다. 리얼리즘을 확대하면서 초극超克해 가는데 시가 있다는 하나의 사실을 알게 되고 믿게 되었다.

  사생이라고 하지만, 있는(實在) 풍경을 그대로 그리지는 않는다. 집이면 집, 나무면 나무를 대상으로 좌우의 배경을 취사선택한다. 경우에 따라서는 대상의 어느 부분은 버리고, 다른 어느 부분은 과장한다. 대상과 배경과의 위치를 실지와는 전연 다르게 배치하기도 한다. 말하자면 실지의 풍경과는 전연 다른 풍경을 만들게 된다. 풍경의, 또는 대상의 재구성이다. 이 과정에선 논리가 끼이게 되고, 자유연상이 끼이게 된다. 논리와 자유연상이 더욱 날카롭게 개입하게 되면 대상의 형태는 부서지고, 마침내 대상마저 소멸한다. 무의미의 시가 이리하여 탄생한다.

- 김춘수,『意味와 無意味』,(문학과지성사, 1976) 중에서

제3장
봄, 꽃의 시학

꽃과 색(色)

　예로부터 산수화조(山水花鳥)는 전통적인 시와 예술의 소재이다. 이 가운데 특히 한국시사의 장을 펼치게 되면 꽃은 시대 사회의 흐름에 따라 다양한 상징과 은유로 변주된다. 꽃은 개인과 시대 사회 여하에 따라 각기 다른 문맥으로 읽힌다. 눈 속에 핀 매화 설중매, 지조와 정절의 화신 국화, 사랑과 이별의 상징인 달맞이꽃 등은, 근대 서정시의 중요한 소재로 자리한다. 여인의 아득한 감성을 드러낸 복사꽃, 민족의 현실과 서정을 내포한 오랑캐꽃-제비꽃, 오라버니를 기다리다 넋이 된 도라지꽃, 꽃의 여왕인 모란(목단), 사랑과 별리의 꽃 진달래꽃, 꽃 중의 꽃 장미도 빈번하게 등장한다. 근대 이후에 들어와 꽃은 다채로운 색과 은유와 환유의 방식으로 다루어지며, 최근에 와서 꽃은 몸, 혹은 모더니티의 제유로도 수용, 재생된다. 하여, 우리 시에서 꽃은 여색(女色)으로 변주된다. 색은 시의 감정이다. 색은 시간의 말을 공간 속에 새겨 놓은 알레고리(allegory)이다. 파란색은 차가운 촉감의 메타포(metaphor)다. 파랑은 희망의 언어이자 영원의 색이다. 상상력의 극채색이자, 사람들이 가장 좋아하는 색이다. 시 속의 블루는 그리움의 갈피이자 꿈의 편린(片鱗)이다. 파랑은 바다의 색이자, 신(神)의 색이다. 빨강은 불이다. 폭력이자 악마의 색이다. 시기(猜忌)의 색이자 피의 색이다. 위험한 직유이자 금기의 상징이다. 시에서 빨강이 하양을 만나면 섹스의 색이다. 분홍은 사랑의 실루엣이다. 에로스와 누드의 색이다. 빨간 립스틱은 에로티즘의 극치다. 유혹의 신음이자 원초의 색이다. 열정의 색이자 증오의 색이다. 빨강은 반역의 색이자 불륜의 색이다. 노랑은 모순의 역설이다. 배반의 색이자 분열의 색이다. 유쾌의 첫 행이자 성숙의 색이다. 시에서 노랑은 질투이자 즉흥이며 경고의 색이다. 노랑은 달의 곡선이자 취기의 색이다. 보라는 라일락의 색이자 페미니즘의 색이다. 참회의 색이자 죄의 색이다. 하여, 천지만물은 말(言)의 색깔로 사물과 교접해 문채(文彩)로 드러난다. 이성복은 시를 "구체에서 추상으로, 미천한 데서 거룩한 데로 나아가는 '무한화서'에 비유한다. "성장에 제한이 없는 '무한화서(無限花序)'는 밑에서 위로, 밖에서 속으로 피는" 꽃의 암술의 질서이다. 그에게서 시는 "언어로 표현할 수 없는 것을 표현하려다 끝없이 실패하는 형식"으로 규정(『무한화서』 2015, 문학과 지성사, p11)된다.

이 글에서는 시인 개개의 방식으로 채색한 일곱 편의 시에 나타난 꽃을 감상할 것이다. 김춘수의 「꽃」, 배한봉의 「복사꽃 아래 천년」, 이향의 「목단」, 최문자의 「꽃은 자전거를 타고」, 문인수의 「채와 북 사이, 동백 진다」, 여정의 「달맞이꽃」, 조인호의 「철가면」이 그것이다.

의미와 무의미 사이 : 김춘수의 「꽃」

김춘수(1922~2004, 경남 통영 출생)는 '의미'와 '무의미' 사이에서, 첨예하게 사유하고 고뇌하였다. 그의 초기 시는 서구 관념 철학을 관통해, 릴케에서 유추한 이데아를 '장미'에 포개 놓았다. 「나의 시, 나의 시 쓰기」에서 출세작 「꽃」에 대한 소회를 이렇게 밝혔다. "시 「꽃」은 꽃의 생태를 사실적으로 묘사하고 있지 않다. 꽃의 생태를 유추로 해서 어떤 감정(정서)을 드러내려고 한 것도 아니다. 이 시에서의 유추 작용은 형이상학적이다. 이미 말한 대로 존재론적 어떤 세계를 건드려 보려고 하고 있다. 그리고 또 한편 언어의 힘, 즉 사물의 이름 부르기 기능을 말하려고 하고 있다. 사물이란 언어가 없으면, 즉 언어로 명명되지 않으면 존재하지 않는다는 진리와 인식을 말하려 한다. 나는 이 무렵 이런 관념적 실재론에 사로잡혀 있었다. 50년대 10년 동안 줄곧 그런 상태에서 시를 썼다. 60년대로 접어들자 그런 상태가 시를 쓰는 나에게는 몹시도 부담스러워지고 마침내 짜증스러워졌다. 시는 철학이 아니고, 관념, 즉 의미의 세계가 아니고, 의미로 응고되기 이전의 어떤 실존의 상태가 아닐까 하는 자각이 생기게 되자 나는 릴케류의 존재론적 관념 세계를 멀리하게 되었다. 내 시에서 꽃이 소재로 등장하지 않게 되고, 차츰 대상이 없는 내면의 어떤 소용돌이가 그대로(직접으로) 시에 드러나게 되었다. 기물의 상태를 시에서 탈피하게 되었다는 말이 되겠다."

순수시와 무의미시를 집요하게 추구한 김춘수는, 1952년 《현대문학》을 통해 「꽃」을 발표한다. 이후, 한국 현대시에 존재와 언어의 관계망을 '꽃'의 의미를 통해 심화 확장한다.

  내가 그의 이름을 불러주기 전에는
  그는 다만
  하나의 몸짓에 지나지 않았다.

  내가 그의 이름을 불러주었을 때
  그는 나에게로 와서
  꽃이 되었다.

  내가 그의 이름을 불러준 것처럼

나의 이 빛깔과 향기에 알맞은
누가 나의 이름을 불러다오.
그에게로 가서 나도
그의 꽃이 되고 싶다.

우리들은 모두
무엇이 되고 싶다.
너는 나에게 나는 너에게
잊혀지지 않는 하나의 눈짓이 되고 싶다.

- 김춘수, 「꽃」 전문

「꽃」은, "내"가 그의 이름을 불러주기 전까지는 "그"는 한갓 무의미한 존재에 불과하다. '내'가 '그'의 이름을 불러줌으로써, 비로소 그와 나는 의미 있는 존재로 연결된다. " '하나의 몸짓'이 '하나의 눈짓'이 되는 과정으로서의 이 '명명' 행위는, 익명의 무의미한 존재가 고유한 이름에 의해 의미가 있는 존재로 탄생하는 언어화 과정에 대한 은유다. '이름을 부른'다는 은유적 표현은 단지 현실을 명명하는 언어적 지시체를 넘어서 현실에 존재하고 현실을 존재하게 하는 원인이자 결과로써 작동한다. 대상이 이름으로 인식되고 그 이름이 불릴 때, 대상은 그 이름을 부르는 주체와 특별한 관계를 형성한다. '그'가 '너'로 되기, '나'와 '너'로 관계 맺기, 그리하여 서로에게 '무엇'이 되기가 된다. 이렇게 존재하는 것들에 꼭 맞는 이름을 붙여주는 은유적 행위가 바로 시쓰기에 해당한다. 그런 의미에서 이 시는 한 편의 관계론이자 사랑론이며, 은유론이자 시론이라 할 수 있다.(정끝별『시론』, 2021, 문학동네, p149) "나의 이 빛깔과 향기에 알맞은 / 누가 나의 이름을 불러다오"란 이 시행은, 청춘의 불안과 존재의 고뇌가 사무쳐있다. 시에 있어 존재론에 대한 궁극적 물음과 해답이 함축된 절묘한 시구다. 김춘수의 이런 존재론적 의미의 행간 확보는, 철학의 추상적 언어를 관념의 구체적 틀 안에 가둔다. 타자에 대해 자신의 존재를 확인받고 싶어 하는 존재의 고뇌와 "그에게로 가서 나도 그의 꽃이 되고"자 하는 '나'의 소망이, 직유를 통해 절제된 미학으로 승화된다.

그때까지의 김춘수가 추구한 시법은 시적 주체로서의 '내면'의 문제와 관념, 그것에 있었다. 관념이야말로, 그에게 언어의 피안이자 존재의 의미였다. 즉, 언어는, 그 무엇을 넘어선 경계의 시이자, 무의미의 문을 열고 나가는 과정이었다. '꽃'은 의미 있는 존재가 되고 싶은 매개이며, 무의미한 '몸짓'을 지나 '빛깔과 향기'를 거쳐 '하나의 눈짓'에 모인다. 이 시는 주지적이자 상징적이며 반복적이다. 추상의 언어를 여러 겹으로 색칠한 의미는, 그의 시의 감각과 폭을 공감각의 이미지로 바꾼다. 꽃은, 언어 밖의 부름을 통해 언어 안의 강렬한 응답의 시법이다. 이런 사물에 대한 절박한 호명(呼名)은, 점층을 통해 더욱 울림이 깊어지며, 궁극으로 '꽃'은 '의인화된 은유'의 존재로 부활한다. 즉, 언어를 통해 '하나의 이름'을 얻는 순간이다. 마지막 행의 '눈짓'은 처음 '의미'로 쓰였다가, 이후 '눈빛'을 거쳐 현재에 이른다. 분명 시 「꽃」 속에는 이승이든 저승이든 속절없이 피었다지는, '나'를 애절히 사랑해 줄 '그(이름)'가 오롯이 들어차 있다. 한편 타인의 기억 속에 너무나 쉽게 잊히고 마는, 현대사회의 '이름'에 대한 왜곡과 무지에 대한 비판과 성찰이 깔려 있다. 그리고 꽃의 실재와 경험, 존재와 언어 사이엔 무엇이 있는가? 꽃의 색과 빛, 향기에 걸맞는 이름은, 아무 데나 있지만 어디에도 없다.

분홍의 서정 : 배한봉의 「복사꽃 아래 천년」

분홍은 서정의 계단으로 내려가는 고운 눈물이다. 봄날 아지랑이 너머로 유채꽃이 보이고, 진달래가 피고 지고, 또 또 그 너머엔 복사꽃이 부푼다. 시간의 무늬가 꽃망울로 벙글어 온 산야에 꽃불을 놓으면, 복사 꽃빛은 밑도 끝도 없는 한국 여인들의 그리움이 된다. 분홍의 가지가 만지는 허공의 깊이는, 아득한 이별의 거리이자 외로움의 공간이다. 복사꽃은 바람의 형체로 다가왔다 설화(說話)로 떨어진다. 꽃은, 서정시의 운명과 형식을 통해 창조와 파괴로 거듭난다. 천지간의 꽃무늬는 색이 새긴 그림자이자, 봄비의 슬픈 곡조가 된다. 하여, 복사꽃은 현란한 여인의 심리로 표상된다. 그것은 관능의 이미지로 그려지다, 끝내 안타까운 이별의 상징이 된다. 시어를 보면 그 사람의 성격이 보인다. 배한봉의 시는 한 올 한 올 정성껏 직조한 비단 무늬 같다. 너무나 색이 고와 시작과 끝을 가늠할 수 없다. 나는 왠지 첫 행 "복사꽃 나무 아래 벗어둔 신발 속에 꽃잎이 쌓였다."를 읊조리면, 허공에 떠도는 귀혼을 본다. 붉은 복사꽃 향기가 물큰, 입 안 가득 번져온다. 왜 그 꽃잎들이 하필 신발 속에 싸였을까를 굳이 묻지 않기로 했다. 그 신발 속의 붉은 꽃잎들이 그렇게 포개어져야만 하는 이유를, 끝내 내게 들려주지 않았다. 하여, 「복사꽃 아래 천년」속에 돋을새김한, 그 추상과 애조(哀調)를 행간에 되돌려주기로 한다.

복사꽃 나무 아래 벗어둔 신발 속에 꽃잎이 쌓였다.

쌓인 꽃잎 속에서 꽃 먹은 어린 여자아이가 걸어나오고, 머리에 하얀 명주수건 두른 젊은 어머니가 걸어나오고, 허리 꼬부장한 할머니가 지팡이도 없이 걸어나왔다.

봄날 꽃나무에 기댄 파란 하늘이 소금쟁이 지나간 자리처럼 파문지고 있었다. 채울수록 가득 비는 꽃 지는 나무 아래의 허공. 손가락으로 울컥거리는 목을 누르며, 나는 한 우주가 가만가만 숨 쉬는 것을 바라보았다.

가장 아름다이 자기를 버려 시간과 공간을 얻는 꽃들의 길.

차마 벗어둔 신발 신을 수 없었다.

천년을 걸어가는 꽃잎도 있었다. 나도 가만가만 천년을 걸어가는 사랑이
되고 싶었다. 한 우주가 되고 싶었다.

- 배한봉,「복사꽃 아래 천년」전문

배한봉(1962~, 경남 함안 출생)의「복사꽃 아래 천년」은 2011년 '소월시문학상' 대상 수상작이다. 시의 반(半)이 제목이라면, 첫 행은 그 반(半)의 반쯤은 될까. 유성호의 평설처럼「복사꽃 아래 천년」은 "우주적 연민(cosmic pity)으로 나아가는 길목을 선연"하게 보여주고 있다. 배한봉은 시의 손가락으로 설화의 옆구리를 몰래 찔러 "쌓인 꽃잎 속에서 꽃 먹은 어린 여자아이"를 자꾸만 독자들 쪽으로 걸어 나오게 한다. 그 "어린 여자아이"는 먼 옛날 한 소년이 골목 어디에서 잃어버린 첫사랑 소녀인지도 모른다. 소녀는 시행 속에서 몇백 년 전 저승 밖으로 사라졌다가, 홀연히 이승의 시 행간을 타고 꽃을 따 먹으며 나타난다. 그것은 화자가 복사꽃 아래 시공간을 '천년'으로 길게 잡았기에 가능한 상상력이다. 하여, 나는 또 이렇게 연상해 보는 것이다. 한 백 년쯤 그 소녀의 손을 꼭 잡고 화자는 꿈처럼 거닐다,「복사꽃 아래 천년」이란 한 폭의 '시화(詩畵)' 속에 들어가 '아름다운 명시가 되었구나' 하고 생각한다. "실제로 백 년 전, 천년 전에도 복사꽃은 피었을 것이고, 그 시절의 한 여자뿐 아니라 그 어머니, 그 어머니의 어머니까지도 그 꽃의 아름다움으로 인생을 애틋하게 장식"(이형권) 했을 테니까.

그런데 나는 이 대목에 이르면, 그만 가슴이 꽉 메어져온다. "채울수록 가득 비는 꽃 지는 나무 아래의 허공, 울컥거리는 목을 누르며, 나는 한 우주가 가만가만 숨 쉬는 것을 바라보았다." 스스로 죽어야만 제 씨방에 꽃씨가 맺히는 그 '복사꽃 나무'의 숙명을, 시인은 그만 다 알아채 버렸다. 난산의 산고에 "울컥거리는 목을" 누르던 그 알 길 없는 여자의 비가(悲歌)를 몰래 들어버렸다. 그 꽃은, "가장 아름다이 자기를 버려 시간과 공간을 얻는 길."을 선택한다. 그래서 화자는 "차마 벗어둔

신발 신을 수 없었다."고 뼈아픈 고백을 한다. 「복사꽃 아래 천년」을 수십 번 읊조리면, 자꾸만 〈몽유도원도〉처럼 빠져드는 기묘한 가락의 묘미를 발견한다. "천년을 걸어가는 꽃잎도 있었다. 나도 가만가만 천년을 걸어가는 사랑이 되고 싶었다. 한 우주가 되고 싶었다." 이때 '~었다.'의 종결형 어미가 가져온 반복은 중독의 리듬이 있다. 이 시는 '사물에 능한 치밀한 묘사'(송수권)와 '인간과 자연의 조화를 포착해 낸 섬세한 언어'(권영민)라는 평을 얻었다. 무엇보다 여자의 생과 동일시한 '복사꽃 나무'와 화자인 '나'와 '우주'를 한 꾸러미에 꿴, 그 섬세한 시어 부림으로 인해 감동과 긴 여운을 남긴다. 복사꽃은 현실과 환영(幻影)을 잇는 가교이자, 실재의 숨은 아름다움의 깊이다.

소리의 이면 : 이향의 「목단」

시인은 오직 시 속에 머물 뿐이다. 예술은 어떤 의미에서 실제 세계를 가로막는 이데아일지도 모른다. 그런 가상의 현실이야말로 수많은 사람을 매료시킨다. 시는 일상의 진부함으로부터 무한한 가능성을 연다. 스쳐 지나가는 편린 속에서 놀라운 정신의 감각적 이미지를 캐낸다. 현실은 감각으로써 사유한다. 소리는 볼 수 있는 것이 아니라, 가슴으로 들을 때만 보인다. 이향(1964~, 경북 경주 출생)의 시 「목단」은, 읽을 때마다 행간의 표정이 달라지는 묘한 매력에 놀란다. 이 시의 핵심은 "소리에 심을 박"다란 시구이다. 「목단」을 따라가 보면, 화자인 소리꾼이 어떻게 하면 가장 목소리를 잘 낼 수 있을까를 치열하게 고뇌한다. 원래 '판소리'는 한 명의 소리꾼이 한 명의 고수(북치는 사람) 장단에 맞춰 이야기를 엮어가며 연행하는 즉흥적 장르다. 「목단」은 어찌 보면, 계면성음의 서편제 풍으로 애조를 띤 데다 가냘픈 느낌을 시 행간 사이에 슬몃 끼워 넣었다. 명창이 되려면 판소리의 사설이 가지고 있는 의미를 장단, 조, 성음으로 표현할 수 있어야 한다. 이향의 시집 『희다』(문학동네, 2013)는 몽환과 소곤거림, 은폐의 시학으로 가득 차 있다. 사물 간의 불협화음을 통해 화음의 세계로 나간다.「목단」은 생의 그늘진 웅얼거림이 독백의 음영으로 처리된다. 처절한 고독과 단절된 시적 자아의 모순을 꽃의 은유로 숨겨두었다.

　소리에 심을 박으라고 선생은 말하지만 그게 뭔지 잘 모르겠다 그것만 잘 하면 다 된다는데

　아득하다

　심이란 진흙탕 물을 다 가라앉힌 샘물 같기도 하고 어둠 속에서 만난 팽나무의 굵은 허리 같기도 한데

　붉은 기운이란 기운은 다 끌어안은

　목단을 본다

　어디까지 내려갔다온 것일까
　무엇을 지키기 위해 얼마나 많은 밤에 찔렸던 것일까

　마음에 소리를 심으라는 말이 또 붉어온다

　심이란 독약 든 사발 같기도 하고 흰 눈 소복한 은그릇 같기도 한데

　목단은 뙤약볕에 한껏 벌어지고 있다

　　　　　　　　　　　　　　　　　　　　- 이향,「목단」전문

　소리에 '이면(裏面)을 그린다' 또는 '심을 박는다'라고 하는 말은, 타

고난 자신의 음색과 성량을 바탕으로 피나는 수련을 통해 '득음'하라는 선생의 염원이다. 「목단」의 요체는 '심' 한 자(字)에 모인다. 저 깊은 소리의 바닥까지 내려갔다 오려면, 스승의 예술혼을 오로지 마음으로 받아야만 가능하다. 3연의 "심이란 진흙탕 물을 다 가라앉힌 샘물 같기도 하고 어둠 속에서 만난 팽나무의 굵은 허리 같기도 한데"라는 시구야말로, 추상의 '심'을 구체의 '심'으로 바꾼 비유의 절경이다. 최고의 소리꾼은 목성을 끊임없이 질러가며 목에서 피를 토하면서도 부단히 연습해, 통달명랑(通達明朗)한 소리의 경지까지 가야 한다. 그리하여야만 마침내 벽공을 뚫을 듯, 광활한 지역을 울려 덮을 듯, 그 웅장 쾌활한 성량은 신비에 도달한다. 청중들이 소리꾼의 성음만 듣고도 사설에 담긴 온갖 희로애락을 다 이해할 수 있는 까닭이 거기에 있다. 그래서 명창들은 성음을 얻기 위해 이루 말로 다 할 수 없는 지난(至難)한 수련을 거듭하는 것이다. 하여, 시인은 '목단'의 꽃 피우는 행위와 소리꾼이 명창이 되기 위해 노력하는 것과 밤낮없는 시작(詩作) 행위가 다르지 않다는 것을 다층적 은유로 보여준다. 목단이 "뙤약볕에 한껏 벌어지"기 위해서는, "독약 든 사발"을 마셔야 할 만큼의 각오와 수많은 밤에 찔려야만, 꽃을 피울 수 있음을 화자는 '심'을 통해 역설로 독백한다. 「목단」의 또 다른 특징은 '종결형의 반복'을 통해 시의 리듬을 계속하여 만들어 낸다는 점이다. 끝까지 '~데'를 따라가면, 화자인 소리꾼의 치열한 실존적 고뇌와 맞닥뜨린다. 그것은 다름 아닌 시인이 명시를 만나기 위한 고통의 몸부림인, 시마(詩魔)의 또 다른 얼굴이다. 심물일여(心物一如)의 목단은 마음의 소리, 아니 소리의 마음이다.

불안과 모호 : 최문자의 「꽃은 자전거를 타고」

비극은 꽃의 심장이 파열한 통곡이다. 미완성의 경계다. 시인은 대상을 통해 현실을 재구성하거나 굴절시킨다. 시는 길 위에서 혼자 중얼거린다. 하여 그녀의 시어는 심령에 호소한다. 풍경을 명사 속에 가둔다. 이미지에 이미지를 포개 몽환을 만든다. 시는 공기 중에 떠돌아다니는 혼령이다. 하여, 사물의 언어와 시인의 언어는 같기도 하고 다르기도 하다. 최문자의 꽃은 언제나 번진다. 행간과 행간 사이 붉게 젖는다. 죽음은 꽃을 지우고, 꽃은 그녀를 지운다. 망실과 우연 사이에서, 꽃은 그녀가 된다. '아네모네'는 불안과 모호의 경계에 핀 꽃이다. 이룰 수 없는 사랑의 괴로움이다. 만나서는 안 될 비극적 아이러니가 아네모네다. 저승에서 자라 이승에서 핀 아네모네는, 허공의 눈물로 번진다. 최문자(1943~, 서울 출생)의 「꽃은 자전거를 타고」《시와시학》 봄호, 2007)는, 현실과 신화의 두 바퀴를 번갈아 돌린다. "꽃은 자전거를 타고" 오면 안 되는 것이었다. "그녀의 남자가 입원실 현관 앞에 자전거를 세우"면, 정말, 안 되는 일이었다. 이 놀라운 죽음의 메타포는 '그녀'와 '꽃', '환상과 은유 사이'에 아프게 번진다. 그녀의 심장이 멎은 영안실 앞에서 흐느끼는 남자의 울음소리는, 행간이 너무 넓어 들리지 않는다.

    그녀가 죽던 날 꽃은 자전거를 타고 왔다 그녀의 남자가 입원실 현관 앞에 자전거를 세우고 막 아네모네 꽃을 내리려고 할 때 그녀의 심장은 뚝 멎었다 꽃은 다시 자전거를 타고 영안실 근처로 갔다 죽을 자리에서도 타오른다는 아네모네가 놀란 자전거를 타고 앉아 헛바퀴만 돌리고 또 돌렸다 그날, 꽃은 온종일 자전거에게 끌려 다녔다 꽃을 태운 자전거는 참았던 속력을 냈다 꽃도 그녀처럼 자전거를 타고 앉아 남자의 등을 탁탁 때리며 달렸다 꽃은 내부가 무너지도록 달렸다 마지막 꽃 한송이가 바닥에 떨어지면서 뭐라고 말했지만 바람이 그 말을 쓸어갔다 그날, 빈 자전거 한 대 고수부지 잡석 사이에 쓰러져 있었다

                                          - 최문자, 「꽃은 자전거를 타고」 전문

    언어는 언제나 흔적을 남긴다. 망각의 기억조차도 부재의 언어다. 하

여, 은유는 사라지는 방법으로 다시 돌아오게 한다. 「꽃은 자전거를 타고」는 감정이 절제된 고도의 함의를 띤다. 허구적 상상력을 통해, 최문자의 환상(성)은 오히려 현실이 된다. "심장"이 멎은 그녀의 혼령은 꽃이다. "온종일 자전거에 끌려 다"닌 꽃은 사라지고, "그녀"를 태운 "자전거"가 "참았던 속력을" 낸다. 기억의 내부를 통해 기억의 외부를 밀어내는 방식이다. "주체는 시니피앙과 시니피에의 행복한 결합 속에서 탄생하는 것이 아니고, 하나의 시니피앙이 다른 시니피앙으로 은유적 대치를 이루는 시니피앙의 관계 속에서 자신의 모습을 드러낸다."(박찬부, 『기호, 주체, 욕망』, 창비, 2007, 87~88쪽) 하여, 결합이 아닌 관계 속에서 형성된 주체는 꽃으로 은유되어 꽃의 그녀와 그녀의 꽃을 통해서만 새롭게 드러난다. 죽은 그녀가 "남자의 등을 탁탁 때리며 달"리는 모습은 애절하다. "바닥에 떨어지면서 뭐라고 말했지만 / 바람이 그 말을 쓸어"간다. "고수부지 잡석 사이에 쓰러"진 "빈 자전거(남자)"만 남긴 채, 여자는 "자전거를 타고" 저승으로 들어가 버렸다. 「꽃은 자전거를 타고」의 놀라운 시법은 종결형 (~다)의 반복과 열거이다. 반복은 시의 음영을 깊게 하고, 열거는 시의 의미를 확장한다. 최문자의 시적 감성은 슬픔 속에 붉게 배여, 느낌의 시학으로 승화된다. 바람의 꽃과 말, 아네모네에는 모든 색과 빛이 들어 있다. 그것은 오직 죽음으로서만 경험할 수 있는 목숨의 근원이자, 자전거의 은륜(銀輪)이다.

비극, 하강이라는 상승 : 문인수의 「채와 북 사이, 동백 진다」

　문인수(1945~2021, 경북 성주 출생)의 시는, 가장 섬세하고도 압화(壓畵) 같은 한국적 서정을 추구해 온 치열한 탐색으로 정평이 나 있다. 생에 대한 깊은 애정과 성찰, 자못 심각한 사건을 결코 무겁지 않은 톤으로 패러독시컬(paradoxical)한 것이 특징적이다. 스스로 곰삭히며 발

효시킨 독창적 시의 리듬과 종결형 처리는 서정의 새로운 범례(範例)로 남았다. 또한 그의 운문 시의 압축과 팽창, 비약과 서사는 놀라운 시적 상상력으로 분출된다. 문인수는 5시집 『동강의 높은 새』(세계사, 2000)로 김달진문학상을 수상했다. 그때의 심경을 이렇게 피력하였다. "나는 스스로 시 쓰기에 무슨 발동이 새로 걸린 것 같은 느낌을 받았다. 말하자면 시 쓰는 일이 어느 때보다 재미가 났으며 은근히 혼자 신명이 붙어 있었다." 그의 중기의 대표작인 「채와 북 사이, 동백 진다」는, 저주받은 꽃과 달의 무한한 상상력의 구조 속에서 비극을 우주로 끌고 가는 역동적인 에너지를 내포한다. 현대사의 모진 질곡을 겪은 지리산을 걸머지고 남도의 체념과 한숨 소리를 모성으로 끌어올린 이 걸작은, 노을의 시뻘건 이미지가 여자의 월경과 겹쳐 우주의 황홀을 낳았다.

지리산 앉고,
섬진강은 참 긴 소리다.

저녁노을 시뻘건 것 물에 씻고 나서

저 달, 소리북 하나 또 중천 높이 걸린다.
산이 무겁게, 발원의 사내가 다시 어둑어둑
고쳐 눌러앉는다.

이 미친 향기의 북채는 어디 숨어 춤추나

매화 폭발 자욱한 그 아래를 봐라

뚝, 뚝, 뚝, 듣는 동백의 대가리들.
선혈의 천둥
난타가 지나간다.

— 문인수, 「채와 북 사이, 동백 진다」 전문

「채와 북 사이, 동백 진다」를 읊조리고 있으면, 홀연 남도창이 생각난다. "미친 향기의 북채"인 동백꽃의 비극적 색채감이 달의 무한한 상상력의 구조 속에 오롯이 녹아 있다. 현대사 최대의 비극을 겪은 지리산 섬진강을 배경으로 남도의 체념과 한숨 소리를 모성으로 끌어올려 승화시킨 수작이다. 이 시는 창(唱) 즉, '판소리'의 형태를 띤 판소리 시라고 해도 과언이 아니다. "지리산"을 한 명의 고수(북치는 사람)로 의인화했다면, "섬진강"은 한 명의 소리꾼이다. 이 시는 전라도 서남 지역의 소리 꼬리가 길고 발성이 가벼운 판소리인 '서편제(西便制)'의 형태를 띠고 있다. 행과 행 사이, 연과 연 사이 진양조, 중중모리, 휘모리, 엇모리 등의 시적 기분을 섞어 가며 장단을 맞춘다. 이 시에서 "저 달, 소리북 하나 또 중천 높이 걸린다." 이 표현이 굉장한 상상력을 폭발시킨다. 달을 소리북으로 본 시인의 우주적 시안(詩眼)은 백미이다. 시행 간에 귀를 열고 잘 들으면 난타하는 북소리가 둥 둥 둥 울린다. 허공 속에 이런 시의 소리를 만들어 낸다는 것 자체가, 문인수가 아니면 도달할 수 없는 상상력의 극치다. 물론 이런 상상력을 더욱더 미학의 높은 차원으로 끌어올린 점은, 시뻘건 저녁노을을 여성성으로 본 기막힌 은유에 있다. 마지막 연 "뚝, 뚝, 뚝, 듣는 동백의 대가리들. / 선혈의 천둥 / 난타가 지나간다" 나는 수백 번 읽으며 왜 시인이 매화 폭발에서 갑자기 동백으로 건너갔는지 아리송했다. 허나, 이 시행은 비약과 압축이라는 놀라운 시적 장치가 숨어 있다. 시 「채와 북 사이, 동백 진다」 속에 '미친 향기의 북채'가 동백이다. 이런 비약은 동백의 죽음을 통해 지리산과 섬진강이 기억하는 남도의 비극적 인식을 극대화하려는 시인의 고도한 시법으로 읽힌다. 동백은 "발원의 사내"가 홀로 잡은 "채와 북", 사이의 존재, 사이의 꽃이다.

귓가에서 사라진다는 것 : 여정의 「달맞이꽃」

여정(1970~, 대구 출생)의 시에 드러난 괄호와 말줄임표의 의미는, 도끼를 갈아서 바늘을 만드는 시마가 있다. 그의 시속 화자는 우주의 '반물질'처럼, 언어인 사물과 함께 태어났으나 충돌하여 소멸하고 없다. 그의 시는 보이는 것도 아니요, 보이지 않는 것도 아니다. 하지만, 여정의 시가 현대의 기호(언어 기호, 음악 기호, 그림 기호, 영상 기호…)로 가득하다 할지라도, 기의(시니피에)와 기표(시니피앙) 사이에 존재한다. 시의 행간은 아무런 의미가 없는 별개의 것이 아니라, 촘촘히 이미지로 연결되어 있으며, 드러나지 않은 은유와 상징 시어로 가득하다. '무의식은 언제나 의식의 터진 틈 사이에서 흔들거리며 제 모습을 나타낸다.'(라깡) 하여, 여정의 시는 오독(誤讀)의 강을 건너야 의심이 풀리는 기호의 뗏목이다. 그에게 시는 물질이자 몸이다. 기존 서정시를 타살한 것이 아니라, 새로운 방식으로 아바타를 키워낸다. 「달맞이꽃((2012))」(시집 『몇 명의 내가 있는 액자 하나』, 민음사, 2016)은 언어를 비극 쪽으로 가리킨다. 달맞이꽃의 꽃말은 그리움이다. 사랑을 잃고 죽어서 피어난 처녀의 색은 노랑이다. 여정의 시에서 노랑은 '점멸'이다. 독한 결핵 알약을 먹고 본 노랑 천국이다. 아니, 고흐의 미친 해바라기 속의 그 노랑이다. 글자들이 노랗게 흔들흔들 춤을 추는, 그 환각이다. 노랑은 모순이자 음악의 D장조이다. 하여 뾰족한 노랑은, 날카로운 불안한 감정이다.

  아내가 조금 늦는다. 휠체어에 앉아 창밖을 바라본다. 먹구름이 낮게 깔린 저녁, 달((들))이 뵈지 않는다. 아내와 나란히 걸었던 그 둑길이 달((들))처럼 떠오른다. 달맞이꽃 흐드러지게 피었던…

  …돌아오던 길이었다. 내 가슴은 달맞이꽃으로 노랗게 물들어 있었다. 핸들을 잡은 손이 가볍게 바람을 탔다. 파란불이 노란불로 바뀐 줄도 모르고, 달맞이꽃인 양, 달맞이꽃인 양…

…아내가 오지 않는다. 휠체어에 앉아 창밖을 내다본다. 저녁 8시와 9시 사이, 어김없이 어둠을 끌어 앉고 돌아오던…

…아내가 돌아오면 다물었던 입술이 달싹거린다. 입술 사이로 말들이 망울을 터뜨린다. 달덩이 같은 아내의 얼굴((들))을 바라보며…

…현관문 열리는 소리, 지금 창밖에는 노란 달((들))이 먹구름 사이로 얼굴을 삐죽((삐죽)) 내밀고 있다. 아내의 부드러운 음성이 내 귓가에 달빛처럼 내려앉는다. 달빛((들))처럼.

- 여정, 「달맞이꽃((2012))」 - 2002 · 『미네르바』에 핀 「달맞이꽃」을 기념함」 전문

시, 「달맞이꽃((2012))」 - 2002 · 『미네르바』에 핀 「달맞이꽃」을 기념함」은 죽은 아내를 그리워하는 달맞이꽃으로 비유된 남편의 슬픈 사랑이야기다. 여정의 감성을 여지없이 보여준 이 시를 읊고 있으면, 죽음도 갈라놓을 수 없던 애절하고 로맨틱한 영화, 제리 주커 감독의 〈사랑과 영혼〉(1990, 미국)이 연상된다. 그 속에 등장하는 몰리(데미 무어)와 샘(패트릭 스웨이지)은 서로 사랑하고 결혼을 약속한 사이다. 그런데 어느 날 연극을 보고 돌아오던 길에 샘은 괴한의 칼에 맞아 죽게 된다. 순식간에 일어난 이 비극적 상황에서 샘은, 몰리가 외치는 애절한 부르짖음 "Don't you leave me Sam. Hold on 제발, 나를 떠나지 마 샘"을 듣고, 천사를 피해 그녀 곁에 맴돈다.

한편, 여정의 「달맞이꽃((2012))」의 시적 상황은 '사랑과 영혼'의 반대이다. 집으로 돌아오던 중 불의의 교통사고로 아내가 죽는다. 시적 화자인 남편은 살아남아 휠체어에 앉아 죽은 아내를 그리워한다. 남편으로 은유된 달맞이꽃은 밤마다 달이 된 죽은 아내를 쳐다보며 슬퍼한다. 달맞이꽃은 애달픈 사랑 이야기의 상징이며, 밤에 피었다가 아침이면 노란 꽃잎이 입을 다물고 만다. 마치, "파란불이 노란불로 바뀐 줄도 모

르고," 그렇게 죽은 아내가 된 달맞이꽃은 하늘에서 아프다. 말줄임표 속의 그 흐느낌은 더 깊고 아프다. "…아내가 돌아오면 다물었던 입술이 달싹거린다. 입술 사이로 말들이 망울을 터뜨린다. 달덩이 같은 아내의 얼굴((들))을 바라보며…" 미처 이별을 다 말하지 못한 남편의 심장의 떨림이 괄호와 두 번의 말줄임표 속에 고스란히 느껴진다. 사랑스런 아내의 말이 꽃망울처럼 터뜨린다는 시적 표현은 역설이 애절하다. 자신의 잘못으로 죽은, 아내의 죽음을 시적 화자는 도저히 받아들이지 못한다. 하여, 현관문이 열리면 제일 먼저 눈과 귀가 거기로 쏠린다. 그러면, 창밖에는 노란 달이 죽은 아내가 되어 먹구름 사이로 얼굴을 "삐죽((삐죽))" 내민다. 달빛은 아내의 부드러운 음성이 되어 화자의 귓가에 내려앉는다. 영원히 그렇게 아내를 기다리며 남편은 달맞이꽃이 되어 달을 쳐다본다. 달맞이꽃은 현(玄)에 이르는 문(門)이자, "현관문(이) 열리는 소리"이다. 여전히 살아있는 "아내의 부드러운 음성이 달빛처럼 내려앉는" 내 귓가의 목소리다.

장미, 혹은 아방가르드 : 조인호의 「철가면」

조인호(1981~, 충남 논산 출생)의 장미는 인간이 "철"과 교접해 낳은 부조리한 "문명"의 꽃이다. 체험의 불 속에서 시인은 한 행 한 행, "산소용접기"로 "장미"를 피게 한다. 하여, 그의 「철가면」(『방독면』, 문학동네, 2011)속의 장미는, 현대시 속에서 가장 '아방가르드(Avant-garde, 전위예술)하다. 장미의 상징은 쉬르레알리즘적이자, 야수파적이다. 기존 '꽃'의 상징을 혁명적으로 뒤집는다. 이런 '낯설게 하기' 기법은 현대인의 공포와 불안 심리에 기인한다. 낯익은 풍경에 대한 과감한 전복(顚覆)은, 화자 "그"를 절망과 냉소로 내몬다. "시적 자아를 추동하는 에고를 척살"한다.(신동욱) 이런 타자의 시선은 무의식과 현실의 부조리한 경계를 예리하게 찔렀다. 하여, 그의 장미는 비틀린 욕망을 불태우는 방식으로, 이 불합리한 사회의 '가면'을 벗기려고 한다. 지독하게 달라붙은 인간 사회의 허구를 남김없이 태우려고 한다. 형식과 내용, 표면과 이면 사이에서 조인호의 「철가면」은 얼굴을 휘감고 있다.

철과 장미의 문명 속에서 그는 용접공으로 일했다 철가면을 쓰면 산소용접기 밖으로 장미처럼 피어오르는 불꽃이 보였다 그는 철과 장미를 사랑했다 불이 붙는 독한 술을 즐겨 마셨고 쇠못을 씹어 먹는 철인이었다 중금속에 중독된 그의 눈은 세상이 온통 붉은색 셀로판지처럼 보이게 만들었다 용접 불꽃이 그의 눈을 멀게 만들수록 세상에 없는 단 하나의 붉은색을 지닌 철의 장미를 그는 볼 수 있었다 그의 피는 붉은 철로 철철 넘쳐흘렀고 그는 조금씩 녹슬어갔다

그의 철근콘크리트 지하방은 습하고 어두운 철가면 같았다 철가면은 심해 속으로 가라앉는 자물쇠처럼 무거웠다 강철 수면(水面) 위로 드러난 그의 얼굴은 점점 철가면을 닮아갔다 그는 눈을 뜰 때마다 철가면을 쓴 채 욕조 안에 몸을 담근 자신을 발견하곤 했다 파이프들이 붉은 녹을 떨어뜨리며 삐걱거렸다 욕조 속의 물이 용광로처럼 부글부글 끓었다 그의 알몸은 장미 잎 같은 붉은 화상 자국투성이였다

그는 일생 동안 불꽃만을 바라본 몽상가에 가까웠다 그는 용접 불꽃 속에서 살아 있는 구멍들을 보았다 오, 입 벌린 구멍들 모음들 비명들이 불타오르는 지옥을 보았다 그 구멍 저편에선 아름다운 붉은 장미의 정원이 펼쳐져 있었다 그의 두 눈엔 콘센트 구멍 같은 어둠이 고여갔다

그는 철가면을 쓴 채 홍등이 켜진 도살장 골목을 붉은 쇳물처럼 흘러다녔다 도살장 골목 어둠 저편 번쩍거리는 칼날들이 뱀의 혀 같은 용접 불꽃처럼 쉭쉭거렸다 붉은 장화를 신은 인부들이 소 머리가 가득 쌓인 수레를 끌고 다녔다 도살장 담벼락엔 덩굴장미가 대퇴부 핏줄처럼 번지고 있었다 담벼락 너머 높다란 송전탑에서 철근들이 금속성의 동물 울음소리를 내며

뒤틀렸다 도살장 시멘트 바닥 물웅덩이 위로 뜨거운 김이 피어올랐고 고압 전류 같은 찌릿찌릿한 비가 내렸다

 그는 송전탑 꼭대기 위로 덩굴장미처럼 기어오르기 시작했다 번쩍, 가시 철조망 같은 번개가 송전탑에 내리꽂혔다 고압전류 속에서 그는 자신의 철 가면과 함께 흐물거리며 녹아들었다 철가면이 송전탑의 철근 속으로 들러 붙고 있었다 송전탑 밑 지상의 사람들이 붉은 뼈를 드러낸 채 해골처럼 웃 고 있었다 번개가 번쩍거릴 때마다

 송전탑은 거대한 한 송이 붉은 장미로 피어났다
- 조인호, 「철가면」 전문

 조인호의 시집 『방독면』 속 대부분의 시편들, 「뉴 키즈 온 더 블록」, 「태양의 흑점」, 「옴의 법칙」 등은, 2000년대 한국 시단에 들불처럼 번 진 미래파의 한계점을 새로운 실험으로 극복한 시로 읽힌다. 그는 다가 올 시대에 걸맞는 현대시의 방향을 표현주의 언어로 격상시킨다. 체험 을 통해 감각한 몸의 언어, 사물의 과장과 왜곡을 통한 심미적 미학까 지 번진 그의 언어는, 표현추상주의 언어를 만든다. 시적 화자의 '페르 소나'는 절망과 실의에 찬 공기를 호흡한, 시대인의 비명이자 야수파적 비극의 종말을 보여준다. 온갖 실험적 언어와 기법 등의 동원은, 언어에 색채 이미지를 입히기도 하며, 극단의 형식 파괴는 행간의 입체감을 살 리기도 한다. 한편, 현대인들의 절망과 불안 등을 간파해, 시대의 우울과 회의, 광기와 악의 축을 파고들기도 한다. 부조리한 현실을 "철과 장미" 로 직격한 은유는 단번에 기존 시법을 무너뜨린다. 이런 두 언어의 상극 과 상생은 시니컬하다. 장미처럼 피어오르는 불꽃을 사랑한 그는, "철 과 장미를 사랑했다". 철저히 골수에 각인된 날이미지다. 경박한 언어유 희가 아니라, 부정 어법을 통해 언어의 본질을 찔렀다. "쇠못을 씹어 먹 는 철인"은 용접공의 은유이자, '철가면'의 주체이다. "중금속에 중독된

그의 눈"은, 병든 이 시대의 눈이다. 가스 절단 시 3천℃에 달하는 그 불꽃을 보고 있으면, 누구나 온통 세상이 붉은색 셀로판지로 보일 것이다. "불꽃이 그의 눈을 멀게 만들수록 세상에 없는 단 하나의 붉은색을 지닌 철의 장미를 그는 볼 수" 있다. 붉은 피의 색채는 녹슨 철의 산화를 연상케 하며, 그것은 궁극적으로 '장미'를 사랑하게 된 이유이기도 하다. 어떤 면에서 미래 시는 불확실한 언어 구조를 가졌기에, 더욱더 확실한 행과 연의 유기적 서사구조를 지향하는지도 모른다. 반면, 이미지의 허약한 뿌리와 현학적 언어와 그로테스크한 점은 비판의 대상이다.

　한편, '철과 장미'처럼 전혀 어울리지 않는 시어의 겹 이미지는, 미래시의 탁월한 장점이다. 「철가면」은 미래시의 불협화음을 멋지게 극복한다. 2연의 시상 전환은 적확하다. 음습한 지하방과 철가면의 은유적 알레고리는 유기적이다. "철가면은 심해 속으로 가라앉는 자물쇠처럼 무거웠다" 이 고통스런 시적 암유야말로 「철가면」의 묘자, 발버둥치는 삶의 비명이 절박하다. 하여 화자의 눈에는 욕조 속 물이 용광로처럼 부글부글 끓는 것처럼 보인다. 그의 알몸은 장미 꽃잎 같은 붉은 화상 자국투성이로, 고통의 흔적이다. 시는 어쩌면 "불꽃"을 바라보는 몽상가의 언어일지 모른다. 그는 날마다 파란 불꽃 속에서, "오, 입 벌린 구멍들 모음들 비명들이 불타오르는 지옥"을 본다. "그 구멍 전편"에서 "아름다운 붉은 장미의 정원"이 펼쳐진 세계를 보는, 시인의 시안(詩眼)은 놀랍다. 두 눈의 구멍을 콘센트의 구멍으로 본 직관 역시 놀랍다. 그 눈 속에 고인 슬픈 인간의 어둠의 풍경은, 칼로 심장을 도려내는 아픔이 있다. 마치, 미래시가 기존 서정의 동일성을 부수고, 타자성으로 직진한 혁명과도 같이, "철가면을 쓴 채 홍등이 켜진 도살장 골목을 붉은 쇳물처럼" 흘러 다니는, 화자의 극적 전환은 전복(顚覆)적이다.

　'철가면'이야말로 고통의 가면이자, 착취의 페르소나다. 미래시에는 서정적 자아 '나'가 없다. 대신 '나'가 지워진 자리에 '그'가 있다. 조인호의 「철가면」역시 '철과 장미'의 끝없는 갈등과 긴장 속에서 격렬하게 싸운다. 용접 불꽃을 "뱀의 혀"에 직유한 묘사는 원죄에 괴로워하는 아담과 이브적이다. 어쩌면 인간 사회는 욕망의 뱀들로 엉켜 붙어사는지도 모른다. "붉은 장화를 신은 인부들이 소 머리가 가득 쌓인 수레를 끌고", "도살장 담벼락엔 덩굴장미가 대퇴부 핏줄처럼 번지"는, 현실의 지옥도(地獄圖)는 무시무시하다. 이런 아비규환은 "송전탑에서 철근들이 금속성의 동물 울음소리를 내며 뒤틀"리는 묘사적 이미지로 크로즈업 된다. 조인호는 시적 장면 전환의 귀재이다. 행간 속에 느낌으로 존재하는 시어들의 유기적 관계망을 다층적 겹 이미지로 처리한다. "도살장 시멘트 바닥 물웅덩이 위로 뜨거운 김이 피어올랐고 고압전류 같은 찌릿찌릿한 비가 내렸다". 이런 극사실적 시상 전환의 묘사는, '철과 장미', '지하방, 수면, 욕조, 용광로'를 거쳐, '구명들, 비명들, 지옥'에서 정점을 찍는다. 이것은 일종의 '반인간적인' 시대의 도착증(倒錯症)을 고발하고 있으며, "고압전류 같은 찌릿찌릿한 비"에 감전된 밑바닥 삶들의 발버둥치는 소리이다. 4연은 비극적 아름다움의 극지다. 송전탑 꼭대기 위로 덩굴장미처럼 기어오르는 순간, 번개에 내리꽂힌 '그/철가면'의 죽음은, 철근 속으로 들러붙는 놀라운 은유로 환치된다. 릴케는 시의 이런 광기의 순간을 '관입(貫入)'이라고 불렀다. 송전탑과 "붉은 뼈"가 "해골처럼" 한 몸이 되어 웃는 그 시적 광기는, 섬뜩하고 황홀하다. 하여, 조인호는 "송전탑"을 "거대한 한 송이 붉은 장미"로 피어나게 한다. 이 극적 전환은 '동일성의 나'를 죽여 찬란하게 '타자, 그'로 부활한다. 「철가면」은 현대 사회의 지배와 피지배, 가진 자와 빈자의 모순 구조, 억압과 부조리한 현상들을, '철가면'과 '장미'의 은유를 통해 죽음의 역설로 통쾌하게 까발린다. 철가면과 장미, 즉 문명과 자연의 조화로 새로운 자연 문명이 탄생할 수 있다면, 가면을 쓴 문명이 가면을 벗은 자연과 만나 새로운 가면을 쓰게 된다면, 송전탑은 하나의 "거대한 붉은 장미로 피어"날 것이다. 송전탑 밑 지상의 사람들 역시 애써 형해(形骸)처럼 웃게 될 것이다.

시집사리 詩集思理

PART + **04**

시와 사유·넷

남성의 인격 속에는 부정적 아니마(anima 마음 속 여성)가 존재한다. 남자가 어떤 여자에게 첫눈에 반해 "이 사람이다!" 하면서 순식간에 사랑에 빠져 버리는 것은 그 여자의 모습이 그 남자의 아니마와 일치하기 때문이다. 이때 남자는 그 여자를 오래전부터 가까이 지냈던 사람으로 여기게 된다. 특히 미인에게는 아니마가 투사되기 쉽다. 그런 여성은 매력적이면서도 뭐라 정의할 수 없는 존재이다. 그래서 남성은 뭐든지 그 여성에게 투사시키고, 이를 중심으로 공상을 펼쳐 나간다. 아니마를 외부에서 찾으려고 하면 극심한 성도착이 생긴다. 그런 남성은 에로틱한 공상의 포로가 되거나, 현실의 한 여성에게만 강박적으로 의존하게 된다. 많은 남성은 포르노 같은 것을 통해 아니마에 빠진다. 반면, 아니무스(animus)는 여성의 무의식이 인격화한 남성상이다. 실연에 빠지면 이상할 정도로 여자는 절망한다. "이 세상에서 내가 바라는 것은 오직 사랑뿐이다." 그런데 그는 나를 버렸다며 독부(毒婦)가 된다. 치명의 여인이 그렇듯, 몰래 몸에 독(무기)을 지니고 있다가, 첫날밤에 남자를 죽여 버린다. 부정한 아니마와 아니무스는 자연이 지닌 어떤 무서운 속성처럼 냉혹하고 무자비하다.

- 칼 융(김양순 옮김), 『인간과 상징』, (동서문화사, 2016) 중에서

제4장
에로티즘(Erotism)

　사랑이 성의 감정적 측면이라면, 에로티즘은 성의 감각적 측면을 말한다. 감각은 그로테스크하다. 연인의 향기는 불가사의하다. 후각은 날것의 언어만이 강렬한 이미지를 끌어낸다. 향수는 마법과 같다. 시각이나 청각보다 더 매혹적이다. '훅' 끼치는 느낌은 불가능의 가능을 추동하는 힘이다. 유머(humour)와 함께 성(性, sex)이 한국 현대시에서 새롭게 요청되는 테제라면, 에로스와 에로티즘, 섹슈얼리티는 그 연장선에 놓인다. 섹스는 첨단의 전위예술에 비견된다. 그도 그럴 것이 당대의 관념이나 형식을 깨부수고 금기에 도전하기 때문이다. 하여, 촉각은 현란한 애무의 황홀한 은유이다. 섹스의 기반인 "몸은 시대의 프리즘이다. 누가, 어떤 시선으로 비추는가에 따라, 변화한다. 몸은 유리이고, 거울이고, 무성한 숲이다. 그러나 현실 속의 몸은 파편이고, 대상이고, 간혹 주체이다. 몸은 거듭난다. 새롭게 해석된다. 그렇기에 몸은 변화하는 사건이고, 기록되는 감정이다. 현대의 몸은 알레고리적 건축물이고, 생물학적 기관이자 종교적 사원이다. 몸은 미술관이고 문화적 소모품이다. 몸은 완전한 아름다움을 추구하는 가상의 대상이 아니라, 그 자체가 도구가 되었다. 몸은 상품이자 브랜드이다. 감각적 사물이고 꿈속의 이미지이다. 몸은 화두이며 주체와 객체가 공존하는 모호한 전류의 장(場)이다."(『금은돌의 예술산책』, 청색종이, 2020) 에로티시즘은 고대 그리스에서 출발해 르네상스 "예술과 문학으로 화려하게 부활한다. 근대 전설적인 플레이보이 카사노바, 돈 후안을 거쳐 낭만주의 시대에 들어와 예술 미학의 절정을 맞는다."(남경태, 『개념어사전』 참조)

조르주 바타이유(1897~1962, 프랑스 철학자)에 의하면 에로티즘은, '금기'의 경계이자 '죽음에 이르는 삶의 강렬한' 대상으로 지목된다. 모든 예술적 미학은 에로티즘으로 귀결된다. 언어와 언어의 섹스 역시, 시의 무의식을 모호성에 겹쳐 놓는다. 시는 영원성에 이르게 하는 죽음의 아편이다. 섹슈얼리티가 성에 관련된 행위, 태도, 감정, 욕망, 실천, 정체성을 포괄하는 말이라면, 촉감의 언어는 오르가즘의 극치. 등줄기를 타고 내리는 시의 전율과 쾌감은, 신음으로 청각화된다. 반면, 에로티즘은 '죽음까지 파고드는 삶', 즉 '삶과 죽음을 대하는 인간의 태도 속에 내재된 근원적 정신'을 말한다. "에로티즘은 부정성을 부정하는 행위라는 점에서 소위 '인간다움'이라고 여겨졌던 것을 거스르고, '자연성'으로의 복귀"를 의미한다. "에로티즘은 인간 모두가 공유하고 있는 보편적·내적 본성"(엄경희, 「문정희 시에 내포된 불순한 신성(神聖)으로서 에로티즘」)을 말한다. 그런 점에서 한국 현대시에 나타난 에로스의 상상력과 에로티즘은, 인간의 근원적이고 보편적인 원형 의식을 파악하는데 매우 중요한 지점이 된다. 가장 세속적(性)이면서도 가장 성스러운(聖) 우주의 궁극 에너지가 다름 아닌 에로스이고, 섹슈얼리티이며 에로티즘이다.

한편, 문학의 시사적 맥락에서 볼 때, 1920년대 공초 오상순의 「첫날밤」은 초야의 묘성(妙聲)이 들린다. 수줍고 짜릿한 쾌미(快味)의 음양 합궁을, 그는 태초 비밀 터지는 소리로 보았다. 그런가 하면, 김광균의 「설야(雪夜)」는 에로틱하다. 눈 내리는 소리의 신비로운 정경을 옷 벗는 여인의 실루엣에 겹쳐 놓는다. 미당 서정주는 「소자 이 생원네 마누라님의 오줌 기운」을 통해 여성성을 해학의 차원으로 에스컬레이션 시킨다. 물론 70년대와 80년대 군부 독재 하에서의 성적 담론은 금기의 대상이었다. 유신 시대와 신군부 쿠데타로 명명된 암흑기는 민중문학이 압도하였다. "민중시의 상투성을 거부하고 현실에 대한 미학적 대응을 강조하는 일군의 젊은 시인들이 형태 파괴와 환유적 언어 배치, 산문적 요설, 장르 해체 등 다양한 실험시"(박현수, 『한국현대시사』, 민음사, 2007. p.478)가 등장하지만, 그 성과는 미미하였다. 한편 80년 대말과 90년 초는, 한국문학의 첨예한 외설 시비로 세상을 발칵 뒤집어놓았다. 장정일의 시집 『길 안의 택시 잡기』(1988, 민음사) 속의 「늙은 창녀」는, 남성 폭력적 시각으로 벗긴 포르노그라피였다. 특히, 마광수의 소설 『즐거운 사라』(1991, 서울문화사)는, 성(性) 해방을 부르짖은 전위소설이다. 92년 급기야 마광수는 강의 도중 검찰에 연행, 구속된다. 죄목은 음란문서 유포였다. 그해 10월 이 소설은 문화부에 의해 판매 금지되었다. 98년 김대중 정부에 의해 사면 복권되었으나, 소설 『즐거운 사라』는 현재까지도 판금 상태다. 노골적인 성 묘사는 한국 사회에 '예술이냐, 외설이냐'의 뜨거운 논쟁으로 비화되었다. 외설스런 내용의 소설로 작가가 구속된 사례는 이 사건이 세계 최초였다. 이후 에로티시즘은 페미니즘과 뒤섞여 90년 중반 시단에 들불처럼 번진다. 정진규 시집 『몸시』(세계사, 1994), 오탁번 시집 『겨울강』(세계사, 1994), 채호기 시집 『밤의 공중전화』(문학과지성사, 1997)는, '몸'을 미학과 해학, 감각의 차원으로 다양화하였다. 한편, 혁명과 사랑, 기계와 몸을 섹스로 형상화한 최영미 시집 『서른, 잔치는 끝났다』(창작과비평사, 1994)와 폭력과 욕망의 남성 사회를 거침없이 까발린 김언희 시집 『트렁크』(문학동네, 1995)는, 페미니즘 논쟁을 또다시 촉발하였다. 이런 맥락과 징후에서 몸과 성의 이미지는 이후 더욱 다채롭게 변주된다. 이 글에서는 오탁번의 「굴비」, 김선우의 「내 몸속에 잠든 이는 누구신가」, 박이화의 「내 안의 꽃」, 문정희의 「치마」, 임보의 「팬티」를 중심으로 그 양상과 의미를 살펴본다.

원초적 성(性)과 해학

　오탁번(1943~2023, 충북 제천 출생)의 시 「굴비」는, 근대적 언어와 성(性)적 해학을 바탕으로 독자를 사로잡았다. 그의 시 세계는 '원시성의 마력' 혹은 '해학과 초월의 미학'으로 규정된다. "형언할 길 없는 원시성의 마력이 오탁번의 시에서는 남루한 일상을 해학적이며 초월적으로 건너가게 한다. 지상의 삶은 궁핍하여 남루하고 이와 같은 남루를 건너가야만 하는 것이 지상적 존재인 우리가 걸어야 할 숙명의 길이다. 우리의 숙명의 길에 원시성의 마력은 때로는 즐거운 동반자로 때로는 쓸쓸한 동반자로 그리고 궁극의 세계가 되어 우리를 일탈과 초월로 유인한다. 궁핍하고 남루한 풍경을 남루하지 않게 건너고 있는 오탁번 시의 활보는 지금·여기, 그리고 저기에 있는 우리들의 숙명을 견지하며 초월하도록 유인하는 원색의 마차다."(진순애,「원시성의 마력— 오탁번 시인의 시세계」)

　　　수수밭 김매던 계집이 솔개그늘에서 쉬고 있는데
　　　마침 굴비 장수가 지나갔다
　　　굴비 사려, 굴비! 아주머니, 굴비 사요
　　　사고 싶어도 돈이 없어요
　　　메기수염을 한 굴비장수는
　　　뙤약볕 들녘을 휘 둘러보았다
　　　그거 한 번 하면 한 마리 주겠소
　　　가난한 계집은 잠시 생각에 잠겼다
　　　품 팔러 간 사내의 얼굴이 떠올랐다

　　　저녁 밥상에 굴비 한 마리가 올랐다
　　　웬 굴비여?
　　　계집은 수수밭 고랑에서 굴비 잡은 이야기를 했다

사내는 굴비를 맛있게 먹고 나서 말했다
앞으로는 절대 하지 마!
수수밭 이랑에는 수수 이삭 아직 패지도 않았지만
소쩍새가 목이 쉬는 새벽녘까지
사내와 계집은
풍년을 기원하며 수수방아를 찧었다

며칠 후 굴비장수가 다시 마을에 나타났다
그날 저녁 밥상에 굴비 한 마리가 또 올랐다
또 웬 굴비여?
계집이 굴비를 발라주며 말했다
앞으로는 안 했어요
사내는 계집을 끌어안고 목이 메었다
개똥벌레들이 밤새도록
사랑의 등 깜빡이며 날아다니고
베짱이들도 밤이슬 마시며 노래 불렀다

- 오탁번,「굴비」전문

    오탁번의 4시집 『겨울 강』(세계사, 1994)에 수록된「굴비」는 민담의 서사구조를 지닌 음담패설이자 해학적인 톤을 유지하고 있다. 민담은 본질적으로 민초들의 세상사나 인간의 결함에 대한 익살스럽고 우스꽝스러운 말이나 행동을 뜻한다. 오락성을 띠므로 엄숙성이나 신앙적인 차원은 사뭇 비껴서 있다.「굴비」는 2002년 미당문학상 후보로까지 오른 작품이다. 이 시는 표면적으로는 수척한 남편을 위해 '굴비 한 마리' 먹이려는 가난한 아내의, 차마 웃지 못할 음담이다. 하여 아내의 지극한 사랑과 연민을 이해하는 터라 남편은 결국 "목이 메고"만다. 이 장면은 "항간의 음담인데 얼마 전 이 이야기를 처음 듣고 나는 차마 웃지 못하고 눈물을 흘렸다."는 시인의 말에서 우리는 음담(淫談)에 방점을 찍을 게 아니라, 가난한 아내와 남편의 곡진한 사랑과 삶의 고초를 새삼 떠올릴 필요가 있다. 「굴비」는 당대의 민초들이 그늘진 자신들의 삶의 세계를 어떻게 인식하였는지를 '대화'를 통해 엿볼 수 있다. 남녀 간의 음양합궁의 묘리가 극도의 '가난'에 부딪혀, 궁극으로 어떻게 드러나는지를 성매매를 통해 발화한다. 또한 메기수염을 한 굴비 장수의 "— 그거 한 번 하면 한 마리 주겠소"라는 적나라한 구애의 풍경은, 남성의 '성(性)'에 대한 근본 인식을 유추하는 중요한 단서가 된다. 그러나 "— 앞으로는 절대 하지 마!"라던 남편의 당부처럼 "— 앞으로는 안 했어요 / 사내는 계집을 끌어안고 목이 메었다 / 개똥벌레들이 밤새도록 / 사랑의 등 깜빡이며 날아다니고 / 베짱이들도 밤이슬 마시며 노래 불렀다" 대목에 이르면, 슬픈 웃음은 차라리 비장하기까지 하다. 비루하고 궁핍한 민초들의 '밥'에 대한 은유가 이 얼마나 절실한가. 그의 또 다른 명작 「폭설」과 함께 「굴비」의 매력은 언어 유희를 통한 근대적 에로티즘의 한 양상을 해학적으로 처리한 점이다. 게다가 정서와 이야기의 조화, 대화의 기법, 페이소스의 미학을 들 수 있다.

내 몸속에 잠든 이

90년대 초 마광수의 소설 『즐거운 사라』를 구해 읽지 못한 나는, 누가 문 열고 들어올 것 같은 불길한 예감 속에서, 서양 성(性) 문학의 절정인 D.H 로렌스(영국 1885~1930년. 소설가, 시인)의 『채털리 부인의 연인』(민음사, 2003)을 끼고 살았다. 전쟁으로 성(性)불구가 된 명문가의 귀족 클리퍼드와 정신적 육체적 풍만함과 성적 관능을 마음껏 내뿜는 그의 부인 코니, 귀족 집 사냥터지기 멜러즈와의 삼각관계는 그야말로 젊은 나를 흥분의 도가니로 몰아넣었다. 이미 한 남자의 육체적 사랑에 완전히 몰락해버린 귀족 부인 코니와 그녀 정부 멜러즈의 어느 천둥 번개가 치는 날, 오두막집에서의 돌출 행동은 이 책의 압권이다. 줄곧 수직으로 퍼붓는 빗줄기 사이로 갑자기 그녀가 겉옷과 속옷까지 완전히 벗은 알몸으로 두 젖통을 출렁거리며 암컷 특유의 웃음을 터뜨리며 밖으로 달려 나간다. 빗속에서 젊은 여자 알몸이 추는 율동의 매력은 정말 황홀경이었다. 그 광경을 뚫어지게 바라보던 그녀의 정부 멜러즈 역시 알몸이 되어 세차게 퍼붓는 빗줄기 사이로 뛰어나간다. 장대 같은 빗줄기는 퍼붓고, 사냥개는 미친 듯이 짖어대고, 흥분에 들뜬 청춘 젊은 남녀가 알몸으로 그 넓은 벌판을 경주하는 모습은 그때까지 내가 읽은 그 어떤 책 속에서도 없었다. 빗물이 흘러내리는 물컹거리는 젊은 여자의 몸과 무럭무럭 김나는 젊은 사내 몸이 동물의 암수처럼 격정적으로 뒤엉켜 빗줄기 속에서 절정에 닿는 부분은 그야말로 에로티시즘의 극치였다. 정사를 끝낸 그녀는 벌판에서 물망초, 석죽, 블루벨을 꺾어온다. 사냥터지기의 오두막집에는 빨간 장작불이 타오르고 두남녀는 빗물에 젖은 알몸을 서로가 닦아준다. 그녀의 풍만하고 아름다운 엉덩이 곡선을 음미하던 사내는 "당신의 궁둥이가 정말 근사하오."라고 말한다. 서로의 젊은 몸은 또다시 흠뻑 젖고 봉긋이 솟은 여자의 유두를 지나 그 은밀한 불두덩 아래 난 고운 갈색 털에다, 여자가 꺾어온 물망초 꽃을 사내가 엮어 주며 벌이는 성애(性愛) 장면은 환타스틱 그 자체였다. 훗날 나는 이 책이 남녀 간의 아름다운 성적 결합의 차원뿐만 아니라, 비인간적인 유럽 산업 문명에 대한 작가 로렌스의 비판적 인식이 기저에 깔린 명작임을 알았다. 어쨌거나 오늘날까지 내 머릿속엔 남녀 알몸의 그 에로티시즘만이 가장 강렬하게 화인처럼 찍혀 있다.

    김선우(1970~, 강원도 강릉 출생)의 시「내 몸속에 잠든 이는 누구신가」(시집『내 몸속에 잠든 이 누구신가』, 문학과지성사, 2007)를 처음 읽은 날, 불현듯 나는『채털리 부인의 연인』을 떠올렸다. 남녀의 섹스야말로 에로티시즘의 극치다. 애무는 몸 자체가 소리 은유이다. 하여, 섹스는 알레고리Allegory이며, 신음은 전략적이자 기만적이다. 김선우의 시에서 애욕과 관능은 감각의 환타지다. 행간의 체위는 입체적이고 시니컬하다. 하여, 그녀의 성은 시대의 음화(陰畵)로 읽힌다. 시에서 성(性)은 비틀린 욕망의 표지이다. 특히, 관음증은 자아와 타자 사이의 창(窓)이다. 쾌락적 리비도는 예술 작품, 영화, 미술, 시에서 집중적으로 다뤄진다. 김선우 시의 성적 주제는 꽃의 상징, 성의 환희, 몸의 우주적 황홀에 접신된다. 때로는 관음(觀淫)을 통해 성애를 드러내기도 하고, 시적 미학을 통해 아트(art)가 되기도 한다. 그녀의 에로티즘은 절정의 눈(眼)이다. 섹슈얼리티가 인간 사회의 욕망을 풀어내는 문화라면, 포르노는 관능과 쾌락의 원초이다. 특히 사디즘(가학성 음란증)과 마조히즘(피학성 음란증)은, 당대 성적 억압의 극단적 분출을 의미한다. 2000년대 한국 현대시의 에로티즘 미학의 절창으로 지목된, 김선우의 「내 몸속에 잠든 이는 누구신가」를 들여다보자.

    내 몸속에 잠든 이는 누구신가

    그대가 밀어 올린 꽃줄기 끝에서
    그대가 피는 것인데
    왜 내가 이다지도 떨리는지

    그대가 피어 그대 몸속으로
    꽃벌 한 마리 날아든 것인데
    왜 내가 이다지도 아득한지
    왜 내 몸이 이리도 뜨거운지

    그대가 꽃피는 것이
    처음부터 내 일이었다는 듯이.
            - 김선우, 「내 몸속에 잠든 이는 누구신가」 전문

김선우의 「내 몸속에 잠든 이는 누구신가」는, 남녀 교접(음양)의 순간을 빼어난 비유와 상징의 이미지로 형상화하였다. 육감은 사람의 오감을 몸 전체로 종합적으로 직관하는 공감각을 말한다. 특히 남성보다 여성의 몸각은 훨씬 예민하다. "그대가 밀어 올린 꽃줄기 끝에서 / 그대가 피는 것인데 / 왜 내가 이다지도 떨리는지(1연)"에서 보이듯, 이시는 남녀 절정의 순간을 교묘하게 은유하였다. 남녀의 교접은 『법화경』에서처럼 '입아아입(入我我入) 중중무진(重重無盡)'의 세계이다. '저것이 내 것에 들어있고, 내가 저것 속에 들어 있'는 황홀경의 세계이다. "그대가 밀어 올린 꽃줄기 끝"을 남근(男根)으로 연상한 기교는 그야말로 묘경이다. 김선우만의 독창적 아우라(aura)가 느껴진다. 몸의 절정의 순간을 "피는"으로 은유한 시구는 아름답다. "왜 내가 이다지도 떨리는지"의 여성성의 촉각은, 교접의 묘를 극대화하였다. "그대가 피어 그대 몸속으로 / 꽃벌 한 마리 날아든 것인데 / 왜 내가 이다지도 아득한지 / 왜 내 몸이 이리도 뜨거운지"(2연) 역시, 섹스의 절경이다.

「내 몸속에 잠든 이는 누구신가」는, 읊조리면 읊조릴수록 신음이 묘하다. 시 행간 속에 성 행위자는 "꿀벌"로 묘사된 남성이지만, 유혹의 주체는 여자로서 끊임없이 '나'의 진술을 통해 성적 페로몬을 시 전체로 발산한다. 또 시인은 "피는"이란 시각적 이미지를 통해 독자들에게 '꽃향기'를 연상시킴으로써, 시 속엔 존재하지 않은 후각을 공감각화 하였다. 시어 "아득한지'와 "왜 이리도 내 몸이 뜨거운지"는, 여자의 몸감(感)의 희열을 '시적 모호성'으로 은밀히 구조화한다. 2연은 개화를 모티브로 "꽃피는 꽃의 몸과 내 몸을 교차시키면서 의미를 확장"하며, "꽃과 꽃벌의 혼례가 꽃과 나의 혼례로 얽혀 읽히면서"(문태준, 『한국인의 애송시』2권, 조선일보사, 2008, p124) 시적 여운과 감동을 무한히 확장한다.

하여, 「내 몸속에 잠든 이는 누구신가」. "그대가 꽃피는 것이 / 처음부터 내 일이었다는 듯이.(3연)"에서 그 답은 오롯하다. 사람의 성행위가 관능과 쾌락뿐 아니라, 그 의미를 뛰어넘는 우주의 본능임을 암시한다.

신화의 표현을 빌면 '성행위'란, 태초에 여성과 남성성(性)이 교접하였다가, 하나가 떨어져 나가 원래의 상태대로 되돌아가고자 하는 현상이다. 김선우는 「내 몸속에 잠든 이는 누구신가」에서 성행위의 주체는 그대(남성)인데 반해 성의 수혜자를 여성인 "나"로 설정함으로써, '저것이 나한테 들어있고, 내가 저것 속에 들어 있다'는 법화경의 세계를 은유의 미학으로 승화시켰다. 하여, 이 시는 감응과 감통, 주체와 대상, 사물과 마음을 몸 철학의 사유로까지 그 경계를 심화시켰다. 사물의 꽃과 몸이 마음의 꽃과 교접하는 순간을 절묘하게 잡은, 에로티즘 시의 절정에 가닿은 작품으로 규정된다.

내 안의 꽃, 그리고 에로스

박이화(1960~ , 경북 의성 출생)의 역작 「내 안의 꽃」(시집 『그리운 연어』, 애지, 2009)은 여성 성(性)의 황홀경을 노골적으로 체위의 절정까지 끌어올린다. 또 한편 그녀의 시들은 "음란한 성적 언어들, 이를테면 유두, 음부, 정사, 체위, 사정, 오르가즘과 같은 용어들이 시 문맥 한 가운데에 버젓이 자리를 잡는다. 자칫 외설적이라는 오해를 받을 만한 언어들이 시상을 이끌어가고는 있지만, 그것이 음탕하거나 불경스런 느낌으로 다가오지 않는다. 그것은 남녀의 육체적 관계를 넘어 자연, 혹은 세계와의 동일시 욕망을 비유한다는 점에서 외설의 혐의에서는 자유로움"을 준다.(이형권)

아무래도 저 검은 그림자 속엔
몸통 작은 여우 한 마리 살지 싶어
바람난 여자의 음부처럼 팽팽한
물오른 암여우 한 마리

천변만화의 둔갑술을 부리며 살지 싶어
그렇지 않고서야
저 거친 앙상한 골격으로
어찌 저리 미색의 꽃을 피울라고
갈수록 피골이 상접해지는 저 몰골
그럴수록 더 붉고 육색 좋은 꽃 피우는 저 나무,
속엔 분명 변덕스런 사향여우 한 마리
色, 色 봄볕 희롱하며 살지 싶어

누구라도 단박에 홀려버리는 향기,
그 화사한 염문
천지간
난분분 난분분 꼬리 무는
이 봄날

내 안에도 분명
저 늙고 의뭉스런 복사꽃 한 그루 있어
마디마디 관절 우두둑 소리나는 마흔에
내 몸은 점점 열에 들뜨고
가끔은 입술보다 더 붉은 손톱으로
꽃잎처럼 선명히
그대 등을 할퀴기도 하는데

— 박이화, 「내 안의 꽃」 전문

「내 안의 꽃」속엔 천년 묵은 여우가 산다. "바람 난 여자의 음부처럼 팽팽한 / 물오른 암여우 한 마리"가 산다. "천변만화의 둔갑술을 부리며", "앙상한 골격"을 하고 색에 굶주린 "미색"이 산다. 이런 '여우'의 알레고리는 현대시 흐름의 중요한 테제이다. 여우는 시대에 따라 여성성을 은폐하기도 하고, 둔갑을 통해 외설로 드러나기도 한다. 때론 백

개의 꼬리가 달린 백여우로, 때론 남자의 간을 파먹는 불여우로 둔갑한다.「내 안의 꽃」속의 여우는 관능과 외설 사이 어디쯤 색계의 여우다. 이런 은유는 미학과 탐미의 경계까지 그 시적 외연을 확장한다. 이 시의 백미는, 남자가 기꺼이 사정(射精)을 미루며, 아끼며 참아 준 그 절정의 신음에 있다. 청각은 환각을 불러일으키며, 거침없는 여성 화자의 독백을 통해 몸의 해방을 꿈꾼다. 피골의 상접은 여색과 꽃나무의 대비로 절묘하다. "천지간 / 난분분 난분분 꼬리 무는 / 이 봄날", "내 몸은 점점 열에 들뜨고 / 가끔은 입술보다 더 붉은 손톱으로 / 꽃잎처럼 선명히 / 그대 등을 할퀴기도 하는데", 이 표현은 성적 오르가즘의 극치이다. 그리고 꽃나무에 대한 에로틱한 접근은 박이화만의 고유 감각이자 내부 감각에 속한다. "바람난 여자의 음부처럼 팽팽한" 또는 "더 붉고 육색 좋은 꽃", "입술보다 더 붉은 손톱" 등의 이미지가 그렇다. 그러나 "천지간 / 난분분 난분분 꼬리 무는 / 이 봄날" 무엇보다 중요한 것은, "누구라도 단박에 홀려버리는 향기"의 꽃, "저 늙고 의뭉스런 복사꽃 한 그루"가 이미 내 안에 존재하고 있다는 점이다. 성속(聖俗)의 꽃과 마음이야말로, 섹스의 비밀한 은유다.

치마, 혹은 신(神)의 방

　　햇살 가득한 대낮 / 지금 나하고 하고 싶어? / 네가 물었을 때 / 꽃처럼 피어난 / 나의 문자 / "응" // 동그란 해로 너 내 위에 떠있고 / 동그란 달로 나 네 아래 떠있는 / 이 눈부신 언어의 체위 // 오직 심장으로 / 나란히 당도한 / 신의 방 // 너와 네가 만든 / 아름다운 완성 // 해와 달 / 지평선에 함께 떠있는 / 땅 위에 / 제일 평화롭고 뜨거운 대답 / "응" - 문정희, 「응」전문 (시집 『나는 문이다』. 뿔 출판사, 2007)

문정희(1947~, 전남 보성 출생)의 「치마」(시집 『양귀비꽃 머리에 꽂고』, 민음사, 2004)는, 그의 명작 「응」과 함께 에로티시즘의 극단을 보여준다. 그녀는 "페미니즘이라든가, 여성 시라든가 하는 명칭조차 없었던 1970년대 초에" "자신의 독자적인 체험과 자각만으로 한국 여성의 사회적·실존적 조건을 집약적으로 표현한 작품을 선보였"다.(이숭원) 그뿐 아니라 "여성의 몸과 마음에서 생명의 가치를 발견하고 그것을 시로 형상화하는 선구적 작업을 전개했다." 그녀는 "독자적 개성으로 무장한 시의 화신이다. 그렇기에 자신의 몸을 시의 질료로 내세워 자신이 하고 싶은 말을 거침없이 토로한다."(이숭원) 한편 그녀의 작품은 번뜩이는 시의 순간을 기차게 포착한다. 고유한 한국적 감성에 황홀한 성적 관능을 가미한 독창적 메타포를 구축하였다. 시, 「치마」는 여성성의 관능을 철학적 질문으로까지 끌어올린 수작이다.

    벌써 남자들은 그곳에
    심상치 않은 것이 있음을 안다
    치마 속에 확실히 무언가 있기는 있다

    가만두면 사라지는 달을 감추고
    뜨겁게 불어오는 회오리 같은 것
    대리석 두 기둥으로 받쳐 든 신전에
    어쩌면 신이 살고 있을지도 모른다

    그 은밀한 곳에서 일어나는
    흥망의 비밀이 궁금하여
    남자들은 평생 신전 주위를 맴도는 순례자이다

    굳이 아니라면 신의 후손인지도 모른다
    그래서 그들은 자꾸 족보를 확인하고
    후계자를 만들려고 애를 쓴다

치마 속에 확실히 무언가 있다

여자들이 감춘 바다가 있을지도 모른다
참혹하게 아름다운 갯벌이 있고
꿈꾸는 조개들이 살고 있는 바다
한번 들어가면 영원히 죽는
허무한 동굴?

놀라운 것은
그 힘은 벗었을 때 더욱 눈부시다는 것이다.

- 문정희, 「치마」 전문

시 「치마」의 백미는, "치마 속에 확실히 무언가 있기는 있"음을 "남자"에게 살풋 귓뜸한, 화자의 그 음흉한 간교에 있다. 그렇다. 태초의 동굴 속에서부터 "벌써 남자들은 그곳에 / 심상치 않은 것이 있음을" 알아챘다. 확실히 치마 속에는 '몸보다 더 철학적인' 무언가 있기는 있다. "가만두면 사라지는 달을 감추고 / 뜨겁게 불어오는 회오리 같은 것 / 대리석 두 기둥으로 받쳐 든 신전에 / 어쩌면 신이 살고 있을지도 모른다". 그 치마의 신전엔 '신보다 더 아름다운 기막힌 은유'가 살고 있다. 얼마나 많은 "흥망의 비밀이" 치마 속에서 일어났던가. 클레오파트라의 붉은 입술과 양비귀의 치마 속에는, 제국의 흥망이 뒤엉켜있다. 하여, "치마 속에 확실히 무언가 있다 / 여자들이 감춘 바다가" 있고, "참혹하게 아름다운 갯벌이 있고 / 꿈꾸는 조개들이 살고 있는 바다"가 있다. "한번 들어가면 영원히 죽는 / 허무한 동굴?"이 있다. 아흐! "놀라운 것은" 아랫도리를 벗었을 때 더욱 눈부신 신전이 나타난다는 것이다. 문정희의 「치마」는 "여성 지향적인 의식 혹은 남성 중심적인 가부장제 이데올로기에 대항하는 여성주의 담론"을 넘어선, 성(性)의 근원을 사유케 한다. "영원히 여성적인 것이 우리를 구원한다."라고 『파우스트』에서

괴테가 통찰하였듯, 시「치마」속에는, 모든 역사적 알레고리와 바다의 비밀과 '은밀'한 비경이 함께 존재함을, 남자들은 태초부터 직관하였다. "불순한 신성(神聖)으로서 에로티즘"(엄경희,「문정희 시에 내포된 불순한 신성(神聖)으로서 에로티즘」)이 특징적인 이 시는, 신의 처소이자 닫힌 열림으로서 치마의 존재가 더욱 빛나고 아름답다는 사실이다.

팬티, 깊고 오묘한 문(門)

알레고리야말로 '무언가 다른 것을 말하기' 위한 시법 중 가장 교묘하다. 본래의 의미를 숨길 땐 은유보다 더 은유적이며, 전체를 암시할 땐 제유보다 더 제유적이다. 임보(1940~, 전남 순천 출생)의 시「팬티」(월간《우리 詩》6월호, 2009)는 문정희의「치마」에 화답한 탁월한 오마주(hommage)의 시다. 패러디(parody)가 이미 만들어진 작품의 내용이나 형식을 모방하되, 모방에 그치지 않고 그것을 새롭게 변주한 창조적 표현 기법이라면, 오마주는 '영화에서 존경의 표시로 다른 작품의 주요 장면이나 대사를 인용'하는 프랑스어이다. 어느 시대나 인간의 관능적 정욕과 애욕은 예술의 첨예한 관음(觀淫)의 대상이었다. 성행위의 직접적 표현인 포르노그래피와는 구별되지만,「팬티」는 '여성 몸의 훔쳐보기, 혹은 들춰보기'의 전형적인 남성 시선이다.

> 그렇구나
> 여자들의 치마 속에 감춰진
> 대리석 기둥의 그 은밀한 신전
> 남자들은 황홀한 밀교의 광신도들처럼
> 그, 주변을 맴돌며 한평생 참배의 기회를 엿본다.
>
> 여자들이 가꾸는 풍요한 갯벌의 궁전

그 남성 금지구역에 함부로 들어갔다 붙들리면
옷이 다 벗겨진 채로 무릎이 꿇려
천 번의 경배를 해야 한다.

그러나, 그런 곤욕이 무슨 소용이리
때가 되면 목숨을 걸고 모천으로 기어오르는 연어들처럼
남자들도 그들이 태어났던 모천의 성지를 찾아
때가 되면 밤마다 깃발을 세우고 순교를 꿈꾼다.

그러나, 여자들이여. 상상해보라
참배객이 끊긴
닫힌 신전의 문은 얼마나 적막한가!

그 깊고도 오묘한 문을 여는
신비의 열쇠를 남자들이 지녔다는 것이
얼마나 다행스런 일인가!

보라,
그 소중한 열쇠를 혹 잃어버릴까봐
단단히 감싸고 있는 저 탱탱한
남자들의 팬티를!

— 임보, 「팬티_문정희의 '치마'를 읽다가」 전문

세간엔 '시인 임보(본명 강홍기)는 몰라도, 시「팬티」는 다 안다'는 우스갯소리가 나돈다. 그만큼 중년 남자들 사이에「팬티」는 핫hot한 시다. 치마가 간교하다면, 팬티는 음흉하다. 음양 심벌은 서로가 서로에게 전략적이자 기만적이다. 치마가 들춤의 미학이라면, 팬티는 솟음의 시학이다. 관음(觀淫)은 뚫으려는 창과 막으려는 방패로 비유된다. 궁극으로 암수는 서로가 서로에게 관음적이다.

치마가 '은밀한 신전'이라면, 팬티는 "그, 주변을 맴돌며 한평생 참배의 기회을 엿"보는, "황홀한 밀교의 광신도"집단이다. 그렇다. 음양은 하나(一)가 짝을 찾아 둘(二)이 되고, 이 하나와 둘이 교합해 셋(三)을 낳는다. 임보의 「팬티」가 '궁'이라면, 문정희의 「치마」는 '짝'이다. 하여, 남녀는 천생연분이며 '궁짝'이 잘 맞는다. 자식을 낳으면 '궁짝궁', '궁짝짝' 그렇게 살아간다. 시 「치마」와 「팬티」의 행간을 깊이 파고 내려가면, 무의식 속에 은근슬쩍 둘은 야합(夜合)한다. 두 시의 주체는 정반대지만, 주제의 방향은 불협이 아니라 조화로운 남녀의 행복을 추구한다.

문정희의 「치마」도 절경이지만, 임보가 선택한 「팬티」에도 만만찮은 해학이 스며 있다. 남자의 역사란 밤마다 온밀한 치마 속에서 정복된다. "여자들이 가꾸는 풍요한 갯벌의 궁전"은 얼마나 황홀한가. "그러나, 여자들이여. 상상해보라 / 참배객이 끊긴 / 닫힌 신전의 문은 얼마나 적막한가! // 그 깊고도 오묘한 문을 여는 / 신비의 열쇠를 남자들이 지녔다는 것이 / 얼마나 다행스런 일인가!" 오호! 이 연(聯)은 마초이즘의 극치다. '치마 군단'의 수다에 맞선 '팬티 군단'의 맹렬한 자화자찬은 거의 광적이다. 시 「치마」와 「팬티」는 읽는 그 자체만으로도 눈부시지만, 시에 있어 음담패설(淫談悖說)을 풍류의 에로티즘으로, 격조 높게 형상화한 점은 가히 무릎을 칠만 하다. 하여, 한국 사회의 첨예한 페미니즘과 마초이즘의 논쟁은, 섹스의 관점에선 하룻밤 칼로 물 베기다. 이렇듯 치마와 팬티, 즉 음과 양, 성(性)과 성(聖) 사이엔 "깊고도 오묘한 문"의 입구로서 현관이 있다. "현지우현 중묘지문"(玄之又玄 衆妙之門, 『도덕경』1장)이라 했거늘, 현은 온갖 오묘한 세계로 진입하는 관문이며 사이와 경계의 미학이다. 하여 음양과 성성은 서로 스며 있고 대대적(待對的)인 관계에 놓여 있다. 이런 우주의 질서와 원리야말로 자연과 인간의 도가 아니던가. 성이 그렇다.

시집사리 詩集思理
PART + 05

시와 사유·다섯

사랑은 어떤 점에서 진리의 절차procédure de vérité인가? 그것은 진리가 구축되는 경험이고, '둘'에 관한 진리, 차이의 진리이다. 곧 "사랑은 진리 경험"이다. "사랑은 시련을 받아들이고 지속을 약속하고 차이에서 비롯된 세계의 경험을 수용하면서 나름의 방식으로 차이에 관한 새로운 진리를 생산한다." 사랑은 하나가 아닌 둘이 되는 것과 관련된 새로운 진리 경험을 제시한다. 바디우는 사랑의 선언에 주목한다. 사랑에 필수적인 선언인 "사랑한다"라고 말하는 행위는 왜 중요한가? 이는 선언을 통해서 사건의 구조에 등재되기 때문이다. 사랑은 만남이라는 절대적으로 우발적이고 우연한 특성에서 시작된다. "사랑과 우연의 놀이"는 불가피하고, 우연은 특정한 순간에 고정되어야 한다. "우연이 지속성을 출발시켜야 한다." 그러나 순수한 우연이 어떻게 진리를 구축하는 지지대가 될 수 있는가? 예측할 수 없는 돌발적인 것들과 연결된 것이 어떻게 짝지어지고 혼합된 두 삶의 온전한 의미가 되는가? 단순한 만남에서 어떻게 "우리가 둘이라고 해독되는 단일한 세계의 역설"을 향해서 나아가는가?

- 양운덕, 「하나 되기에서 '둘'의 사랑으로: 알랭 바디우의 사랑 철학」,
『사람과 글 人·文』(웹진 民硏-민족문화연구원), 2012년 11월호.

제5장
사랑의 진리와 존재 방식

환상

　사랑은 죽음의 키스보다 더 달콤하다. 환희와 쾌락으로 심장을 뛰게 하는 사랑은 순수와 모순, 갈등과 욕망이 뒤엉킨 불의 언어다. 사랑의 시는 행마다 연마다, 귀를 열라, 가슴을 열라, 영혼을 열라 외친다. 이 세상 가장 불행한 사람은 첫사랑이 없는 자이다. 사랑은 길을 가다가도 느닷없이 온 우주, 온 생명의 힘으로 안겨 온다. 사랑은 '영대(靈臺)'이다. 태초로부터 들려오는 어떤 이의 비밀한 속삭임이다. 사랑은 질투와 광기의 누설이다. 때로는 상처와 용서의 방식으로, 때로는 떨림과 울림의 방식으로 압화 된다. 하여, 사랑은 몸의 공허와 외로움의 절절한 비가(悲歌)로 현시된다. 사랑은 이별의 독주(毒酒)를 마시고 홀로 건넌 망각의 강이다. 추억은 폭력적이고 통증은 아득히 사라지는 휘파람이다. 결코 말할 수 없는 타자, 내밀한 공간의 비밀이다. 하여, 사랑의 문을 열면 거기, 환상의 창이 펼쳐진다. 눈빛은 달콤하나 속내는 간교하다. 사랑은 거짓의 마법이다. 불가능의 가능에 이르는 매혹의 기술이다. 사랑은 시의 불길로 언제나 우리에게 새롭고 '낯설게 하기'이다.

　고대가요 「황조가」에서부터 고려의 「가시리」, 황진이의 「동짓날 기나긴 밤」, 근대시 김소월의 「초혼」에 이르기까지, 사랑은 한국 문학의 중요한 테제이다. 사랑의 패러독스는 '사랑하기에 사랑을 버린다'는 모순의 극치다. 첫사랑의 아픔을 비극적으로 다룬 김기림의 「길」, 백석과 기생 자야와의 애틋한 사랑 이야기가 담긴 「나와 나타샤와 흰 당나귀」, 유치환과 이영도의 플라토닉 러브(Platonic love)가 낳은 「행복」, 제자 여대생과 애정 도피에서 탄생한 박목월의 「이별의 노래」는, 수많은 독자의 가슴을 울린다. 그 밖에도 신비로운 연인의 눈썹을 초승달로 은유한 서정주의 「동천」, 천형(天刑)의 아픔을 애절하게 승화시킨 한하운의 「여인」, 비극적 사랑의 곡조를 천년 바람에 새긴 조지훈의 「석문(石門)」, 사랑에 미쳐 돌이 된 이성복의 「남해 금산」, 불륜을 달빛으로 투사한 문인수의 「간통」의 현장까지, 실로 현대시의 사랑과 이별의 존재 방식은 끝이 없다. 남녀가 서로에게 강렬하게 이끌리는 것은, '아니마(남성의 무의식 속에 내재된 여성적 요소)와 아니무스(여성의 무의식 속에 내재된 남성적 요소)'의 심리적 성향과 요소 때문이다. 하여, 사랑이란 '둘이 만나 서는 게 아니라 홀로 선 둘이가 만나는 것이다'(서정윤 「홀로서기」) 이렇듯, 남녀의 사랑은 서로 다른 하나가 새로운 하나로 승화되는 과정이며, 동시에 둘의 진리가 표출되는 현상이다. 누구나 사랑을 하면 시인이 된다. 아니, 누구나 이별을 하면 철학자가 된다. 질투와 분노, 그 사랑의 틈입에서 시가 싹튼다. 사랑은 이별의 감정 앞에서 언제나 차갑다. 황동규는 「즐거운 편지」에서, '짝사랑은 너무나 간절해 사소한 일처럼 여겨진다'는 놀라운 역설을 발견하였다. 고은의 「가을 편지」는 '모르는 여자'를 빌어 남자가 야누스임을 간파하였다. 현대시 속에서 사랑은 언제나 이율배반적이다. 이수익의 「그리운 악마」는 애첩이야말로 사랑의 묘경임을 설파한다. 하여, 사랑의 명시는 미친 자만이 볼 수 있나 보다. "떠나고 싶은 자 / 떠나게 하고 / 잠들고 싶은 자 / 잠들게 하"라는, 강은교의 「사랑법」은 여전히 유효하다. 그녀에게 사랑은 직유이자 이별은 미완성이다. 김승희는 「장미와 가시」에서 모순이야말로 사랑의 본질임을 암유적으로 드러낸다. 그녀에게 사랑의 고통은 '눈먼' 자의 꽃이자 묘약이다.

이 장에서는 이전 시대의 사랑법과 현대시의 사랑법을 소개한다. '시대에 눌린 비참과 폐허의 비가'를 부르다 홀연히 사라진 기형도의 「빈집」, '부름과 호명의 방식으로 적요에 이른' 허수경의 「혼자 가는 먼 집」, '주체와 객체 사이 부재의 현존'을 노래한 안상학의 「그 사람은 돌아오고 나는 거기 없었네」, '시니피앙과 시니피에' 사이를 오간 이규리의 「많은 물」, '몽환적 화법으로 이국적 정서'를 그려낸 손은주의 「산토리니 씨 위스키 한 잔 할까요?」, '타자의 복화술로 생사의 피안'을 건너간 최백규의 「레드 파라다이스」에 나타난 사랑의 진리와 존재 방식이 그것이다.

주술, 혹은 불길한 예감

> 차라리 나는 내가 철저히 파멸하고 망가져버리는 상태까지 가고 싶었다. 나는 어떤 시에선가 불행하다고 적었다. 일생 몫의 경험을 다했다고. 도대체 무엇이 더 남아 있단 말인가. 누군가 내 정신을 들여다보면 경악할 것이다. 사막이나 황무지, 그 가운데 띄엄띄엄 놓여 있는 물구덩이, 그렇다. 그 구덩이는 어디에서 왔을까. 내가 아직 죽음 쪽으로 가지 않고 죽은 듯이 살아 있는 이유를 그 물구덩이에서 볼 수 있을 것 같았다. - 기형도, 1988년 「짧은 여행의 기록」 중에서.

기형도(1960~1989, 경기도 안성 출생)의 시는 음습하다. 불길한 예감으로 휘몰려오는 검은 먹구름이다. 시대에 눌린 비참과 폐허의 노래다. 현실에 대한 절망과 고뇌가 몸부림친다. 80년대의 음화(陰畫)와 절규를 관통한 스물아홉의 비가(悲歌)다. 하여, 기형도의 "시들이 우리에게 보여주는 것은 육체의 죽음을 견디는 시의 강렬한 내구력이다. 그의 시 내부에서 떠돌고 있는 끊임없는 죽음에의 예감. 우리는 기형도의 시도처에서 그 예감의 색깔로 물든 어느 푸른 저녁의 축축하고 불길한 안개를 만난다. 시인은 이미 그의 시 속에서 충분한 죽음을 살았다. (…) 그러므로 기형도의 언어들은 유예된 죽음의 언어들이다. 죽음에의 예감으로 끝없이 죽음 이후의 삶을 연장해가는 언어. 지금까지 우리 시에서 죽음과 절망을 이처럼 철저하게 자신의 삶으로 끌어안았던, 그리고 그것을 이처럼 매혹적인 언어의 성(城)으로 쌓아올렸던 시인은 없었다. 기형도, 그토록 치명적이고 불길한 매혹, 혹은 질병의 이름."(『기형도 전집』, 1993, 문학과 지성사 표사)은 없었다. 그는 서울 종로 파고다 심야극장에서 뇌졸중으로 숨진 채 발견된다. 만 29세 생일을 엿새 앞두고 닥친 요절이다. 기형도는 예감과 비애로 가득한 슬픈 족속이다. 그의 시는 억압된 사회의 부조리에 눌린 압화이자 자폐적 나르시즘이다. 어두운 시대의 몽유(夢遊)이자 부정(성)의 시학이다. 이런 몽유와 자폐, 부정의 심리적 현실은 기형도에 와서 그로테스크 리얼리즘의 방식으로 독특하게 현출된다. 1989년 《현대시세계》에 첫발표된 「빈집」(유고 시집 『입 속의 검은 잎』, 1989, 문학과지성사)은, 사랑의 상실에 대한 낭만적 비극 시이다. 행과 행 사이의 속도와 긴장미는 압권이다. 이별의 상실을 통해 사랑을 호명하는 격리의 감정은 통절하기까지 하다. 어둠 속에 떠도는 몸 없는 것들의 환(幻)이자 부재를 말한다. 하여, 기형도의 시적 공포는 신경에 눌린 '내면적 자아'의 분출이자, "죽은 듯이 살아 있는 이유"이며, 불길한 예감이다. 딴은 영혼의 불모지이자, 구멍이다. 그 구멍은 "어디에서 왔을까."

사랑을 잃고 나는 쓰네

잘 있거라, 짧았던 밤들아
창밖을 떠돌던 겨울 안개들아
아무것도 모르던 촛불들아, 잘 있거라

공포를 기다리던 흰 종이들아
망설임을 대신하던 눈물들아
잘 있거라, 더 이상 내 것이 아닌 열망들아

장님처럼 나 이제 더듬거리며 문을 잠그네
가엾은 내 사랑 빈집에 갇혔네

― 기형도, 「빈집」 전문

「빈집」은 기형도의 죽음을 예언한 참언(讖言)의 시이다. 그는 지상을 버리고 영원한 천상의 시를 얻었다. 1989년 《현대시세계》에 처음으로 발표된 「빈집」은, 이별의 통증에 대한 낭만적 비극시이다. "문을 잠그네", "빈집에 갇혔네"에서 유추되듯, 그의 시는 언제나 죽음이 서성거린다. 말속에 주술적인 힘이 들었음을 기형도의 시편은 증거한다. 「빈집」은 시인의 예민한 자의식의 불안이 술렁거린다. 이 시는 젊은 날의 좌절과 방황, 원죄에 대한 순결한 고백록이자 참회록이다. "사랑을 잃고 나는 쓰네" 그의 단정적 알레고리는 깊다. 누구에게나 사랑의 상실은 뼈 아픈 법이다. "잘 있거라, 짧았던 밤들아" 요절을 암시한 함의는 무겁다. 사적 서정이 시대적 암울함에 접목되어 우울하다. 사랑의 본질에 대한 화자의 고뇌를 가장 함축적으로 드러낸 시구이다. "창밖을 떠돌던 겨울 안개들"은 사랑과 이별의 과정을 통과한 허무한 풍경이다. 젊음은 안개처럼 몰려와서 홀연히 바람 속에 사라진다. "아무것도 모르던 촛불들아, 잘 있거라" 그렇다. 그 무수한 사랑의 촛불들은 이별의 순간을 알지 못한다. 그래서 화자는 몽매했던 자신의 과거를 성찰과 후회로 번민한다. 기형도의 부정의 시학 속에 촛불의 밝음은 짧다. 사랑 뒤에 남은 이별의 "공포를 기다리던 흰 종이들"은, 화자에게 극도의 환멸을 가져다준다. 그의 시작(詩作) 태도의 경건성과 정신적 염결성은 순결하다. 끝내 "망설임을 대신하던 눈물들"에게 비탄의 노래를 부른다. "더 이상 내 것이 아닌 열망들"은 망설임과 공포를 지나 마침내 무화된다. 화자는 지금껏 겪은 모든 아픈 고뇌를 "장님처럼 나 이제 더듬거리며 문을 잠그네"라고 체념한다. 실존의 외로운 절규는 뼛속을 파고든다. 기형도는 그렇게 「빈집」을 통해 세상과 타협하지 못하고, 사랑의 "빈집에 갇혀" 죽음의 문을 열고 만다. 이승엔 오직 「빈집」 한 채만 남긴 채, 저승으로 새집을 지으러 떠났다.

당신이라는 말, 참 좋지요

허수경(1964~2018, 경남 진주 출생)에게 '적요'는 너머에 이르는 길이며 정신의 공터이다. 고비사막의 모래 폭풍을 뚫는 견인주의자의 참혹한 실존이다. 그녀의 "당신"은 절해의 고독한 섬이다. 은유는 그녀의 슬픔에서 흔들리는 불안이 된다. 조곤조곤 풀어내는 말의 징검다리는, 독특한 무의미의 화법이 된다. 사유의 내면 공간은 숨은 현실의 메타포가 되어 '말줄임표'에 암유된다. "나"와 "당신" 사이의 알레고리는, 유정(有情)이자 무정(無情)이다. 그녀는 끊임없이 사랑과 이별을 '부름'의 방식으로 호명한다. 호명이야말로 '지금, 여기'의 '현대성(modemity)을 가리킨다. 그리움의 공간, 그 너머의 아득함을 지향한다. 문(門)은 추상의 정신을 지나 "눈물"의 모호에 닿는다. 그녀가 보여준 어둠의 뼈와 풍경의 밖은 여전히 "끽끽거"린다. 리듬을 타고 언어를 뛰어넘는 내재율의 다층적 흐름은, 허수경만의 묘법이다. 한 자 한 자 고도로 균제된 형식의 시구는 무너지는 방식으로 일어선다. 죽은 자의 발화법 같기도 하고, 산 자의 웅얼거림 같기도 한 경계는 신이하다 못해 순수하다.

당신……, 당신이라는 말 참 좋지요, 그래서 불러봅니다 킥킥거리며 한때 적요로움의 울음이 있었던 때, 한 슬픔이 문을 닫으면 또 한 슬픔이 문을 여는 것을 이만큼 살아옴의 상처에 기대, 나 킥킥……, 당신을 부릅니다 당신의 손바닥, 은행의 두 갈래 그리고 합침 저 개망초의 시름, 밟힌 풀의 흙으로 돌아감 당신……, 킥킥거리며 세월에 대해 혹은 사랑과 상처, 상처의 몸이 나에게 기대와 저를 부빌 때 당신……, 그대라는 자연의 달과 별……, 킥킥거리며 당신이라고……, 금방 울 것 같은 사내의 아름다움 그 아름다움에 기대 마음의 무덤에 나 벌초하러 진설 음식도 없이 맨 술 한 병 차고 병자처럼, 그러나 치병과 환후는 각각 따로인 것을 킥킥 당신 이쁜 당신……, 당신이라는 말 참 좋지요, 내가 아니라서 끝내 버릴 수 없는, 무를 수도 없는 참혹……, 그러나 킥킥 당신

*진설 : 제사 때, 법식에 따라서 상 위에 음식을 벌여 차림
**치병 : 치료약
***환후 : 상처

- 허수경,「혼자 가는 먼 집」 전문

어쩌면 시는 삶의 뒤쪽을 들여다보고 애써 닦는 일인지 모른다. 허수경의 「혼자 가는 먼 집」(『혼자 가는 먼 집』, 문학과지성사, 1992)은, 사랑한 당신과 이별의 상처가, 시적 화자에겐 참혹한 아픔으로 다가온다. 이 시를 읽고 있으면 '당신'이라는 화법은 비현실적으로 느껴진다. 2인칭으로 사용된 당신은, 꼭 곁에 누가 있는 것처럼 주절주절 혼자 넋두리를 풀어낸다. '집'은 '당신'에게 있어 사랑과 추억이 깃든 곳이자, 상실과 이별이 함께한 슬픔의 공간이다. 집은 인간에게 잠시 쉬고 가는 쉼터이며 죽음의 또 다른 상징이다. 당신은 먼 곳(저승)에 있고 끝내 화자의 상처는 치유 받지 못한다. 사람은 누구나 미래의 무덤 하나씩 갖고 산다. 피해 갈 수 없는 엄혹한 실존이 우리를 한없이 외롭게 한다. 시 속에 보면 "킥킥거리며 한때 적요로움의 울음이 있었던 때, 한 슬픔이 문을 닫으면 또 한 슬픔이 문을 여는 것"이란 구절이 나온다. '킥킥'이란 청각적 시어 사용이 묘음이다. 시 속에 청각적 이미지를 사용하면, 즉각적으로 독자들의 호기심을 증폭시키는 효과가 있다. 울음과 슬픔의 상황에

서 생뚱맞게 '킥킥거린다'는 이완된 시어 사용은 그야말로 낯설기하기(defamiliarization)이다. 그런데 이 낯선 불협화음이 도리어 묘한 매력으로 다가선다. 이 웃음은 아마 웃음도 울음도 아닌, 화자만이 느낀 생의 비극이자 허탈이겠다. 아버지의 죽음으로 인한 시인의 상실감이, 시 속 화자에게 감정 이입돼 보편적 죽음의 의미로까지 심화된다. 당신이 또 다른 신(神)이라면 "당신이라는 말, 참 좋지요".「혼자 가는 먼 집」은 어쩌면, 화자가 영원히 도달할 수 없는 인간의 이상향에 대한 소망처럼 멀다. 인간은 길 위에서 태어나 길 위에서 죽는다. 죽음이 있기에 늘 불안정하다. 누구나 혼자서 삶의 무게를 감당해야 한다. 가족과 친구, 사랑하는 사람, 그 어떤 것도 '나의 부재'를 대신해 줄 수 없지만, 화자는 '당신'을 통해 잠시 위로받는다. 허수경은 "50년대 정서로 현실의 삶을 응시하고 있으며, 통속적 가락으로 밑바닥 인생의 넋두리를 잘 형상화"했다. 그리고 "소위 말하는 '뽕짝' 가락을 지녔으며, 진부하고 청승스런 대중 가락을 훌륭히 시 속에 재생"(이남호)한 성공한 시인이다. 아버지의 죽음 충격으로 92년 독일로 유학을 떠났지만, 2018년 머나먼 타국에서 54세의 아까운 나이로 밤하늘 별이 되었다.

부재의 현존

사랑은 노을을 먹고 자란 바람의 언어다. 쟁강거리는 달빛 소리가 난다. 어스름 깔린 저녁 강가 갈잎의 휘파람 소리가 난다. 이별은 짓물린 추억의 궤적을 혼자 닦는 작업이다. 얼레빗으로 고통스런 흔적의 머리카락을 쓸어올리는 일이다. 너덜거린 가슴을 독주(毒酒)로 붓는 시간이다. 사랑은 아이러니다. 자아를 지우고, 타자를 지우고, 마침내 세계를 지운다. 하여, 사랑의 부재는 이별의 성소이다. 단절과 공허, 연속과 불연속, 끝내 해독 불가능한 시가 된다. 사랑의 명시는 보는 순간 심장이 먼저 안다. 체감한 날 것의 시어야말로, 심연의 통증을 치유할 수 있다. 사랑은 역설이다. '여기와 너머'를 관통한 통점의 행간이다. 사랑은 영감(靈感)과 계시로 응답한 이별의 거리다. 주체와 객체 사이, 나타났다 사라지는 불길이자 환(幻)이다. 그것은 빛과 색, 소리와 향기, 슬픔과 외로움이 스친 통로다. 하여, 사랑의 묘약은 호수에 비친 달빛을 건져 올리는 일이다. 고뇌의 정으로 아픈 기억의 편린을 새기는 작업이다. 안상학(1962~, 경북 안동 출생)의 시, 「그 사람은 돌아오고 나는 거기 없었네」(시집 『그 사람은 돌아오고 나는 거기 없었네』, 실천문학사, 2014)를 읽고 있으면, 시어의 살점은 아프다. 사랑의 통증과 이별의 슬픔은 적막하다. 행간을 거쳐 의미의 계단을 따라가면, 우리 역시 시인처럼, 그때 그 처녀를, 자유를, 그 사람을 노을 속에서 기다렸어야 했다. 붉은 심장에 불이 붙어 한 생(生)이 다 타더라도, 그 언덕 위에서 천년의 바람이 되어야 했다. "그때가 밤이었다면 새벽을 기다렸어야 했"다. "그 시절이 겨울이었다면 봄을 기다렸어야 했"다. 기다림과 그리움의 공간이 티끌처럼 사라질 때까지, 온몸으로 기다려야만 했다.

    그때 나는 그 사람을 기다렸어야 했네
    노루가 고개를 넘어갈 때 잠시 돌아보듯
    꼭 그만큼이라도 거기 서서 기다렸어야 했네
    그때가 밤이었다면 새벽을 기다렸어야 했네
    그 시절이 겨울이었다면 봄을 기다렸어야 했네
    연어를 기다리는 곰처럼
    낙엽이 다 지길 기다려 둥지를 트는 까치처럼
    그 사람이 돌아오기를 기다렸어야 했네

    해가 진다고 서쪽 벌판 너머로 달려가지 말았어야 했네
    새벽이 멀다고 동쪽 강을 건너가지 말았어야 했네
    밤을 기다려 향기를 머금는 연꽃처럼

봄을 기다려 자리를 펴는 민들레처럼
그때 그곳에서 뿌리내린 듯 기다렸어야 했네
어둠 속을 쏘다니지 말았어야 했네
그 사람을 찾아 눈 내리는 들판을
헤매 다니지 말았어야 했네

그 사람이 아침처럼 왔을 때 나는 거기 없었네
그 사람이 봄처럼 돌아왔을 때 나는 거기 없었네
아무리 급해도 내일로 갈 수 없고
아무리 미련이 남아도 어제로 돌아갈 수 없네
시간이 가고 오는 것은 내가 할 수 있는 게 아니었네
계절이 오고 가는 것은 내가 할 수 있는 게 아니었네
그때 나는 거기 서서 그 사람을 기다렸어야 했네

그 사람은 돌아오고 나는 거기 없었네
― 안상학, 「그 사람은 돌아오고 나는 거기 없었네」 전문

   절박한 시가 감동을 낳는다. 체험과 맞물려 사랑의 의미는 팽창한다. 사랑은 이별의 긴 한숨이다. 사랑은 사람의 수만큼이나 복잡계이다. 옮겨붙기만 하면 사랑은 대중에 폭발한다. 천지만물은 사랑과 이별 사이에서 방황한다. 보이는 세계를 통해 보이지 않는 것들을 품는다. 사랑은 고통을 통과한 진실의 메아리와 같다. 새로움의 과잉과 눈물의 범람은 사랑시의 주적이다. 단절과 과장의 극대화는 사랑 시의 장점이자 약점이다. 이별은 침묵하고 사랑이 말할 때 명시가 된다. 안상학의 시, 「그 사람은 돌아오고 나는 거기 없었네」는 억지로 사랑을 구부리지 않았다. 이 시는 어두운 시대의 민중들이 봄(자유)을 기다리는 아픈 사랑의 은유로 읽힌다. 또한 시인의 어두운 내면에 귀 기울인 언어의 목소리와 살점과 뼈는 눈부시다. 행간 깊숙이 파고 들어가 사랑의 허(虛)와 실(實)을 자신만의 독법으로 꿰었다. 이 시는, 시어의 보폭이 매화 꽃잎 속 달

빛 그늘인 양 서늘하다. 안고 뒹굴고 넘어가는 그 행간의 반복과 여운이, 읽는 이의 가슴 속에 저민다. 화자의 어긋난 운명의 애절함은 그래서 비극적이다. 도저히 가질 수 없는 현실 속의 그 처녀는, 시인에겐 한바탕 꿈이요, 돌아서면 사라져버릴 첫사랑의 그림자이다.

하여, 시는 눈물을 먹고 핀 불행한 꽃인지도 모른다. 시인은 밤마다 절망한다. "해가 진다고 서쪽 벌판 너머로 달려가지 말았어야 했네 / 새벽이 멀다고 동쪽 강을 건너가지 말았어야 했네" 그 무엇에 대한 갈구가 애절하다. 행이 끝나도 그 여운은 붉고 어둡고 깊다. 두 연인의 어긋난 시간과 공간의 레일은, 심장을 관통해 시가 된다. "~말아어야 했네" 그 간절한 숙명의 체념은, 오히려 이 시를 슬픈 이별의 노래로 승화시킨다. 불멸의 서정시에는 항용 사랑의 이별, 이별의 사랑이 있다. 밤낮 시마가 들러붙어 고뇌하는 시인은 영원하다. 아무리 그녀를 찾아 눈 내리는 들판을 헤매다녀도, 한 번 잃어버린 처녀는 다시 볼 수 없다. 그것이 시다. "시간이 가고 오는 것은 내가 할 수 있는 게 아니었네 / 계절이 오고 가는 것은 내가 할 수 있는 게 아니었네 / 그때 나는 거기 서서 그 사람을 기다렸어야 했네" — 정말이지, 부재의 방식으로 현존하는 그를 만나기 위해, 나는 거기 그렇게 서서 기다렸어야 했다.

사랑의 환영(幻影)

시는 '억압적 기제와 정제된 언어'의 페르소나이다. 하여, 이규리(1955~, 경북 문경 출생)의 사랑은 묘오하다. 그녀에게 사물은 몸이다. 어떤 성찰을 관통한 언어다. '변(變)과 통(通)'의 시학이다. 몸은 사물의 통로이자, 현실의 직지심경(直指心境)이다. 알레고리는 그녀를 먹는다. 그녀는 '마지막 입술 모양은 시란 말로 보였으면 좋겠어요.'라고 토로한 바가 있다. 그녀는 사물의 귀엣말을 어떻게 알아챘을까. 말하면서도 말하지 않는 그녀의 시는, 매력적인 빗물의 숲이다. 바람의 기미를 알아챈 술렁이는 언어다. 행간의 자작나무 사이로 번지는 모호한 안개다. 그녀에게 몸은 주체와 객체가 공존하는 장소다. 그녀의 시는 가까우면서도 멀고, 멀면서도 가깝다. 시결은 흐르는 뭉게구름의 해체이다. 아니, 그 흰 것에 칠해진 붉은 노을이다. 현대시의 어떤 현란함에도 사뭇 비껴 있다. 사유의 형과 태를 과장하거나 왜곡하지 않는다. 부드러우면서도 강한 내재율은 속수무책이다. 종결형의 어미는, 그녀의 귀를 잡고 조곤조곤하다. 무심한 말투와 응축된 묘사는 음표적이다. 언어의 점과 면, 선과 입체의 다양성을 연주한다. 그녀의 사막은 디스토피아적이다. 불안을 꽉 물고 있는 언어의 어금니는 강하다. 사물의 비극적 페이소스는, 현실의 음화(陰畫)이다. 시니피앙과 시니피에 사이에서, 그녀의 은유는, 잠깐 사라진다. 이규리의 3시집 『최선은 그런 것이에요』는, 타자와의 관계를 '미학의 관점'으로 끌어올린다. 그녀의 시들은 일상을 통해 새로운 깨달음의 세계로 데려간다. 깨달음은 '절제와 균형 감각'에서 오는 현실의 방향등이다. 그녀의 독특한 사랑의 화법은, 원숙한 스킬(skill)을 지나 아트(art)의 세계로 진화 중이다. 「많은 물」을 보자.

비가 차창을 뚫어버릴 듯 퍼붓는다
윈도브러시가 바삐 빗물을 밀어낸다
밀어낸 자리를 다시 밀고 오는 울음
저녁때쯤 길이 통통 불어 있겠다
비가 따닥따닥 떨어질 때마다
젖고, 아프고
결국 다 젖게 하는 사람은
한때 비를 가려주었던 사람이다
삶에 물기를 원했지만 이토록
많은 물은 아니었다
윈도브러시는 물을 흡수하는 게 아니라 밀어내고 있으므로

그 물들은 다시 돌아올 것이다
저렇게 밀려났던 아우성
그리고
아직 건너오지 못한 한사람
이따금 이렇게 퍼붓듯 비 오실 때
남아서 남아서
막무가내가 된다

― 이규리, 「많은 물」 전문

　　이규리의 시는 '표면의 시학'에 부합한다. 이수명의 말처럼 "아이러니하게도 우리가 눈을 가지고 있기에 보지 못하는 표면을 보게 해준다." 보이지 않는 방식을 통해, 보는 방식으로 치고 나온다. 물의 몸을 열어 가능한 자신만의 독특한 사랑법이다. 사물의 구상을 지나 비구상-추상의 미학으로 펼쳐내는 일련의 작업은, 이규리 시학을 이해하는 중요한 요체가 된다. 소재를 새롭게 발견하여 재해석하고, 이를 묘파하는 기법은 탁월하다. 「많은 물」(3시집 『최선은 그런 것이에요』, 문학동네, 2014)은, 형상 미학의 측면에서 보면 독자적 언어 사용 기술이 돋올하다. "결국 다 젖게 하는 사람은 / 한때 비를 가려주었던 사람이다" 행간의 비극과 역설, 아이러니가 이 시에 깊이를 더한다. 「많은 물」의 시적 상황은, 누군가를 좋아했는데, 그 사람은 좋아하면 안 되는 사람이었고, 좋아하면 안 된다고 생각하는 순간에 비극은 최고조에 달한다. 하여, 그것은 "밀어낸 자리를 다시 밀고 오는 울음"이 되고, "젖고, 아프게" 한다. 이규리는 어느 대담에서 시가 태어난 지점에 대해 이렇게 밝힌 바 있다. "어느 날 차를 타고 가는데 비가 굉장히 많이 쏟아졌어요. 윈도브러시가 바삐 움직여야 할 만큼 비는 퍼붓고, 그 사람이 불현듯 보고 싶고, 비는 줄창 내리고, 온갖 상념이 너무 많아 갓길에 급주차를 했어요. 해놓고 보니, 내가 차 안에 있지만, 밖에 퍼붓는 저 비에 흠뻑 젖어있다는 느낌이 든 거죠. '한때는 생각만 해도 나에게 비를 가려주었던 사람인데, 결국 오늘 나를 젖게 한 사람이 되었구나'라는 아픔이 밀려왔죠."
그는「많은 물」에서 그 사람과 비를 동일시한다. 사랑과 이별, 따뜻함과 차가움, 밝음과 어둠, 이런 사물의 양면들을 비극과 일치시킨다. 현실로 은유된 '윈도브러시'는 소재 선택의 압권이다. 결국 화자가 감당할 수밖에 없는 슬픔의 질량을 반복해 밀어내어야만 하는 그것은, 아픔이자 애절한 몸짓이다. 서정시의 극치는 사랑과 이별 사이에 놓인 비극에 있다. 사랑의 갈등은 몸의 통증을 통과해 결국, 아이러니와 역설의 공간을 지나 궁극엔 카타르시스를 낳는다. 모든 비극적 사랑의 결말이 다 그렇진 않지만,「많은 물」의 시적 모티프인 '윈도브러시'와 '빗물', '막무가내가 된 나'와 '건너오지 못한 한 사람'은, 영원히 서로 만날 수 없는 거리 속에 존재한다. 하여, 이규리 시의 전편을 관통하는 지점은, 사랑과 이별로 은유된 '환영(幻影)의 미학'이다.

산토리니, 지중해의 춤선

손은주(1975~, 경북 의성 출생)의 시는 대담한 구성과 실험적 이미지로 인한 낯선 풍경의 돋을새김이다. 그녀의 화법은 이국적이며 현실과 비현실의 경계를 넘나든다. 멈블링(mumbling, 중얼거리는 말소리)과 몽환적인 어투는 매혹적이다. 그녀의 시는 감성적이며 언제나 사랑의 울림과 떨림이 있다. 물결의 행간 속에는 노을의 웃음소리가 수평선에 잠긴다. 그녀의 언어는 꼼지락거리는 발가락이다. 발랄함은 시의 리듬과 묘사를 돋보이게 한다. 서정을 치고 나와 현대시로 접근하는 힘이 강하다. 사랑의 화법은 수채화처럼 밝고 모던(modern)하다. 몽상의 이미지와 비밀한 심리의 사유 전개에는 내러티브가 있다. 하여, 손은주의 언어는, 섬과 섬 사이 이 시대 숨겨진 것들의 은유로 읽힌다. 모호와 난해 사이에서 그녀의 시적 본질은 번뜩인다.「산토리니 씨 위스키 한 잔 할까요?」(시집 『애인을 공짜로 버리는 방법』, 시와사람, 2022)는, 그녀의 독특한 사랑법이다. 푸른 바다 에게해의 아름다운 섬 '산토리니'를 주제로 한 이 시는, 그녀의 밝은 취향을 엿볼 수 있다. 낭만적이자 환타스틱한 이미지가, 지중해의 이국적 풍경 속에서 재구성된다. 시는 자유를 찾아가는 낯선 여행이다. 어떤 것에도 매이지 않고, 오로지 나를 찾는 과정이다. 삶은 오늘 이 순간 여기뿐이다. 누구나 한 번 쯤은 꿈꾼다는 아름다운 섬 '산토리니'를 통해, 그녀는 유토피아를 그린다. 「산토리니 씨 위스키 한 잔 할까요?」라는 제목은, 벌써 우리를 먼 그리스로 데려간다. 기원전 15세기 화산 폭발 당시 모습 그대로 발굴된 산토리니는 지중해의 보물섬이다. 새 둥지처럼 절벽 위에 세워진 '이아마을'과 '피라마을'은, 흰색과 코발트블루의 대비색으로 둘러싸인 동화의 섬이다. 집과 집 사이 미로 같은 골목, 끝없이 펼쳐진 남국의 햇빛과 아득한 수평선, 아슬아슬한 붉은 암벽 위의 카페와 식당은 한 폭의 그림이다. 그곳의 늙은 악사가 연주하는 이국적인 아코디언 소리, 푸른 바다 물속에 무작정 뛰어든 연인들의 비명은 천국 같다. 특히, 산토리니의 위스키와 와인을 마시며, 절벽 성곽에서 바라보는 지중해의 일몰은 아름답다 못해 황홀하기까지 하다. 이런 분위기의 시 「산토리니 씨 위스키 한 잔 할까요?」 전문을 보기로 하자.

> 부겐빌레아 꽃 지는 날,
> 정열은 죽었어요 그리스 에게해의 작은 섬에 갇혔죠
>
> 산토리니 씨 위스키 한 잔 할까요?
>
> 나의 사랑은 어디로 갔을까요
> 당신의 장례식장에선 울지 마세요
> 쪽빛 노을은 파도에서부터 시작되는 걸음마

하얀 수평선이 찰랑거려요
다시 돌아올 거란 말, 거짓말
위스키잔에 살짝 기댄 바람이 말해주더군요

사랑은 사탕이라 불러도 괜찮아요
이응을 빼면 사라가 되겠죠?
그렇다니까요 내 이름이잖아요

상큼한 오렌지 터트리며 우리 만나기로 해요

산토리니 씨 이아마을 색의 향연 보이나요,
지중해 물결은 영원히 죽지 않아요
나지막이 속삭이는 춤선

그러니까
내 안에 이별을 가둔 건 명백한 유기
이제 흩뿌려진 그 섬을 돌려드릴게요

아름다운 해변 선술집에서 만나요
산토리니 씨는 오늘부터 나와 사랑에 빠질 걸요
     - 손은주,「산토리니 씨 위스키 한 잔 할까요?」전문

  초승달처럼 생긴 '산토리니섬'을 "산토리니 씨"로 명명한 이 시에서 "부겐빌레아 꽃"속의 진짜 꽃은 작아 눈에 띄지 않는다. "그리스 에게해의 작은 섬" "산토리니 씨"의 존재 또한 미미하다. 존재하는 것은 이름을 불러 줄 때 홀연히 제 모습을 드러낸다. 세계의 모든 존재는 말이다. 명사 '산토리니 씨'야말로 '섬'이란 언어의 깊이에 인간성을 투영한다. 그리고 그 섬에 신성한 마력을 부여한다. '섬'은 수평의 시간과 수직의 지층을 드러내며 웃는다. 수천 년 단절된 바다와 육지와의 내밀한 말을 거짓말처럼 복원한다. 손은주는 시를 통해 마법처럼 '섬'을 부린다. "산토리니 씨 위스키 한 잔 할까요?" 이 제목은 신기하게도 공감각적이다. 왜 이제야 "나의 사랑"으로 온 거죠라고 되묻는 것처럼 여겨진다. 화산폭발로 묻혔던 "당신의 장례식장"을 빨리 잊어버리라고 위로한다. "쪽빛 노을"이 지중해에서 "걸음마"를 배웠듯, '산토리니 씨'의 인생도 이제는 아름다울 거라고 속삭인다.

"하얀 수평선"이 그렇듯, 물론 "다시 돌아올 거란"사랑의 약속은 "거짓말"이다. "사랑"을 "사탕"으로, 사탕을 "사라"로 유희한 말 부림은 절묘하다. 사라의 여성성이야말로 '산토리니 씨'의 남성성과 함께 멋진 대구(對句)가 된다. 그 두 이름은 "영원히 죽지 않"는 "이아마을"의 흰색과 코발트블루로 찬란히 부활한다. "상큼한 오렌지"를 "터트리며" 손은주의 시 속에서 '산토리니 씨'는 극적으로 살아난다. 하여, 손은주의 사랑법은 "이별"의 또 다른 형식이다. 물론 그 출발점은 '산토리니섬'과 영원히 '상상'속에서 소리 은유로 여행한다.「산토리니 씨 위스키 한 잔 할까요?」를 읽는 또 하나의 방법은 종결형의 '~죠, ~요'의 반복적 리듬에서 오는 매력이다. 이런 화법의 반복은 그녀 시의 행간과 연 사이 압축과 비약을 푸는 중요한 열쇠이다. "지중해 물결은 영원히 죽지 않"는다. 사랑과 사탕 사이, 산토리니는 지중해의 춤선이다.

극채(極彩)와 격절(隔絶)

최백규(1992~, 대구 출생)의 언어는 연대기적 시공간의 휨이다. 그의 시는 시간과 풍경의 상처이며, 사라진 나타남으로서 비극의 메타포다. 그의 시적 기법은 타자의 복화술 내지 실존을 관통한 피안의 거처에 있다. 그의 시는 미완을 추구하며 감정의 내러티브로서 은폐와 반사경, 혹은 주체(타자)의 불확정성에 기인한다. 딴은, 주체의 유령과 불안 심리가 지배적이다. 그런가 하면, 다성성(多聲性)과 환유, 상징과 알레고리의 불연속면을 지니고 있다. 그의 시적 경계는 '보다'와 '죽음' 사이에 있다. 최백규가 갖는 이러한 포즈에는 불편한 진실과 자기류(類)의 인디 indie가 있다. 탁월한 부조(浮彫)의 언어와 균열이 그것이다. 그것은 닫힌 언어의 추상이자 열림의 가능태로서 영화의 장면 분할과 클로즈업에 해당한다. 그리고 시적 리듬은 힙합적이며 자아는 중층의 메타포로, 시적 진술은 일상의 착란과 징후로 이루어져 있다. 전도된 주체와 순수한 파생으로서 그의 언어는 소리와 접(接)한다. '다름'과 '차이'의 발견 내지 부조리의 해체로서 의미와 무의미의 중첩된 영역을 흡수한다. 작품 바깥에서 작품 내부의 의미를 규정하는 경직되고 획일화된 사고에 거부감을 갖는 그의 시는 언어의 해체와 실험의 경계 지점을 찌른다. 자의식이 강한 그의 시는 그 자체로서 전위적이다. 기존 언어 체계를 부정하며 언어와 이미지를 충돌시켜 파열시킨다. 최백규의 상상과 감각은 참신하고 이채를 띤다. 이는 시제를 통해서도 유추가 가능하다. 텍스트의 현관(玄關)에 해당하는 시제는 시의 내용을 전반적으로 규정한다. 데뷔작 「얼룩의 반대」만 하더라도 도로 표지, 즉 '횡단보도'라는 세계, 그 안과 밖을 피아노의 흑백 건반과 대비하면서 상상력의 공간 확대를 꾀한다. 얼룩이 유와 무의 경계와 흔적이라면 그 너머-반대엔 무엇이 있는가? 그가 내심 추구하는 미래시에는 난해와 비약이 주를 이룬다. 그런 만큼 형식과 문체가 파격적이다. 또한 포노사피엔스(phonosapiens)의 언어를 추구하는 미래시는 기술-문명 지향적이며 산문 지향적이다. 최백규의 시어는 카피적이며 그 신경망은 양자역학적이다. 느닷없이 나타났다, 홀연히 사라지는 디지털 기호가 그것. 그럼 여기서 최백규의 시 「레드 파라다이스」를 보자.

    커튼을 치고 음악 소리는 나머지 틈 정도만 키워줘
    너의 손톱은 왜 그렇게 파란 걸까

모든 것이 저물어갈 즈음 우리는 서로 다른 노을 앞에 서 있어
일기예보에서 비가 올 거라 했었지만 모두 다 거짓말이야

시계 초침은 태양이 각도를 뒤집을 동안 겨우 제자리를 움찔거렸지
고장 난 시간만 바라보다 둥근 어제를 떠올렸어
네가 나의 반대편으로 허리를 구부릴 때
피어나는 동그라미의 안쪽
손목 위를 맴돌던 햇볕의 흔적이 지워지면 너의 따뜻함도 잊혀질까
얼어붙은 구름 떼는 아무런 대답도 하지 않을 모양인가 봐

우리는 그저 내일 아침이 올 때까지 우리만의 모닥불을 간직하자
시든 봄마저 꽃을 틔우기 시작했으니까
계절들이 조도를 낮출 때마다 방 안 온도를 체크해야 할 것만 같아
따뜻한 노랑과 뜨거운 빨강의 차이를 알고 있니?

문득, 오후가 너무도 커다랗다는 사실을 이해하는 순간
길 건너 차들도 하루의 끝으로 이어진 주파수를 맞추고 있잖아
오늘의 라디오 기상캐스터는 날짜변경선 근처 어딘가에 영원히 머무르지

이제 머지않아 천장에서 비가 쏟아져 내릴 거야

타오르는 계절이 창틈으로 새어나가는 걸 바라보면서
나는 너의 옆자리에 나란히 누워 붉은 달로 떠올랐어.

— 최백규, 「레드 파라다이스」 전문

「레드 파라다이스」는 언젠가 부산 모텔에서 실제 일어난 여대생 동반자살을 모티브로 하였다. '레드 파라다이스'는 피로, 뜨거운 빨강으로 차고 넘치는 죽음의 천국이다. 존재의 의미를 부재의 끝까지 밀어부침으로서 실존을 성찰케 한다. 이런 유니크한 제목이야말로 얼마나 역설

적인가. 둘은 "커튼을 치고 음악"을 들으며 나란히 누워 지상의 마지막 대화를 나누고 있다. "너의 손톱은 왜 파란 걸까" 멜랑콜리의 극치다. 머지않아 죽어 "서로 다른 노을 앞에 서 있"을 것이다. 세상 밖은 "비가 올 거라 했었지만 모두 다 거짓말이야" 어쩌면 이별은 순간의 영원, 영원의 순간일지 모른다. 하여 나는 "고장 난 시간만 바라보다" 너의 "손목 위를 맴돌던 햇볕의 흔적"에서 자해의 흔적을 발견한다. 사랑은 둘이라는 하나, 즉 죽음의 진리 사건이다. 동성애의 이미지가 겹친다. 과연, 죽도록 사랑하여도 그들에게 "내일 아침이 올"까. 세상의 "일기예보"에서도 암시하지만, 결코 구원의 "비"는 오지 않을 터. 둘은 "계절들이 조도를 낮출 때마다 방 안 온도를 체크"하다, 종내 각자 사라진다. "인류는 사라짐을 발명한 유일한 종(種)이자, 사라짐의 예술"(장 보드리야르, 『사라짐에 대하여』)이다. 아무리 "반대편" "허리를 구부"리며 껴안아도, "따뜻한 노랑과 뜨거운 빨강의 차이를" 사라진 이들은 알지 못한다. 노랑과 빨강은 그 사라짐의 방식으로 나타난 세상의 시선이자 극단적 색채이다. 「레드 파라다이스」는 세계와 대지의 감춤과 드러냄, 아니 불가능한 가능성의 소통이다. 차이의 생성이다. 이를 통해, 고립된 개인과 개인의 절규는 '붉은 천국'으로 변신(翻身)한다. 연민과 냉온 감각 이미지는 최백규 시의 특장이다. "나는 너의 옆자리에 나란히 누워 붉은 달로 떠"오른다. 레드의 파라다이스가 막을 내린다.

시집사리 詩集思理

PART + 06

시와 사유·여섯

우리가 제4의 음성이라 명명한 이 음성-시에서 나타나는 빈도가 가장 적고 가장 멀리까지 울려 퍼지며, 많은 사람들이 가장 잘 들을 수 있고 가장 오래 기억에 남는 음성-은 누구의 음성일까? 그것이 우리들 각자의 내면에 존재하는 무의식의 목소리라 한다면, 혹은 그것이 인류의 목소리라 한다면, 우리는 거의 정확한 해답을 한 셈이다. 융(Jung)이 말한 바와 같이 무의식은 대양(大洋)에 비유될 수 있고, 모든 개인의 의식은 강어귀에 비유될 수 있다. 바다처럼 무의식은 그 자체의 비밀을 드러내는 것을 경계한다. 무의식은 대부분의 시간을 침묵한다. 무의식이 말을 할 때는 우리 모두가 우리 모두에게 말하는 것과 같다. 단어는 도구가 아니라, 가장 숭고한 의미에서 내적인 실재가 외부로 나타나는 증거이다. 소위 시의 네 번째 음성의 출현은 강제할 수 있는 것이 아니다. 확실히 이것은 모든 시인들이 기다리고 있는 음성이다. 그 길고 외로운 시인의 노력과 자기 수련은, 이 음성이 찾아올 때, 시인 자신의 능력과 통찰력의 범위를 넘어서는 언어와 지혜를 표현하는 도구로 삼아달라는 기도에 다름아니다. 거의 인간의 한계를 넘어서는 열망과 운명의 결합만이 이같은 초월적인 묵시를 가능하게 한다.

- 존 홀 휠록(박병희 역주),『시란 무엇인가(What is Poetry)』,
(울산대 출판부, 1996) 중에서

제6장
사투리 시의 맛과 멋

　방언(Dialect, 方言)[1]은 녹립된 체계를 가신 한 언어의 분화체 또는 그 변종으로서 '사투리·지방어·지역어'라고도 한다. 현존하는 문헌 속에서 이 '방언(方言)'이란 말이 처음 등장하는 것은 김부식(1075~1151)의 『삼국사기』(1145)로, 「설총」조에 '(설총이) 방언으로 구경을 읽었다(以方言讀九經)'고 하는 내용이 그것이다. 여기서 방언은 중국의 변방어인 한국어, 즉 신라의 말을 지칭한다. 기원적으로 방언(方言)은 '오방지언(五方之言)'의 준말로서 오방(五方)은 '동방(東方), 서방(西方), 남방(南方), 북방(北方)'의 사방(四方)과 '중방(中方=중앙)'을 합쳐 이르는 말이다. 오늘날의 경우도 이와 유사하게 전국적으로 6개 구역(제주, 중부, 서남, 동남, 서북, 동북)으로 나뉘어진다. 제주도 지역에서 사용되는 제주 방언, 중부 지역에서 사용되는 중부 방언, 전라도 지역에서 사용되는 서남 방언, 경상도 및 강원도 영동 지역에서 사용되는 동남 방언, 평안도 지역에서 사용되는 서북 방언, 함경도 지역에서 사용되는 동북 방언이 그것이다. 특히 지역 방언의 경우 험준한 산맥이나 큰 강, 넓은 삼림(森林), 늪지대, 바다 등의 지리적 장애로, 두 지역 간에 내왕이 불편

---

1) 이하 방언-사투리의 개념과 성격, 갈래에 대해선
　　한국민족문화대백과사전(https://100.daum.net/encyclopedia/view/14XXE0021747) 참조.

할 때 가장 일반적으로 생긴다. 산맥에 인접할수록 투박한 거센소리 현상이 강하며, 부드러운 구릉과 들판은 상대적으로 말의 연음 현상이 두드러진다. 이밖에도 사용자들이 속한 사회적 신분이나 범주가 다른 데에서 비롯한 사회 방언이 있고, 사용자들이 사는 시간적 영역이 다른 데에서 비롯한 시간 방언이 있지만, 지역 방언만큼 두드러진 게 아니어서 이 글에서는 지역 방언을 위주로 한다.

한국문학에서 특히, 사투리를 활용한 시는 현대에 와서도 여전히 독자들의 많은 사랑을 받고 있다. 그것은 타향살이에서 느끼는 고향과 향어(鄕語)에서 오는 정서적인 친밀감과 동류의식일 것이다. 사투리는 태중에서 어머니에게 들은 말이란 뜻으로 '탯말'이라고도 부르며, 이후로도 새롭게 되살려야 할 모국어의 화신이다. 현대시사에서 방언 활용은 소월과 백석의 서북 방언, 김영랑과 서정주의 서남 방언, 이정록의 중부 방언, 김광협의 제주 방언, 박목월, 상희구의 동남 방언 등 풍부하다. 사투리는 우선 맛깔스럽고 말 중에서 가장 원초적이고 자유롭다. 이는 수천 년 그 지형과 기후에 따라 몸과 마음으로 체득한 신체의 언어이자 영혼의 언어다. 한 편의 시에서 사투리를 잘만 활용하면 사물 간의 미세한 감각의 차이를 섬세하게 표현할 수 있다. 특히 의성어와 의태어의 사용은 행간의 움직임과 동작에 따른 오묘한 느낌과 감칠맛이 있다. 사람과 사물의 상태와 소리를 구체적으로 드러냄으로써 생동감을 부여한다. 특히 의태어는 용언의 어근에 특별한 접미사가 결합된 상태인데, 이 경우 접미사는 시에서 아주 다채롭게 활용되며, 일부는 새로운 음운이 첨가되거나 탈락하기도 한다. 의성어 또한 소리를 현전하게 한다.

고도한 감각과 상징성을 띠는 사투리와 달리, 표준어는 사투리와 사투리 시의 어조와 속도, 고저와 음색, 장단과 강약 등의 고유한 말맛을 살려낼 수 없다. 아닌게 아니라, 어떤 표준어로도 전라도 사투리의 자리토씨·이음토시·도움토씨의 어조를 흉내 낼 수가 없다. 웅숭깊은 남도 사투리의 해학과 중의적 화법은 얼마나 해학적이고 얼마나 절묘한

가. "어따, 거시기, 오메, 허벌나게, ~잉!, ~당께, ~허제"라든가, "내가 어제 거시기랑 거시기 하다가 거시기한테 거시기 했는데 거시기 해브렀다."에서 '거시기'의 그 종잡을 수 없는 속뜻은, 행간의 느낌을 얼마나 깊게 하는지 모른다. 그런가 하면, "왐마, 오메, 어찌아스까나, 근디"의 감탄사라든가, "안녕하셨지라? 어디 아프당가? 고맙고만잉, 어따 징하게 반갑소잉~, 으메 좋은겨, 니미럴, 이거 우짠다유, 모라고라? 아따 껄떡대지 마쇼…" 등등, 남도 특유의 해학적인 말은 태초의 무슨 비밀이나 기호 같다는 생각마저 든다. 만약 통일이 되어 우리나라 전역의 방언이 모두 사라지고, 한 가지 표준어로만 통용되면 이는 생각만 해도 끔찍한 일이다. '문법적 직관'이란 말이 있다. "보국어 화사는 어려서부터 모국어를 읽히는 과정에서 이미 문법을 내재화했기 때문에 문법을 따로 배우지 않더라도 자유자재로 모국어를 구사할 수" 있다. 이는 거의 본능적이다. 사투리 또한 그 지역의 자연과 기후, 음식 여하에 따라 독자적으로 형성된다. 사투리야말로 규격화된 인간의 사고와 방법을 다양하게 하며 유머러스한 삶을 가능하게 한다. 공통의 방언 사용자들의 기억과 감정을 이내 소환한다. 그리고 사투리야말로 기원의 말이자 참된 말이다. 한 민족의 정신과 문화는 모국어 속에 다 녹아있다.

이 글에서는 백석의 「여우난곬족」(시집 『멧새 소리』, 미래사, 1991), 박목월의 「이별가」(『박목월 시전집』, 서문당, 1984), 상희구의 「두 손으로 부욱 찢어서 묶는 짐장뱁추짐치 잎사구 맛」, 김용택의 「마른 장작」, 서안나의 「동백아가씨」, 이정록의 「참 빨랐지 그 양반」을 중심으로 사투리 시의 고유한 멋과 맛, 그리고 방언의 미학을 감상해 본다.

서북 방언: 백석, 「여우난곬족」

일제 강점기에서 백석(본명 백기행. 1912~1996, 평안북도 정주 출생)의 시는, 전통적인 소재로 자연과 역사를 주제로 한 공동체의 삶을 노래하였다. 그의 서북 방언은 내러티브한 방식으로 신화와 현실을 가로지르며 감각적 이미지와 함께 서정성을 확보한다. 이용악이 식민지 유랑민의 비애와 실향 의식을 파고들었다면, 백석은 유년기의 추억을 토대로 북방의 풍속, 민속을 재발견하였다. 오산고보 출신의 선배 시인 김소월을 가장 흠모한 백석은, 해금(解禁) 시인으로는 사랑과 존경을 가장 크게 받았다. 소월의 절절한 민요조와 설화를 흡수하여, 그는 멀고 아득한 북방 정서를 차원 높은 민족예술로 승화시켰다. 담담하고 진솔한 고백체의 어조를 통해 삶에 대한 성찰과 극복 의지를 드러낸 「남신의주 유동 박시봉방(南新義州 柳洞 朴時逢方)」, 기생 자야와의 슬픈 사랑 이야기를 담은 「나와 나타샤와 흰 당나귀」, 모닥불에 서린 나라 잃은 민족의 슬픈 역사를 탁월하게 그려낸 「모닥불」등, 수많은 명시를 낳았다. 특히 「여우난골족(族)」은 북방 정서를 대표하는 시로 꼽힌다.

   명절날 나는 엄매 아배 따라 우리 집 개는 나를 따라 진할머니 진할아버지가 있는 큰집으로 가면

   얼굴에 별자국이 솜솜 난 말수와 같이 눈도 껌벅거리는 하루에 베 한 필을 짠다는 벌 하나 건넛집엔 복숭아나무가 많은 신리(新里) 고무 고무의 딸 이녀(李女) 작은 이녀(李女)
   열여섯에 사십이 넘은 홀아비의 후처가 된 포족족하니 성이 잘 나는 살빛이 매감탕 같은 입술과 젖꼭지는 더 까만 예수쟁이 마을 가까이 사는 토산(土山) 고무 고무의 딸 승녀(承女) 아들 승동이
   육십리라고 해서 파랗게 뵈이는 산을 넘어 있다는 해변에서 과부가 된 코끝이 빨간 언제나 흰옷이 정하던 말끝에 설게 눈물을 짤 때가 많은 큰골 고무 고무의 딸 홍녀(洪女) 아들 홍동이 작은 홍동이
   배나무접을 잘하는 주정을 하면 토방돌을 뽑는 오리치를 잘 놓는 먼섬에 반디젓 담그러 가기를 좋아하는 삼촌 삼촌엄매 사춘누이 사춘동생들

이 그득히들 할머니 할아버지가 있는 안간에들 모여서 방안에서는 새 옷의 내음새가 나고
　　또 인절미 송구떡 콩가루차떡의 내음새도 나고 끼 때의 두부와 콩나물과 볶은 잔디와 고사리와 도야지비게는 모두 선득선득하니 찬 것들이다
　　저녁술을 놓은 아이들은 외양간섶 밭마당에 달린 배나무동산에서 쥐잡이를 하고 숨굴막질을 하고 꼬리잡이를 하고 가마 타고 시집가는 놀음 말 타고 장가가는 놀음을 하고 이렇게 밤이 어둡도록 북적하니 논다
　　밤이 깊어가는 집안엔 엄매는 엄매들끼리 아르간에서들 웃고 이야기하고 아이들은 아이들끼리 웃간 한 방을 잡고 조아질하고 쌈방이 굴리고 바리깨 돌림히고 호박떼기하고 제비손이구손이하고 이렇게 화디의 사기방등에 심지를 몇 번이나 돋구고 홍게닭이 몇 번이나 울어서 졸음이 오면 아릇목싸움 자리싸움을 하며 히드득거리다 잠이 든다 그래서는 문창에 텅납새의 그림자가 치는 아침 시누이 동세들이 욱적하니 흥성거리는 부엌으로 샛문틈으로 장지문으로 무이징게국을 끓이는 맛있는 내음새가 올라오도록 잔다

　　　　　　　　　　　　　　　　　　- 백석, 「여우난골족(族)」 전문

「여우난골족(族)」은 친족간의 인정과 풍속이 자연스럽게 행간에 스며들어 있다. 부모를 따라서, 친할아버지 친할머니가 계신 큰집에서 맞은 명절날 이야기는, 과거 회상의 시점에서 그려져 있다. 어린아이의 관찰자적 시각으로 묘사된 이 시는, 일가친척들의 정겹고 풍성한 이미지가 생생하게 제시되어 있다. "이 시는 다섯 개의 장면에 대한 장황한 진술이 모여서 한 편의 시를 형성하고 있는데, 시의 초점은 서사적인 전개 과정에 놓여 있는 게 아니라 각 장황한 진술이 환기하는 의미와 정서에 맞춰져 있다. 이는 곧 판소리사설이 지닌 엮음의 표현 형식과 미학"(고형진, 『백석시 바로 읽기』, 현대문학, 2006)에 해당한다. 그리고 여우가 나왔다 하여 붙여진 「여우난골족(族)」은, 일가친척이 모여 사는 정겨운 산골동네다. 인물의 외모와 성격이 실감 나게 묘사된 점은 "매감탕 같은 입술"의 "토산 고모 고모의 딸 승녀(承女) 아들 승동이"에서 보듯이,

리듬감마저 느껴져 이채를 띤다. 뿐만아니라, 동일한 언어의 반복을 통한 말잇기 방식은 어느모로 전통과 습속의 계승이란 측면을 환기한다. 그리고 백석 시의 중요한 특징 가운데 하나는 토속 음식에 대한 공감각적 묘사다. "인절미 송구떡 콩가루차떡의 내음새"도 좋지만, 명절날 "문창에 텅납새의 그림자가 치는 아침 시누이 동세들이 욱적하니 흥성거리는 부엌으로 샛문틈으로 장지문으로 무이징게국을 끓이는 맛있는 내음새가 올라"오는 방안의 정경은, 마치 풍속화를 보는 듯 너무나 정겹다. 식구(食口)란 말 그대로 밥을 함께 먹는 사람을 일컫는다. 음식의 "맛은 육신과 정서에 사무친다. 다 함께 먹을 때는 생활이고, 무엇을 먹고 싶을 때 얼굴이 떠오르면 그리움이다. 맛은 관념이나 추상이 아니고, 먹는다는 것은 삶과의 맞대면이다. 맛은 삶에 대한 직접성이다. 맛은 설명되지 않고, 다만 맛볼 수 있을 뿐이다."(김훈, 소래섭의 『백석의 맛』 표4) 한 연구자(소래섭)에 의하면, "지금까지 알려진 백석 시 100여 편 가운데 음식이 나오는 시는 60여 편에 이르며, 등장하는 음식의 가짓수는 110여 종에 달한다. 배척한, 비릿한, 구릿한, 달콤한, 시큼털털한 등 맛을 표현하는 형용사도 23회나 나온다. 백석으로 인해 비로소 음식은 우리 시에서 중요한 주제가 되었으며, 맛을 즐기는 단순한 경험에 사유의 깊이를 더"했다.(소래섭 『백석의 맛』, 2009, 프로네시스) 백석은 일제 식민지 치하의 잃어져 가는 민족의 원형 정서를, 풍속과 음식을 매개로 하여 사실적으로 묘파하고 있다. 그런가 하면, 그가 구사한 서북 방언은 1930년대 유랑민의 서러움과 조국을 잃은 사람들에게도 애잔한 향수를 자아내며, 토속적이고 민속적 분위기를 조성함으로써, 백석 특유의 공동체적 서사가 효과적으로 드러나 있다.

동남 방언: 박목월, 「이별가」

박목월(박영종. 1916~1978, 경주 출생)은, 정지용으로부터 '북의 소월, 남의 목월'이라는 찬사를 받았다. 아호 '목월(木月)'은 '나무에 걸린 달'이라는 뜻으로, 그가 평소 존경하던 수주 변영로의 아호 중에 수(樹)자에 포함된 목(木)과 소월에게서 월(月)을 따왔다고 한다. 초기 그의 시는 『청록집』(박목월, 박두진, 조지훈 3인 공저)에서 주옥같은 명시를 선보였다. 한 폭의 진경산수화를 보는 듯 세련된 감각과 언어 율조는 탁월하다. 특히 「나그네」는 7·5조 3음보의 율격을 구사해 율문의 격조(格調)를 더한다. 시적 여백과 함축적 표현을 통해 나그네의 유유자적함을 드러내고, 구름에 따라 흘러가는 달의 움직임에 빗대어 한 폭의 수묵화처럼 그리고 있다. 목월의 출세작 「하관」은, 죽은 아우를 땅에 묻는 형의 절절한 심경을 형상화하였다. 그는 시작(詩作)에서 정신적, 정서적 염결성과 명징성, 신라 정신의 탐색과 서정의 미학을 추구했으며, 그 결과 한국 전통 서정시의 일가를 이루고 있다.

그런가 하면, 중 후기의 시집 『경상도의 가랑잎』(1968, 민중서관)은, 사투리가 어떻게 한 편의 시 속에서 향토적 정감을 불러일으키며, 마음 속 깊은 곳에 온전히 스며들게 하는지를 밀도 높게 그렸다. 「만술 아비의 축문」, 「기계 장날」, 「도포 한 자락」, 「영탄조」등은, 경주 지방의 토속어를 구사해 사투리 시의 새로운 경지를 개척하였다. 특히 「이별가」는 경상도 억양과 특유의 강세가 행간에 고스란히 살아 숨 쉬고 있다.

뭐락카노, 저편 강기슭에서
니 뭐락카노, 바람에 불려서

이승 아니믄 저승으로 떠나는 뱃머리에서
나의 목소리도 바람에 날려서

뭐락카노, 뭐락카노
썩어서 동아 밧줄은 삭아 내리는데

하직을 말자 하직 말자
인연은 갈밭을 건너는 바람

뭐락카노 뭐락카노 뭐락카노
니 흰 옷자라기만 펄럭거리고……

오냐. 오냐. 오냐.
이승 아니믄 저승에서라도……

이승 아니믄 저승에서라도
인연은 갈밭을 건너는 바람

뭐락카노, 저편 강기슭에서
니 음성은 바람에 불려서

오냐. 오냐. 오냐.
나의 목소리도 바람에 날려서.

– 박목월, 「이별가」 전문

시 「이별가」는 「공무도하가」, 「정읍사」, 「가시리」, 「진달래꽃」으로 연결되는 비극적 정한(情恨)의 시다. 이승과 저승의 단절과 이음을 상징하는 '강'을 통해, 산 자와 죽은 자 사이의 심리적 거리를 드러낸다. 죽어 가면서도 사(死)의 비밀을 생의 한 부분으로 이어놓으려는 한국인 특유의 내세관을 엿볼 수 있다. 「이별가」의 백미는 "뭐락카노 뭐락카노 뭐락카노 / 니 흰 옷자락만 펄럭 거리고 / … // 오냐. 오냐. 오냐. / 이승 아니믄 저승에서라도 / 인연은 갈밭을 건너는 바람"일 것이다. 물은 시적 공간에서 죽음과 재생의 장소로 이미지화된다. 생사의 고통인 차안(此岸)을 건너, 해탈의 피안(彼岸)으로 가는 불교사상이 시의 기저에 깔려 있다. 산 자의 혼을 부르는 초혼의식은 애절하다. "오냐. 오냐. 오냐." 그

거듭된 반복과 체념은, 죽은 자를 향한 목월의 연민과 공감이 잘 드러나 있다. 그리운 이와의 이별을 노래하고 있는 이 시에서 반복과 점층의 기법은, 사랑하는 사람과 끝내 재회할 수 없는 허무의 극단을 효과적으로 나타낸다. 인생의 영고성쇠가 산 자와 죽은 자의 보이지 않는 "목소리"와 바람을 통해 "인연의 갈밭을 건너" 허허롭게 들려온다. 그랬을 때, "뭐락카노 뭐락카노 뭐락카노"란 방언의 되풀이는 형제간의 투박한 정감의 표현이자, 주술적인 방언이다. 나아가 생사에 대한 물음과 물음의 연속이다. 바람에 휜 옷자락이 펄럭이듯, 목월의 시는 언제나 허허롭다.

한편 상희구(1942~, 대구 출생)의 「두 손으로 부욱 찢어서 묵는 짐장 뱁추짐치 잎사구 맛」(3시집 『노곡동 징검다리』, 오성문화, 2014)은, 경상도 사투리 시가 갖는 미감에 닿아있다. 현대 사회에 사투리 시를 쓴다는 것은, 어쩌면 시대착오적일 수 있겠으나, 모국어의 다양성 측면에서는 오히려 신선하게 다가온다. 표준말이 사회 전반을 점령한 지가 오래 되었지만, 최근 몇 년 사이 상희구가 보여준 경상도 사투리 시집은 괄목할 만한 작업이다. 시 「딸구비」에서도 유감없이 보여주었지만, 그의 사투리 시어의 토속성은 맛깔스럽다. 소낙비의 청각적 느낌과 비 갠 후의 파란 하늘의 시각적 분위기는, 감각과 동정(動靜)의 대비, 그리고 생동감을 준다. 반면, 그의 시 「두 손으로 부욱 찢어서 묵는 짐장뱁추짐치 잎사구 맛」은 사투리로 된 음식 맛의 미각이 도드라져 있다.

    묻어논 짐장독 하나를 새로 헐었다고
    동네 아낙, 대여섯이 대청마리 양지 쪼오에
    오복히 모있다
    모락모락 짐이 나는 방굼 해낸
    따신 보리밥이 한 양푸이
    허슬허슬한 보리밥을

누리끼리한 놋숟깔에다가
북태산겉치 퍼담고는
온통 군둥내가 등청을 하는
질쭉한 묵은 짐장뱁추짐치 한 잎사구를
두 손으로 부욱 찢어서
똥구락키 따배이로 틀어
보리밥우에다가 얹고는
뿔때기가 오볼티이걸치
미어터지두룩 아죽아죽 씹는데
그 맛이랑 기이
얼매나 기가 차던지
내사마 이때 망쿰은
사우가 꽃가매로
태야준다 캐도 싫더라
　　- 상희구, 「두 손으로 부욱 찢어서 묵는 짐장뱁추짐치 잎사구 맛」 전문

＊북태산: 北泰山. 중국의 높은 산.
＊따배이: 여인들이 물동이 같은 것을 머리에 일 때 머리가 짓눌리지 않게 머리와 물동이 사이에 짚 같은 것을 동그랗게 엮어 끼워넣었다.

　시 「두 손으로 부욱 찢어서 묵는 짐장뱁추짐치 잎사구 맛」을 읽으면, 음식이야말로 그 고장 사투리와 찰떡궁합 같다는 생각이 든다. 특히 "질쭉한 묵은 짐장뱁추짐치 한 잎사구를 / 두 손으로 부욱 찢어서 / 똥구락키 따배이로 틀어 / 보리밥우에다가 얹고는 / 뿔때기가 오볼티이걸치 / 미어터지두룩 아죽아죽 씹는"이 재미나는 표현은, 말이 팔딱팔딱 살아움직인다. 사투리는 우리말의 정감과 뿌리가 가장 잘 스며있으며, 비유와 과장, 메타포가 깔려 있다. 특히 경상도 사투리는 정(情)이 듬뿍 담긴 말맛이 좋다. 상희구의 「두 손으로 부욱 찢어서 묵는 짐장뱁추짐치 잎사구 맛」은 90%가 사투리어로 구성되어 있다. 이 시는 우스꽝스런 행동

묘사로 시의 해학을 촉발하며, 꾸밈없고 소박한 정경이 장점이다. 김장 담근 날, 온 동네 아낙들이 한데 모여 음식 잔치를 벌린 장면을, 극사실적으로 묘사하였다. "따배이"란 여인들이 물동이 같은 것을 머리에 일 때, 머리가 짓눌리지 않게 머리와 물동이 사이에 짚 같은 것을 동그랗게 엮어 끼워 넣은 걸 가리킨다. 이마에 물이라도 떨어지면 혓바닥으로 핥아먹으며, 골목길로 간동간동 걸어가던 옛날 여인들이 눈에 삼삼하다. "볼때기가 오볼티이겉치 미어터지두룩" 할 때 '오볼티이'는, 간난 아기 뺨에 젖살이 붙은 복스런 모습이다. 상희구는 사투리 시집을 쓰기 위해서 태어났다 해도 과언이 아니다. 국어학자들까지도 그의 업적을 놀라워한다. 사전에 등재되지 않은 경상도 방언이 그의 열권의 시집에서 천방지축 뛰어노는다. 상희구 『방언시어사전』도 곧 나올 예정이라고 하니, 어떤 면에서는 대구 방언뿐만 아니라, 한국어문학 연구에 획기적인 자료가 되지 않을까 싶다. 그에게 "왜 사투리인가'라고 전에 물어본 적이 있다. 그는 사투리야말로 모국어의 미래이며, 들꽃이 예쁜 것은 온갖 다양한 모양의 꽃이 피어 있기 때문이라 한다. 아닌게아니라, 만약 들꽃이 한 종류라면, 얼마나 산천과 자연 풍경이 지겹겠는가. 표준어만 남은 우리나라를 상상만 해도 아찔하다. 방언의 미학을 추구하는 그에게 아름다운 것은 개성적이고, 개성적인 것은 조화의 다른 이름이다.

서남 방언: 김용택, 「마른 장작」

한때 나는 연애시의 절창인 김용택(1948~, 전북 임실 출생)의 「그 여자네 집」(시집 『그 여자네 집』, 창작과비평, 1998)에 푹 빠져 살았다. 그 시를 읽은 다음 날부터 "살구꽃이 피는 집"을 예사로 지나치지 않았다. 혹여, "살구꽃 떨어지는 살구나무 아래로 / 물을 길어오는 그 여자"가 나올 것만 같아, "꽃잎이 하얗게 담 너머까지 날리는 집"을 기웃거리곤 하였다. 참으로 「그 여자네 집」은 오랫동안 내 흉금을 파고들었다. 그때까지 읽은 사랑시 중에서 가장 유장하였고 애틋한 여운을 남겼다. 무엇보다 내가 「그 여자네 집」에서 가장 좋아한 시구는 전라도 사투리의 탄사('하따')와 여운('-이이')이 느껴지는 부분이다. "하따, 눈이 참말로 이쁘게도 온다이이"에서 "하따"와 "— 온다이이"의 뉘앙스는, 젊은 내 감성의 갈피를 마구 흔들어 놓았다. 처녀와 흰 눈송이와의 조응도 그렇거니와, 근원적인 설렘을 환기하는 아름다운 행간이 있었다. 나는 그때 전라도 사투리 말의 곡선과 첫사랑의 향기가 이렇게도 아프고 고울 수가 있을까, 하고 속엣말을 하였다. 「그 여자네 집」은 모국어의 원형질 같은, 잠재의식 속에 내재한 그 어떤 사랑의 영원성을 일깨운다. 이처럼 시인의 첫사랑의 기억은 수채화처럼 곱게 번져, "물을 길어오는 그 여자 물동이 속에"서 살구 꽃잎으로 떨어져 파문(波紋)지고 있었다.

그 후, 김용택의 시 「마른 장작」(시집 『그래서 당신』, 문학동네, 2006)을 접한 후 또 한 번, 전라도 사투리 시의 매력에 푹 빠졌다. 어쩌면 사투리는 마음의 둥지이며 칼 융(스위스 정신과 의사. 1875~1961)이 꿰뚫어 본 인간 집단무의식 세계가 만든 상징어일지도 모른다. 사라져야 할 변방어가 아니라, 원형 심성에 가장 가까운 현대시의 이미지 보고(寶庫)이다. 빠르고 복잡다단한 현대인의 삶에 좀더 웃음과 마음의 여유를 제공하고 영혼을 치유하며 느림의 미학을 지향하는 게 사투리이다. 그런 사투리 시 「마른 장작」은 토박이말의 결과 감성이 아주 잘 직조되어 있다.

비 올랑가
비 오고 나먼 단풍은 더 고울 턴디
산은 내 맘같이 바작바작 달아오를 턴디
큰일났네

내 맘 같아서는 시방 차라리 얼릉 잎 다 져부렀으면 꼭 좋겄는디
그래야 네 맘도 내 맘도 진정될 턴디
시방 저 단풍 보고는
가만히는 못 있겄는디
아, 이 맘이 시방 내 맘이 아니여!
시방 이 맘이 내 맘이 아니랑게!
거시기 뭐시냐
저 단풍나무 아래
나도 오만 가지 색으로 물들어갖고는
그리갖고는 그냥 뭐시냐 거시기 그리갖고는 그냥
확 타불고 싶당께
너를 생각하는 내 맘은 시방 짧은 가을빛에 바짝 마른 장작개비 같당게
나는 시방 바짝 마른 장작이여! 장작

― 김용택, 「마른 장작」 전문

"아, 이 맘이 시방 내 맘이 아니여! / 시방 이 맘이 내 맘이 아니랑게!" 팬시리 김용택의 「마른 장작」을 읽어 설랑, 이 가을밤 내 맘이 뻠허다. 아니, "거시기 뭐시냐 / 나도 오만 가지 색으로 물들어갖고는 / 그리갖고는 그냥 뭐시냐 거시기 그리갖고는 그냥 / 확 타불고 싶당게". 정말로 그러고 싶당게. "비 오고 나면 단풍은 더 고울 턴디 / 산은 내 맘같이 바작바작 달아오를 턴디". 하필, 그 여시를 만난 날 「마른 장작」에 꽂혀 설랑, 몸달아 "가만히는 못 있겄는디" 확 타불고 싶당게. "너를 생각하는 내 맘은 시방 짧은 가을빛에 바짝 마른 장작개비 같당게 / 나는 시방 바짝 마른 장작이여! 장작". 절창도 이쯤 되면, 거시기 있잖헌가? 거뭐시냐, 전라도 말로 '허따, 시가 기똥차부러!'. 그렇다. 김용택의 「마른 장작」은, 전라도 사투리가 갖는 종결형의 맛이 겁나게 빵빵허다. '― 랑가', '― 턴디', '― 랑게' 그리고 '거시기, 거 뭐시냐?' 등에 나타난 말의 종결형 어미와 추임새, 리듬감은 허벌나게 좋당께로. 방언의 멋과 맛이

한결 돋보이는 사랑의 절창이다.

  다음은 계간 《시와문화》 여름호(2007)에 실려, 전라도 사투리의 새장을 연 서안나(1965~, 제주 출생)의 「동백 아가씨」를 감상해 보자. 이 시는 여인의 흉중에 애증이 교차할 때, 어떤 방식으로 터져 나오는지를 질펀하게 그리고 있다. 특히, 우울한 여자에게 노래가 주는 위안이 얼마나 큰지를 잘 증거 한다.

    야야 장사이기 노래 쪼까 틀어 봐라이
    그이가 목청하나는 타고난 넘이지라
    동백 아가씨 틀어불면
    농협 빚도 니 애비 오입질도 암 것도 아니여
    뻘건 동백꽃 후두둑 떨어지듯
    참지름 맹키로 용서가 되불지이

    백 여시 같은 그 가시내도
    행님 행님 하믄서 앵겨붙으면
    가끔은 이뻐보여 야
    남정네 맘 한쪽은 내뻴 줄 알게 되면
    세상 읽을 줄 알게 되는 거시구만
    평생 농사지어 봐야
    남는 건 주름허고 빚이제
    비 오면 장땡이고
    햇빛 나믄 감사해부러
    곡식 알맹이서 땀 냄새가 나불지
    우리사 땅 파먹고 사는 무지랭이들잉께
    땅은 절대 사람 버리고 떠나질 않제
    암만 서방보다 낫제

장사이기 그놈 쪼까 틀어보소
사는 거시 벨 것이간디
저기 떨어지는 동백 좀 보소
내 가심이 다 붉어져야

시방 애비도 몰라보는 낮술 한잔 하고 있소
서방도 부처도 다 잊어불라요
야야 장사이기 크게 틀어봐라이
장사이기가 오늘은 내 서방이여

— 서안나, 「동백 아가씨」 전문

어떤 시 낭송 무대에서 서안나의 「동백 아가씨」를 듣는 순간, 나는 홀딱 반해 버렸다. 그곳에 온 관객 중에 반하지 아니한 얼굴이 없었다. 아름다운 영상과 배경음악, 질펀한 전라도 사투리의 그 고저장단과 음색은 가히 환상적이었다. 사투리 시야말로 말의 가장 원초적인 이름들을 불러내는 주술이었다.

"야야 장사이기 노래 쪼까 틀어 봐라이 / 그이가 목청하나는 타고난 넘이지라 / 동백 아가씨 틀어불면 / 농협 빚도 니 애비 오입질도 암 것도 아니여 / 뻘건 동백꽃 후두둑 떨어지듯 / 참지름 맹키로 용서가 되불지이"

남도 사투리 특유의 감아치는 맛과 어조는, 장사익의 구성진 노래 〈동백 아가씨〉와 오버랩되어 신선한 충격으로 다가왔다. 한 편의 시가 이렇게도 감동과 여운을 줄 수 있다는 사실이 믿기지 않았다. 좋은 낭송은 관객의 심장을 떨림과 울림으로 휩싸고 돈다. 아무리 어려운 시일지라도 낭송가를 거치면, 거짓말처럼 말이 말랑말랑해진다. 「동백 아가씨」의 시맛은, '인생이 뭐 별거냐'라는 희롱(戱弄)과 해학이 멋지다. 이 시에는 오늘날 여전히 땅에 의지해 살아가는 여성들이 겪는 체념과 한(恨)의 정서가 가득 차 있다. 남편 "오입질"은 오입질대로 수긍해가면서, 조강지처의 어처구니없는 삶의 그늘을 울기(鬱氣)로 채색하고 있다. "행님 행님 하믄서 앵겨붙"는, "백 여시 같은 그 가시내"가 뭐가 이쁠 것이냐만, 한 여자로서 그 '백 여시'의 팔자를 생각하면, 불쌍하지 않는 것도 아니었다. 6·70년대 농사꾼 여자의 팔자는 다 엇비슷했다. "남는 건 주름허고 빚"뿐이었다. 허구헌날 농사꾼 남편은 술판에, 노름판에, 기집질이 다반사였다. 그래서 전근대의 여성들은 오직 "서방보다" 더 나은 "땅"과 자식만 믿고 버텼다. 그녀들에게 "땅은 절대 사람 버리고 떠나질 않"는 철석같은 믿음이 있었다. 그런 그녀들에게 핏빛같은 동백은, 노래는, 흉중에 고인 한(恨)을 풀어주는 카타르시스가 있었다.

그렇다. "사는 거시 벨 것이간디 / 저기 떨어지는 동백 좀 보소 / 내 가심이 다 붉어져야 // 시방 애비도 몰라보는 낮술 한잔 하고 있소 / 서방도 부처도 다 잊어불라요 / 야야 장사이기 크게 틀어봐라이 / 장사이기가 오늘은 내 서방이여"

알고 보면 〈춘향가〉, 〈심청전〉, 〈흥부전〉도 장편 서사시를 판소리의 창법으로 입에서 입으로 전하는 소리 예술이다. 서안나의 「동백 아가씨」의 낭송을 통해 재발견한 것은, 시 낭송가를 누구를 만나느냐에 따라, 그 시가 죽기도 하고 살기도 한다는 사실이다. 시 낭송가들은 대개, 작품성, 발음의 수월성, 내적 사연이 담긴 이야기가 있는 서정시를 선호한다. 대체로 시행 길이는 15행에서 25행 사이가 가장 적당하다고 한다. 그런 측면에서 서안나의 「동백 아가씨」는 낭송시의 장점을 두루 갖춘 듯하다. 시속 여자의 심리적 굴곡이 있는가 하면, 남자를 사이에 두고 얽힌 치정이 있고, 장사익의 구성진 그 목소리가 배경으로 깔렸으니 금상첨화인 셈이다. 만약 서안나의 「동백 아가씨」가 낭송 무대로 펼쳐진다면, 동백꽃이 핀 섬이면 좋겠다. 섬과 섬 사이 곱게 잠기는 노을 무렵이면 더욱 좋겠다. "남정네 맘 한쪽은 내삘 줄"도 아는 여성 시 낭송가가, 동백꽃 수 놓인 무대복을 입고 낭송하면 된다. 배경음악은 시크릿 가든의 곡 「Nocturne」으로 한다. 음악은 어스름을 타고 3분가량 은은하게 울려 퍼진다. 노을은 어둠을 타고, 어둠은 시의 선율을 타고, 섬은 아득히 흘러넘치는 시정(詩情)이 펼쳐진다.

중부 방언: 이정록, 「참 빨랐지 그 양반」

충청도 사투리 시의 재발견은, 이정록(1964~, 충남 홍성 출생)의 시집 『어머니 학교』(열림원, 2012)에서 시풀시풀(푸릇푸릇의 충청도 방언) 살아난다. 농사꾼 어머니의 체화된 말, 질박한 말의 무늬는, 그의 시재(詩才)와 뒤섞여 놀라운 서정의 세계를 열었다. 그의 시는 마치, 문지방 안이나 동네 논두렁에서 시를 줍는 것처럼 보인다. 시그랑주머니 같은 늙은 어머니를 "큰 하늘로 모"시고 독보적인 서정시의 일가를 이룬 그의 시는, 관념을 뭉개고 지혜의 은유를 행간에 풀어놓는다. 호박이랑 가지, 들꽃과 달빛, 동네 둘레를 끼고 도는 개울과 산을 시의 밭에 뿌린다. 배추와 풋고추가 섞이고, 어머니의 논두렁은 시가 되고, 뒷산 뻐꾸기는 동네 주민이 된다. 시 「짐」은, 평범한 말의 이면(裏面)이, 얼마나 인간 삶의 본질을 꿰뚫고 있는지를 놀라운 시안(詩眼)으로 형상화한 작품이다.

기사 양반,
이걸 어쩐댜?
정거장에 짐 보따릴 놓고 탔네.

걱정 마유. 보기엔 노각 같아도
이 버스가 후진 전문이유.
담부턴 지발, 짐부터 실으셔유.

그러니께 나부터 타는 거.
나만 한 짐짝이
어디 또 있간디?

그나저나,
의자를 몽땅
경로석으로 바꿔야겄슈.

영구차 끌 듯이
고분고분하게 몰아.

한 사람 한 사람이
다 고분이니께.

- 이정록,「짐」전문

　시,「짐」을 읽으면, 놋그릇에 노을빛 부딪치는 충청도 특유의 느린 말투가 들린다. "이걸 어쩐댜?"에서 보이듯, '~댜?'의 말맛은 토종 된장 맛이다. "담부턴 지발, 짐부터 실으셔유."라고 툭 던진 "기사 양반,"의 중의적 어투는, 해학의 극치다. "그러니께 나부터 타는 겨." 그 말 속에 담긴 능청도 백미이지만, 스스로 "짐짝"으로 취급한 노각(표면의 색깔이 누런 늙은 오이) 같은 노인네의 말대답 역시 묘오한 데가 있다. "그나저나, / 의자를 몽땅 / 경로석으로 바꿔야겄슈." 이 시구에 이르면, 농촌 노인 문제의 절박함이 엿보인다. 이정록의「짐」에서 가장 시적 내공을 가늠할 수 있는 시구는, "영구차 끌 듯이 / 고분고분하게 몰"고 가는 시골 버스의 풍경이다. 이 역설적 풍자는, 인생무상을 통절하게 비유한 묘경이자, 충청도 느림의 미학이며 알레고리다. 한평생 자식에게 있는 것 없는 것 다 내주고, 남은 건 병든 몸과 허연 백발 뿐인 짐이다. 그 늙은 짐짝들은 "한 사람 한 사람이 / 다 고분이"다. 시어 '고분(古墳)'이야말로 뼛속까지 공감하게 되는 시구이자, 무덤의 또 다른 메타포다. 물론 표면적으론 '고분이' 의미하는 뜻은, 심성이 착하고 '고운 이'를 함의하는 충청도의 미덕이다. 또한 '고운-곱다'란 말은 '있는 그대로 온전하다', 나아가 '흔적도 없게 감쪽같다'는 뜻을 내포한다. 노인의 삶이 더 이상의 짐이 아니라, 연륜에서 오는 크고 높은 지혜에 해당하는 하나의 역설적 표현인 것이다.

그의 또 다른 충청도 사투리 시 「참 빨랐지 그 양반」(시집 『정말』, 창비, 2010)은, 웃음의 이면에 짙은 페이소스가 느껴진다. 보이는 것이 전부가 아니듯, 언어의 고랑에 깊이 배인, 박복한 과부의 웃지 못할 사연이 산문시로 빠르게 전개된다.

신랑이라고 거드는 게 아녀 그 양반 빠른 거야 근동 사람들이 다 알았지 면내에서 오토바이도 그중 먼저 샀고 달리기를 잘해서 군수한테 송아지도 탔으니까 죽는 거까지 남보다 앞선 게 섭섭하지만 어쩔 거여 박복한 팔자 탓이지

읍내 양지다방에서 맞선 보던 날 나는 사카린도 안 넣었는데 그 뜨건 커피를 단숨에 털어넣더라니까 그러더니 오토바이에 시동부터 걸더라고 번갯불에 도롱이 말릴 양반이었지 겨우 이름 석자 물어본 게 단데 말이여 그래서 저 남자가 날 퇴짜 놓는구나 생각하고 있는데 어서 타라는 거여 망설이고 있으니까 번쩍 안아서 태우더라고 뱃살이며 가슴이 출렁출렁한데 처녓적에도 내가 좀 푸짐했거든 월산 뒷덜미로 몰고 가더니 밀밭에다 오토바이를 팽개치더라고 자갈길에 젖가슴이 치근대니까 피가 쏠렸던가 봐 치마가 홀러덩 뒤집혀 얼굴을 덮더라고 그 순간 이게 이녁의 운명이구나 싶었지 부

끄러워서 두 눈 꼭 감고 있었는데 정말 빠르더라고 외마디 비명 한번에 끝장이 났다니까 꽃무늬 치마를 입은 게 다행이었지 풀물 핏물 찍어내며 훌쩍거리고 있으니까 먼 산에다 대고 그러는 거여 시집가려고 나온 거 아녔냐고 눈물 닦고 훔쳐보니까 불한당 같은 불곰 한 마리가 밀 이삭만 씹고 있더라니까 내 인생을 통째로 넘어뜨린 그 어마어마한 역사가 한순간에 끝장나다니 하늘이 밀밭처럼 노랗더라니까 내 매무새가 꼭 누룽에 빠진 흰 쌀밥 같았지

얼마나 빨랐던지 그때까지 오토바이 뒷바퀴가 하늘을 향해 따그르르 돌아가고 있더라니까 죽을 때까지 그 버릇 못 고치고 갔어 덕분에 그 양반 바람 한번 안 피웠어 가정용도 안되는 걸 어디 가서 상업적으로 써먹겠어 정말 낼랜 양반이었지

- 이정록, 「참 빨랐지 그 양반」 전문

「참 빨랐지 그 양반」은 허구적 개연성을 통해 남녀 야합의 기막힌 언롱(言弄)과 해학을 다루고 있다. "시인은 유사 이래 언어를 갖고 논 말놀이꾼이었고, 언어로 사물을 찍어낸 언어의 연금술사였으며, 마침내 언어를 부숴버리려 하는 이상한 족속이다."(이승하) 이정록은 툭툭 던지는 어투로 묘사적 진술의 방식을 택한다. 타자의 은밀한 성(性) 이야기에 착목하여 기발한 상상력으로 확장한다. 이런 엉뚱하고도 능청스런 발상은 독자에게 웃음의 카타르시스를 제공한다. 사건의 나열과 점층적 전개로 인한 이 시의 산문 율조는, "읍내 양지다방에서 맞선 보던 날"에서 비롯된다. "번갯불에 도롱이 말릴", "불한당 같은 불곰" 사내에게 당한 아낙의 넋두리는, 웃어야 할지 울어야 할지 대략 난감이다. 70년대 이전에서나 볼 수 있는 농촌 처녀총각의 이런 무지막지한 사랑법은, 그 당시엔 무용담이었다. "박복한 팔자"의 과부 아낙은, 곧 죽어도 빨리 죽은 "신랑"의 역성을 든다. 흉보기는커녕 "월산 뒷덜미로 몰고 가", "밀밭에다 오토바이를 팽개치"고, "훌러덩" 치마 위를 덮치던 옛날을 못내

그리워한다. 이 시에서, 우리가 놓치지 말아야 할 또다른 시선은, 산문시가 갖는 유장한 리듬과 치밀한 묘사일 것이다. 충청도 사투리 종결형인, '~아녀', '~겨(거여)', '~겼어', '~유'에서 오는 그 토박이말의 감칠 맛이 또한 일품이다. 물론 마지막 3연의 "죽을 때까지 그 버릇 못 고치고" 간 "가정용도", "상업적으로"도 못 "써 먹"는, 그 사내의 "참 빠(르고)" 부실한 양물(陽物)의 비유는, 웃음을 유발하는 하나의 기제다. 하여, 이 시의 행과 행은 헤벌씸하고, 연과 연 사이는 시적지근하다. 이 시를 읽고 이제 누가 충청도를 느림의 고장-본거지라 말할 것인가. 그리고 이 정록의 시가 대중에게 널리 사랑받는 이유는, 우리 민족의 심성에 내재한 여유와 지혜를, 미학과 해학의 차원으로 가일층 끌어올렸기에 가능한 일이다.

시집사리 詩集思理
PART + 07

시와 사유·일곱

"모든 발언은 잠재적으로 아이러니하다"라는 자크 데리다(알제리 태생 프랑스 철학자, 1930~2004)의 발언은 포스트모더니즘 사회에서 아이러니의 일상성을 선명하게 보여준다. 포스터모더니즘 아이러니는 언어의 불안정성과 문학의 부정성(不定性)을 근간으로 한다. 모더니즘 아이러니가 세계의 분열을 통합하려 노력하는 반면, 포스트모더니즘 아이러니는 분열된 세계를 인정하고 수용한다. 모더니즘 아이러니의 전제조건이었던 '표층'과 '이면'이라는 이분법적 체계는 포스트모더니즘 철학자들에 의해 해체되었으며 재구축되었다. 포스트모더니즘 아이러니는 이중적인 수직적 낙차에서 다중적인 수평적 증식으로, 그러니까 '표층'의 다원화 혹은 파편화의 관점으로 이동했다. 아이러니 역시 기의보다는 기표, 이중성보다는 다중성, 의미보다는 불확실성, 중심보다는 바깥, 가능성보다는 불가능성으로 기울게 되었다. 결국 세계의 복합성, 임의성, 우연성, 불합리성, 미결정성을 직시하고 무질서한 세계를 그대로 수용하는 포스트모더니즘 아이러니는 의문의 대상이 된 세계를 그대로 드러내고 새로 만들어낸다. 무질서하고 부조리한 세계에 대한 어떤 의미화도 거부하는 해체적 불확실성을 드러내는 동시에 새로운 의미를 창조해나가는 자기반영적 가능성은, 포스트모더니즘 아이러니의 특성이 되고 있다.

- 정끝별 비평집 『시론』(문학동네, 2021) p232 발췌

제7장
아방가르드(Avantgarde), 혹은 미래파의 모험

아방가르드와 모더니즘

　M·칼리니스쿠(『모더니티의 다섯 얼굴』)에 의하면, 모더니티(Modernity)에는 모더니즘(Modernism 근대주의), 아방가르드(Avant-Garde, 전위예술), 데카당스(Decadance, 허무주의), 키치(Kitsch, 천박한/대중취의), 포스트모더니즘(Postmodernism, 탈현대주의/해체주의)의 다섯가지 범주가 있다. 이들 모두가 각기 양상은 다르지만 새로움의 추구와 방법적 실현이라는 점에 있어서는 별반 다르지 않다. 특히 아방가르드의 경우 이성과 합리주의에 대한 거부는 물론, 진보적인 입장과 태도에 따른 현실 변혁의 정신과 사상이 강하게 드러나 있다. 하여 다분히 실험적이고 전복적(顚覆的)인 상상력으로 전통의 경계를 무화시키는 정신의 첨병으로서 아방가르드는 관습적인 독자들의 감성에 충격을 주며 지배적 부르주아 문화의 규범에 도전하며 모호성, 불확실성, 주체의 붕괴와 비순수와 반예술 운동의 기치를 내건 바 있다. 순수 미술이 현실을 외면하고 세계와 외면한 작품 세계에만 몰두하는 것에 반발하여 발생한 아방가르드는 1차 세계 대전이 발발하던 시기에 스위스로 전쟁을 피해 피신한 예술가들을 통해 시작되었다. 모더니즘에 대한 반발로 아방가르드가 탄생했듯이, 아방가르드에 대한 반발, 더 나아가 모더니즘

에 대한 반발로 포스트모더니즘이 탄생하고 보면, 예술은 끊임없는 부정의 생성이자 산물이다. 아방가르드는 다다이즘, 입체파, 표현주의, 초현실주의 등으로 분화되어 회화와 음악, 문학 분야에서 다양하게 시도되며, 시적 언어의 혁신, 전통적 형식의 거부, 새로운 미래 사조의 옹호 등 전방위적으로 확산된다.

"서구의 수많은 철학자, 사회학자, 역사가들은 왜 예술에 주목하는가? 푸코, 리오타르, 바르트, 들뢰즈, 데리다, 로티, 에코 등 많은 탈근대론자들은 왜 아방가르드 문학에 열광하는가? 아마도 이들은 자신들의 철학적, 이론적 기본 가설을 위해 예술가들의 이론과 실천에서 어떤 통찰력을 얻어 내는 것이리라. 이들은 아방가르드 예술에서 저항, 위반, 개입, 전복, 쇄신, 차이, 비판, 창조 등의 정신을 얻어내고 있다. 이들은 심지어 예술적 광기, 비-이성, 추상화, 초현실화, 극소화 등을 통해 기초 담론 질서와 체계, 더 나아나 소위 "근대적 기획"에 "탈"을 내어 탈근대로 나아가려는 것은 아닌가?"(정정호 편, 『들뢰즈 철학과 영미문학 읽기』, 도서 출판 동인, 2003.) 한편, 반(反)예술적 부정주의로서 아방가르드와 예술적 부정주의로서 모더니즘을 구분하는 유럽과 달리, 미국의 경우는 따로 구분하지 않으며 동의어로 쓰고 있어 모더니즘의 한 특징으로 편입시킨다. 그 결과 위트와 풍자의 천재로 지목되는 오스카 와일드(아일랜드, 1854~1900)의「아서 새빌 경의 범죄」, 페미니즘의 주창자 헨리크 입센(노르웨이, 1828~1906)의「인형의 집」, 일상의 추(醜)와 악의 미를 추구한 보들레르(프랑스, 1821~1867), 순수시와 관념성을 표방한 말라르메(프랑스, 1842~1898), 감각의 착란과 견자(見者)의 시를 주창한 랭보(프랑스, 1854~1891), 순수의 시 정신과 추상에 몰입한 폴 발레리(프랑스, 1871~1945), 초현실주의와 무의식의 자동기술법을 시도한 앙드레 브르통(프랑스, 1892~1966), 통합성의 시론과 탈개성화를 추구한 T.S 엘리엇(미국. 1888~1965), 미래파이자 20세기 러시아 최고의 혁명가 블라디미르 마야코프스키(러시아. 1893~1930), 아우슈비츠가 낳은 비극의 시인 파울 첼란(루마니아. 1920~1960), 리듬의 시를 발견한 언어의 연금술사 옥타비오 파스(멕시코, 1914~1998)에 이르기까지, 프랑스에서 시작된 아방가르드 운동이 러시아와 이탈리아의 미래파에 이어 오늘날 이렇듯 다양하게 분화된다.

한편, 한국시의 경우도 모더니즘(Monernism)의 하위 범주로 주지주의(modernism)와 이미지즘(imagism), 초현실주의(surrealism)[또는, 다다이즘(dadaism), 아방가르드(avangarde)]가 있다. 앞의 두 경우가 비교적 온건한 모더니즘에 속한다면 마지막 초현실주의 계열은 과격한 모더니즘으로 볼 수 있다. 최초의 아방가르드(적인 모더니즘)시는 이상(1910~1937, 서울 출생)의「오감도(烏瞰圖)」연작시로 볼 수 있다. 보들레르의 [악의 꽃]에 필적할 세기적인 작품(조용만,「이상 시대, 젊은 예술가들의 초상」)으로 거론한 '오감도'는 1934년 7월 24일〈조선중앙일보〉를 통해 15회 연재되다가, 난해하여 독자들의 거센 비난을 받고 중단된다. 아방가르드적인 이 시의 중요한 특징은 "실험적 시각시이자 초현실주의를 표방하고 있으며, 회화적 기법을 통해 미적 자율성을 구사한다. 또한 이 시는 피카소와 뒤샹이 시도했던 큐비즘의 관점을 취하고 있으며, 이미지를 다른 이미지와 겹친 레이어(layer) 기법을 시에 사용하고 있다."(박상순,『나는 장난감 신부와 결혼한다』, 민음사, 2019) 식민지 지식인의 절망적인 상황을 극복하고자 하는 그의 실험정신은, 활자의 크기와 배치, 도형과 그림의 결합, 숫자를 거꾸로 사용한 기상천외한 시법에 잘 나타나 있다. 하여 그 이전까지는 경험하지 못한 한국시의 새로운 영역이다.

13인의아해가도로로질주하오.
(길은막다른골목이적당하오.)

제1의아해가무섭다고그리오.

제2의아해도무섭다고그리오.
제3의아해도무섭다고그리오.
제4의아해도무섭다고그리오.
제5의아해도무섭다고그리오.
제6의아해도무섭다고그리오.
제7의아해도무섭다고그리오.
제8의아해도무섭다고그리오.
제9의아해도무섭다고그리오.
제10의아해도무섭다고그리오.

제11의아해가무섭다고그리오.
제12의아해도무섭다고그리오.
제13의아해도무섭다고그리오.
13인의아해는무서운아해와무서워하는아해와그렇게뿐이모였소.(다른사정은없는것이차라리나았소.)

그중에1인의아해가무서운아해라도좋소.
그중에2인의아해가무서운아해라도좋소.
그중에2인의아해가무서워하는아해라도좋소.
그중에1인의아해가무서워하는아해라도좋소.

(길은뚫린골목이라도적당하오.)
13인의아해가도로로질주하지아니하여도좋소.

- 이상, 「오감도(鳥瞰圖) 시(詩)제1호」 전문

숫자 13의 상징과 알레고리를 통해 일제 강점하의 불안과 공포를 차이와 반복의 리듬과 이미지, 의미로 드러낸 이 시는 일견 현대의 퍼포먼스와 유사하다. 이후 오감도는 세대를 거치면서 수많은 비평가에 의해 첨예한 논쟁을 불러일으켰다. 이러한 백가쟁명식의 비평은 "13인의아해"를 '정자들의 무서운 질주'(마광수)로 독해한 의외성의 경우도 있다.

반면 경제 침탈 및 수탈의 목적으로 건설된 "도로"와 "막다른골목"은, 식민 통치를 강화하기 위한 일제의 비열한 수단을 암유하기도 한다. 지금은 누구나 다 아는 이야기이지만,「오감도(烏瞰圖)」는 이상이 만든 조어로서 조감도(鳥瞰圖)의 새 조(鳥)를 까마귀 오(烏)자로 바꾼 것이다. 그럼 왜, 건축기사였던 이상은 '새 조(鳥)를 까마귀 오(烏)자'로 바꾼 것일까. 1896년(고종 33년)에 조선은 8도에서 13도로 개편된다. 혹, "13인의아해"는 식민지 치하의 막다른 길에 내몰린 조선 13도의 불행한 민초를 상징한 것은 아닐까. 하여, 까마귀를 조사해 보았다. 아니나 다를까, 조선 사람은 까마귀를 흉조라고 생각하지만, 일본인들은 길조라고 불렀다. 추측건대 이미 이상은, 백 년 전 조선을 영구적으로 자신들의 영토로 편입하려는 일제의 무서운 침략 야욕을 꿰뚫고 있었으며,「오감도(烏瞰圖)」를 통해 '까마귀로 상징된 일본이 조선 13도를 하늘 위에서 내려다보는 섬뜩한' 시로 예언했던 것이다. 그러니까 가장 현실적인 문제를 가장 실험적인 방법으로 드러낸 셈이다. 그러나 현실적이고도 실험적인 의미망을 구축한 '오감도' 연작은 여전히 그 해석의 지평이 열려 있다.

미래, 미래파 시

미래파 젊은 시인들의 시는 "중언부언을 중요한 발화의 방식으로 만들었다. 단형의 틀에 우겨 넣기에는 시의 전언이 너무 풍부하다. 그들은 음악을 위해서 전언을 포기하지 않는다. 이미지가 풍요롭다. 그들은 여러 화자를 무대에 올린다. 사회와 역사에 대한 통찰은 존재론적인 통찰에 자리를 물려줄 때가 되었다. 추(醜)와 불협화음은 처음부터 미(美)의 범주였다. … 다시 말하면 새로운 세대가 생산하는 시들은 결코 요령부득의 장광설이거나 경박한 유희의 산물이 아니다. 그들에게서도 시는 여전히 생생한 체험의 소산이며, 감각적 현실의 표명이며, 진지한 고민의 토로다. 세대가 바뀌면 그 세대에 통용되던 미학과 세계관이 바뀐다. 그런데 비평은 늘 작품보다 늦되다. 비평이 작품을 선도할 수는 있으나 오도해서는 안 된다. 나는 다음과 같은 사실은 믿는다. 먼 훗날, 이들의 작품이 낡았다는 비판이 제기되는 날이 분명히 올 것이다. 다르게 말해서 이들의 작품이 가까운 미래에 우리 시의 분명한 대안이라는 것을 인정할 날이 올 것이다. 어차피 우리 시의 미래는 이들이 적어 나갈 것이다. 이들에게는 1980년대 시인들이 걸머져야 했던 역사와 시대에 대한 채무 의식이 없고, 1990년대 시인들이 내세운 그럴듯한 서정, 고만고만한 서정이 없다. 이들의 시는 무엇보다도 먼저, 재미있다." - 권혁웅 비평집 『미래파』(문학과지성사, 2005) p149, p171 발췌

2000년대 스마트폰의 등장은 신인류 포노사피엔스의 디지털 혁명을 불러왔다. 태어나면서부터 인터넷 공간에서 사는 이 세대의 본질은, 가상현실과 무한의 상상력으로 집약된다. 기존 인류의 생존 방식은 무너지고, 4차, 5차 혁명으로의 진화를 거듭하고 있다. 지금까지 거의 모든 인간의 학습 방식은 순식간에 무용(無用)한 상태가 되고 말았다. 인공지능(AI)·빅데이터·사물인터넷·5G·자율주행 등 디지털 기술이 미래를 대체한다. 컴퓨터는 인간 뇌를 확장시켜 로봇과 공존하는 사회가 되었다. 유튜브, 넷플릭스, OTT 등의 스마트폰 영상시대는 첨단을 달린다. "디지털 문명을 거부해왔던 기성세대도 강제로 온라인 소비 세계로 이동"(최재붕, 『포노사피엔스』, 샘앤파커스, 2019)하고 있으며, 이제 스마트폰은 신체의 일부가 되었다. 심지어 AI는 컴퓨터에서 인간과 같이 사고하고 생각하고 학습하고 판단하는 지능을 갖는다. 인간의 뇌를 모방한 신경망 네트워크는 기존 머신러닝의 한계를 뛰어넘었다. 2016년 구글의 바둑 인공지능(AI) 알파고와 이세돌의 세기의 대결은 큰 충격을 주었다. 미래 사회는 포스트휴머니즘(Post Humanism) 시대로 진입하고 있다. 새로운 생명과 기술, 더 나아가 모든 사물(무생물)과 연결된 감성이 중요하다. "20세기가 은유의 시대라면 21세기는 환유의 시대다."라

깡의 말처럼 "차이, 흔적, 시뮬라크르, 증식, 복제 등의 키워드로 변주되는 포스트모더니즘의 감수성에 닿아있다."(정끝별 『시론』, 문학과지성사, p160)

바야흐로 인간 중심적 사고에서 벗어나 기계와 대화하는 시대가 열렸다. chat GPT(언어생성지능)의 영향력은 상상을 초월한다. 2022년 미국 콜라라도 미술대회 디지털 아트 부문에서 게임 기획자가 미드저니 인공지능으로 그린 그림이 1위를 차지했다. 이제 쳇 GPT는 예술의 창의적 활동뿐만 아니라, 회계사, 변호사, 의사, 엔지니어 등 전문적 영역까지 확장하고 있다. 이런 대화형 쳇 GPT는 거짓말도 그럴듯 하게 꾸며낼 수 있다. 최근 생성 AI 모델 감별사란 업종도 생겼다. 인간이 그렸는지, 기계가 그렸는지 감별(구별)해 주는 새로운 직업이다. 앞으로 예술은 표절로 인해 창작 생태계가 상당한 혼란기를 겪을 것이다. 왜곡된 내용과 편견으로 오염된 데이터는, 전혀 다른 차원의 거짓 예술을 만들어낼 수도 있다. 그럼에도불구하고 chat GPT는 끊임없이 진화할 것이다. AI 연주자, AI 가수, AI 시인·소설가·화가 등이 전면에 등장할 것이다. AI 시인의 시집을 사람들이 서점에서 사서 읽게 될 것이다. 아니, 벌써 인공지능 시아SIA가 쓴 시집 『시를 쓰는 이유』가 서점에 나와 있다.

이런 시대적 변화 속에서, 2000년대 이후 일군의 젊은 '미래파' 시인들은 본능적으로 '디지털 플랫폼'으로 시(詩) 공간을 옮긴다. 2005년 평론가 권혁웅에 의해 본격화된《미래파》(《문예중앙》봄호) 논쟁은, 한국 시단에 새바람을 불러일으켰다. 그는 이 글을 통해 미래파 젊은 시인들을 옹호하며, 낯선 어법, 새로운 상상력에 주목하였다. 그들이야말로 미래 한국시의 대안이며, 대중문화를 흡수한 새로운 스타일의 아방가르드임을 분명히 하였다. 시인·소설가인 필리포 마리네트(이탈리아, 1876~1944)에 의해《미래파 선언》(1909년, 파리 르 피가로(Le Figaro)지 발표) 이 주창된 이래, 미래시는 과거 유산과의 결별, 형식의 해체 및 언어의 절대 자유, 산문시의 실험, 낯선 어법, 새로운 상상력을 표방하였다. 그러나 미래시는 시 형식의 획일성과 내용의 장광설로 비판의 대상이 되기도 한다. 기존의 구문법을 파괴한, 구두점을 무시한 절름발이 언어로 비춰졌다. 서술 구조의 단절과 행간의 비약은 소통 불가인 상태이다. 한편 미래시는, 저간 한국 근현대시에서 도외시되었던 '무의식과 기표의 놀이'(황병승), '코믹잔혹극과 유머'(김민정), '낯선 세대 감각'(유형진), '접신된 흐름과 놀라운 비약'(김경주), '세기말의 불안과 미래 사회의 동경'(여정)이 중의적 화법과 언어유희를 통해 새롭게 제출되었다. 현대시에 그들이 접목한 성도착과 음습한 귀기와 몽환, 부조리한 사회악적 상징기호와 언어를 음절까지 해체한 시법은, 낯설고 신선했다. 특히, 언어 지층에 각인된 연대기를 우주적 상상으로 확장한 힘은 환상적이다. 미래시는 전시대 인식의 벽을 깨부수는 힘이 있다. 주체의 복화술과 사물의 타자화, 존재의 역설과 유령 이미지가 그것이다. 미래시의 다성성(多聲性)과 내러티브는 환유적이면서도 알레고리컬하고, 불연속적이면서도 그로테스크하다. 그것은 언어의 해체 너머 표현 추상의 극에 가 닿는다.

미래시는 근대 이상의 「오감도」와 같은 일군의 초현실주의와 전위예술에 뿌리가 닿아있다. 묘사는 인디(indie)적이고, 탁월한 부조(浮彫)의 언어는 전면적 균열을 내보인다. 닫힌 열림의 추상과 가능태이다. 최근 미래파 시들은 불안한 심리와 주술적 감응, 무서운 질주로 궤도 이탈이 감지된다. 그야말로 파격에서 파격으로 치닫고 있다. 이제 미래시가 시(詩)냐 비시(非詩)냐의 담론은 무의미하다. 하지만 소통과 해독이 불가능한, 실험만을 위한 실험 위주의 시는 나름의 한계가 있다. 미래시의 반동으로 출현한 디카시(digital camera詩)는, 디지털 시대에 편승하여 현대인의 이성과 감성에 접속해 큰 반향을 불러일으켰다. 디카시는 사진 기술을 매개로 사물의 시적 형상을 포착하여 압인(押印)한 시로서 멀티 언어 예술이다. 하이쿠와 같은 짧은 시구로 바쁜 현대인의 눈길을 사로잡은 디카시의 시성(詩性)에 대한 근본적 질문은 차치하고라도,

SNS로 소통하는 디지털 환경에서 누구나 창작하고 향유할 수 있는 새로운 시(詩) 놀이를 제공한 점은 긍정적 측면이 있다.

이제 이 장에서는 이상의 「오감도(烏瞰圖)」를 기점으로 아방가르드의 개성적 세계를 열어젖힌 6편의 시를 분석 감상해 본다. 시니피앙과 시니피에의 경계에서 줄곧 언어해체를 시도해온 박상순의 「6은 나무 7은 돌고래, 열번째는 전화기」(시집 『6은 나무 7은 돌고래』, 민음사, 1994), 미래파의 선두주자로 바코드화된 현대사회의 부조리를 찌른 여정의 「가면에 둘러싸인 자화상」(시집 『몇 명의 내가 있는 액자 하나』, 민음사, 2016), 시니컬한 언어의 이미지를 집요하게 오려 붙인 권기덕의 「포토그래프몽타주 No.-6 지하철」(시집 『P』, 중앙북스, 2015), 세계와의 불협화음을 소리의 세계로 전복(顚覆)한 김사람의 「디스토션」(『나는 이미 한 생을 잘못 살았다』, 천년의 시작, 2015), 축제를 빌어 근대적 '꼰대 의식'을 까발린 황성희의 「할로윈 무도회」(『앨리스네 집』, 민음사, 2005), 사적 상징 언어를 통해 새로운 상상의 자동기술법을 구사한 최백규의 「나의 세상에 온 걸 환영해」가 그것이다.

박상순, 혹은 기표와 기의 사이

박상순(1962~, 서울 출생)의 「6은 나무 7은 돌고래, 열번째는 전화기」는 언어가 무의식을 불러낸 시이다. 이 시는 "시니피에로부터 이탈한 시니피앙의 유희를 통해 기존 시의 관념을 전복시킴으로써 주체의 자기 동일성을 해체하고 억압된 타자성을 복원한다. 분석적 비평의 도전을 쉽게 허락하지 않는 박상순의 시세계는 낯선 이미지와 그로테스크한 풍경을 추상화의 기법으로 보여준다."(오형엽, 「반복, 변주, 변신, 생성」) 「6은 나무 7은 돌고래, 열번째는 전화기」는 해체와 무의미시의 경계 지점에 놓인다. 언어의 해체를 통해 이미지로 재구성한다. "그에게 시의 대상은 현실이 아니라 언어, 혹은 기호이다. 그는 현실을 노래하는 게 아니라 현실을 재현한 현실, 말하자면 기호의 세계를 노래하고, 다시 기호화하고, 그런 점에서 헛것, 환상, 2차 현실을 노래한다. 그가 대상으로 하는 것은 영화, 만화, 포르노, 회화, 상품 기호 등이다. 뿐만아니라 기법의 측면에서도 그는 만화, 그림, 기호를 사용함으로써 문자와 이미지의 경계 해체를 노린다. 그런 점에 있어서는 그의 시는 이상의 시처럼 난해한 듯하면서도 결코 난해하지 않고 이해할 수 없는 듯하면서도 이해가 가능하다. 그리고 서정적이면서도 그 누구도 쉽게 모방할 수 없는 독창적이면서도 독보적인 문체를 구사한다. 박상순의 시는 변신을 도모한다. 시의 내외, 아니 시의 '사이'에서, 끊임없이 얼굴을 바꾸며 여하한 존재의 규정으로부터 벗어나고자 한다. '박상순의 시는 이렇다'라고 말하는 순간, 그것은 '그렇지 않은 다른 것'이 된다. 하여 박상순은 G·들뢰즈가 말한 분리와 이음의 결연 관계로서 "리좀적 존재"(오형엽, 같은 글)이다. 다음 시를 보자.

첫 번째는 나
2는 자동차
3은 늑대, 4는 잠수함

5는 악어, 6은 나무, 7은 돌고래
8은 비행기
9는 코뿔소, 열 번째는 전화기

첫 번째의 내가
열 번째를 들고 반복해서 말한다
2는 자동차, 3은 늑대

몸통이 불어날 때까지

8은 비행기, 9는 코뿔소,
마지막은 전화기

숫자놀이 장난감
아홉까지 배운 날
불어난 제 살을 뜯어먹고

첫 번째는 나
열 번째는 전화기
　　　　　 - 박상순, 「6은 나무 7은 돌고래, 열번째는 전화기」 전문

　시, 「6은 나무 7은 돌고래, 열번째는 전화기」는 박상순의 세 번째 시집 『6은 나무 7은 돌고래』의 표제시다. "우리가 살아가는 이 시대의 삶이 그렇지 않은가, 의미가 탈락된 상태에서 제멋대로 연결되는 무의식의 삶, 그것은 정신분열증적 삶이 아니고 무엇이겠는가. 이런 시는 부르주아 문화를 지배하는 고상한 인문주의자들, 선험적 관념적 자아를 믿는 정신주의자들의 세계관을 미적으로 비판한다는 특성을 보여준다. 이런 부정의 극한에 남는 것은 일종의 절망의 놀이다. 시 속에서 열 개의 장난감이 나온다. 재미있는 것은 여기서 〈나〉는 인간이라기보다는 장난감이 된다는 사실이다 이런 사실이라는 시행들이 암시한다.(…) 이 시는 이성적 사고니 의식이니 하는 것들이 사라지는 시대의 황폐한, 끔찍한, 그러나 해학적인 〈나〉의 초상이다."(이승훈 해설)

　우선, 「6은 나무 7은 돌고래, 열 번째는 전화기」는 시행간의 의미를 독자가 굳이 몰라도 따라 읽으면 덩달아 즐겁다. 시행의 반복과 리듬이 주는 경쾌함 뿐 아니라, 기수와 명사로 된 시어에 뒤이어 서수와 명사가 갖는 은유의 '낯섬'은 수수께끼 같은 의미의 궁금증을 한껏 증폭시킨다. 은유란? "'A는 B'라는 반복으로 이루어진 시다. A와 B의 관계는 무연하고 또 우연하다. 인과관계가 없는 '관계 맺기' 혹은 '이름 바꾸기' 놀

이다. 그러니 왜 첫 번째가 나이고 6이 나무이고 7이 돌고래인지를 묻는 것은 무의미하다. 독자들도 A에 혹은 B에 마음껏 다른 단어를 넣어 읽어도 무방하다. 또한, 이 시는 앞에는 숫자가, 뒤에는 낱말이 새겨진 아이들의 카드를 연상시키기도 한다. 6이라 쓰인 카드의 뒷면에는 나무라고 씌어 있고, 7이라 쓰인 카드의 뒷면에는 돌고래라고 씌어 있다. 십진법에 따르면 세상 혹은 세상의 모든 숫자는 1부터 10까지의 숫자로 환원된다. 현실과 언어의 관계가 그러한 것처럼 숫자와 낱말의 관계도 무연하고 우연한 약속에 불과하다면, 세상의 모든 관계도 그러하다는 것일까?"(정끝별, 『어느 가슴엔들 시가 꽃피지 않으랴 1권』 민음사, 2008) "은유는 배우거나 가르쳐서 되는 것이 아니라 천부적인 재능을 가진 사람들이 만든다."(아리스토텔레스) 우주는 그 자체가 은유이다. 은유를 통해 자신이 드러내고자 하는 비밀을 화자와 동일시한다.

그리고보면, 「6은 나무 7은 돌고래, 열 번째는 전화기」라는 시가 마치, 어린 아이의 언어 유희적 상상력이 무의식적으로 빚어낸 게 아닌가 싶다. 즉 기의와 기표 사이엔 어느 하나도 고정되어 있지 않고 자의적 관계를 유지하고 있다. 다른 한편으로, 예술작품에서 개인과 세계에 대한 불만족과 갈등은 질량체인 몸을 통해 드러난다. 대개의 경우 창작자는 이런 몸을 소재로 그 사회의 굴곡진 단면을 예리하게 파헤쳐보고 싶은 미적 욕망에 사로잡히곤 한다. 혹자는 「6은 나무 7은 돌고래, 열 번째는 전화기」에서 "첫 번째는 나"라는 생뚱맞은 은유를, 현대인의 '욕망'과 화자 '나'를 동일시한 화법으로 본다. 즉, '나'야말로 욕망덩어리의 주체인 셈이다. 화자는 연이어 "2는 자동차"라고 단정적 은유를 썼다. 이런 은유적 시작 태도를 통해 현대인의 욕망의 기표를 '자동차'로 규정하고 싶었기 때문일 것이다. 자동차는 개인 간의 부의 가치 척도이자, 생과 사를 함의하는 현대사회의 비틀린 속도와 경쟁의 상징성을 띤다. 시인은 이런 현대사회의 부조리와 구조적 모순을 은유와 풍자로 비판하고 싶었던 건 아닐까.

"우리는 어떤 사물이 좋기 때문에 욕망하는 것이 아니라 우리가 그것을 욕망하기 때문에 좋다고 판단한다"(스피노자, 『에티카』). 이는 곧 욕망은 결핍에서 촉발된 필요악이란 뜻이다. 그런데 시인은 1연 3행에서 단호히 "3은 늑대, 4는 잠수함"이라고 직설 화법으로 치고 나온다. 현대인의 욕망의 가면을 벗기면 주린 창자를 채우려는 '늑대'들의 교활한 눈빛이 번득이겠다. '잠수함' 역시 익명성 뒤에 숨어 온갖 사회악을 재생산해내는 은유적 상징이다. 시인은 "5는 악어, 6은 나무, 7은 돌고래 / 8은 비행기 / 9는 코뿔소, 열 번째는 전화기"라고 열거와 반복으로 시의 호흡을 급박하게 밀어 올린다. '구찌'로 대표되는 무자비한 명품 소비를 부추기는 욕망을 '악어'로 상징했으며, 현대인이 서로가 서로에게 속고 속이는 교묘한 위장술을 '나무'라는 소재를 통해 드러낸 것은 욕망의 의표를 찌른 멋진 표현이다. 물론, '돌고래 쇼'는 인간의 자유에 대한 열망이자, 삶이 궁극엔 한 편의 '쇼'임을 비유한 것이겠다. 그러한 욕망덩어리는 자꾸 덩치가 불어나 절제할 수 없는 거대한 '코뿔소'로 변형된다. 한편, 한국 사회의 '빨리빨리' 문화는 '비행기'를 타고 전국토의 구석구석 급속히 퍼졌다. 이런 자본주의의 악습이 결국 이 사회가 정신적 분열증에 병들었다는 그 사실조차 인지하지 못하는 기형의 '욕망 공화국'으로 바뀐 셈이다. 현대의 톱니바퀴 속에 끼인 개체로서의 나는, "전화기"를 들고 밤낮 누구에겐 가로 끊임없이 자신을 알려야만 하는 병적 도착으로 장난감 같은 삶을 살다 죽어간다. 시인은 그 끝을 서로가 서로의 "살"을 뜯어먹고 끝내 함께 사라져버리는 '욕망의 아귀' 지옥의 사슬로 보았다. 하여, 시 「6은 나무 7은 돌고래, 열 번째는 전화기」는 현대사회의 '인간 욕망'의 '참과 거짓'을 깊이 성찰한 작품으로 규정된다.

여정: 점묘 그리고 쇠라

여정은 어느 대담에서 2시집 『몇 명의 내가 있는 액자 하나』를 이렇게 소개하고 있다. "개인적으로 미술을 많이 알거나 하지는 않는다. 하지만 최근 몇 년간 내 시의 형식은 신인상주의 화가 조르주 쇠라(1859~1891)의 점묘법에 기초하고 있다. 내 시에서의 점묘는 인터넷이 가져온 파편화와 그 혼란의 와중에서 생겨난 당대 현실을 반영한다. 쇠라가 빛과 점, 선과 색채의 조합을 통해 현실을 캔버스에 담았듯이, 나 또한 단어와 기호를 전면적으로 재배치한 시를 쓴다."

점묘는 19세기 후반에 프랑스를 중심으로 일어난 인상주의 미술을 추진한 유파에 그 뿌리가 닿아 있다. 대상을 눈에 보이는 그대로 그린 인상주의는, 태양 아래서 빛과 색채, 대기의 변화무쌍한 양상을 미묘하게 묘사했다. 1874년 나달의 사진관에서 8회의 전시회를 연, 모네, 드가, 모리조, 기요맹, 고갱, 시슬레, 르누아르, 세잔은 인상파로 불려진다. 이 유파는 또, 세잔, 반 고흐, 고갱의 후기 인상파(신인상파)로 진화하면서 조르주 쇠라의 점묘에서 정점을 찍는다. 쇠라의 점묘는 햇빛 아래에서 펼쳐지는 당대의 일상생활 특히 여가의 모습을 화폭에 담은 점은 인상주의와 같으나, 다채로운 원색을 그대로 캔버스 위에 작은 붓 터치로 찍어서, 관람자의 눈을 통해 혼합된 색의 세계를 정지된 화면처럼 보여주었다. 쇠라를 이은 시냐크는 이러한 기법을 색채 광선주의라고 불렀고, 색채를 섞지 않고 나누어서 칠한다는 의미로 분할주의, 무수한 색점(色點)을 찍는다는 의미로 점묘법이라고도 했다. 쇠라가 그림의 형태, 구성, 색채를 중요하게 생각했듯, 여정(1970~, 대구 출생)의 시 「178피스 퍼즐;「불면」— 조르주 쇠라의 점묘법을 기념함」에서 또한 점묘법을 "한 텍스트에서 의미를 품은 언어들을 점(point)으로 독립시키고 있다. 신기하게도 점점이 토막 난 단어들의 묶음에서도 의미의 연쇄는 생겨난다."(권혁웅) 그리고 시 「가면에 둘러싸인 자화상」역시 점묘법의 한 갈래로, 반복된 쉼표를 통한 순수하고 정확한 언어 분할을 시도하고 있다는 점을 발견한다.

나는 새벽 5시에 게임 종료된 하루살이백수다, 나는 낮 12시에 개켜진 이불이다, 빈집이다, 나는 전기밥솥에서 금방 꺼낸 밥공기다, 냉장고에서 꺼낸 밑반찬이다, 수저다, 나는 개수대에 던져진 빈 그릇이다, 지저분해진 수저다, 나는 소화기관에서 배설기관까지 걸어 다닐 운동화다. 운동화에 걸쳐진 셔츠다, 모자다, 나는 짤랑거리는 동전이다, 자동판매기에서 금방 꺼낸 커피다, 주머니에서 꺼낸 담배다, 연기다, 나는 심심해서 나를 만지작거리는 핸드폰이다, 음성변조 장난 전화다, 귀신 목소리다, 나는 휴지통에 버려진 종이컵이다, 꽁초다, 재다, 나는 낮 1시를 걸어가는 길이다, 티셔츠에 그려진 2개의 해골바가지다, 나는 홈플러스 남대구점이다, 승객을 기다리는 개인택시들이다, 테이크 아웃 커피 전문점이다, 나는 KG&G 대구 본부다, 뼈다귀 해장국집이다, 나는 음식물 쓰레기통 주변을 서성이는 하얀 고양이다, 맛있어 보이는 카키색 깃털의 앵무새다, 새빨간 입술이다, 남자다, 나는 낮 1시 30분에 앉아 있는 벤치다, 노곤함이다, 지루함이다, 갈 곳 없는 바람이다, 갈증이다, 나는 버튼에서 방금 태어난 캔 음료다, 찌그러진 빈 깡통이다, 나는 찌그러진 허공 속을 걸어가는 낮 2시다, 앞산에서 내려오는 황사 마스크다, 나는 2개다, 3개다, ……나는 다세대주택이다, 희미하게 나를 지우는 자동문 유리다, 나는 버려진 책들에서 건져 낸 뭉크 / 칸딘스키 / 아소르 / 마그리트 공동 화집이다, 《현대세계미술대전집》11번이다, 금성출판사다, 나는 천천히 걸어가는 **불안**이다, 절규다, **뼈가 있는 자화상**이다, **즉흥 19**다, **즉흥 30**이다, 나는 푸가다, **노랑 = 빨강 = 파랑**이다, 나는 **밝은 땅 위의 형상**이다, **비통해하는 사나이**다, **지옥의 행렬**이다, 나는 집 앞에서 걸음을 멈춘 대문 열쇠다, 현관문 손잡이다, 나는 나를 통째로 먹는 거짓 거울이다, **과대망상광**이다, **최후의 절규**다, 나는 낮 2시 20분에 다시 돌아온 내 방이다, **어리둥절하게 만드는 영역 Ⅷ**이다, 나는 개켜진 이불 위에 아무렇게나 던져진 티셔츠다, 모자다, 공동 화집 표지다, 나는 **가면들에 둘러싸인 자화상**이다, 충혈진 눈이다, 야비한 웃음이다, 왼쪽 눈으로만 흘리는 피눈물이다, 나는 제임스 시드니 앙소르다, 나는 낮 2시 50분에 새로 생성된 제임

스앙소리다, 나는 다시 처음이다
- 여정,「가면에 둘러싸인 자화상」 전문(강조 원문)

「가면에 둘러싸인 자화상」의 문장 잇기의 은유 놀이는 언어의 기하학적 체계를 떠올리게 하며, 작품의 다층적 깊이를 섬세하게 확보한다. 언어와 언어가 상즉상입(相卽相入)하는 연결 방식은, 행간 속에서 유장한 내재율을 만들어, 문장의 독특한 느낌을 연출한다. 이런 시법은 쇠라가 점묘법을 통해 보여준 대비의 효과를 극대화할 뿐 아니라, 문장의 형태와 윤곽을 점묘로 찍은 듯한 착각을 불러일으킨다.「가면에 둘러싸인 자화상」의 시 속 화자는, 우주의 '반물질'처럼 언어인 사물과 함께 태어났으나 충돌하여, 행간 속의 빛으로 소멸한다. 하지만, 여정의 시가 현대의 기호(언어 기호, 음악 기호, 그림 기호, 영상 기호…)로 가득하다 할지라도, 시니피에(기의)와 시니피앙(기표) 사이에 존재한다. 시의 행간은 아무런 의미가 없는 별개의 것이 아니라, 촘촘히 점묘의 이미지로 연결되어 있으며, '쉼표'의 언어가 보이지 않는 은유 너머로 사라진다. 어쩌면 라깡의 말처럼 그의 시적 무의식은 '언제나 의식의 터진 틈 사이에서 흔들거리며 제 모습을 나타'내는 지도 모른다. 미래시의 첨단에 서 있는 여정의 시는, 기존 서정시를 새로운 방식으로 드러내 또다른 아바타를 생성해 낸다.「가면에 둘러싸인 자화상」은 수십 개의 개체로 분할된다. 코드를 뽑는 순간 '나'는 "게임 종료된 하루살이백수"이다. "새벽 5시"까지 화자를 따라가며, 이 시대의 바코드를 만들었다. 아니, "낮 12시에 개켜진 이불"이 된 여정을 생각했다. 빈집에서 혼자 밥이 된 그는, 기막힌 은유다. "전기밥솥에서 금방 꺼낸 밥공기"였다가, "냉장고에서 꺼낸 밑반찬"이었다가, 금새, "수저"로 변신한다. 시는 갖은 입구이자, 갖은 출구이다. 날줄과 씨줄로 엮인 하루의 거미줄은, 시 속 화자의 겹이미지이자, "동전"이며, "커피"이며, "휴지통에 버려진 종이컵"이다. 그 모든 것이자, 아무 것도 아닌 시가 곧「가면에 둘러싸인 자화상」이다. 이런 현대인의 다층적 이미지는, 인형 '마트료시카'처럼 벗겨도 벗겨도 또 나오는, 현실과 비현실 사이의 '틈'이다. 알고 보면「가면에 둘러싸인 자화상」은 한 개인의 하루를 말하고 있지만, 이것은 생(生)과 사(死)의 바코드이자, 현대사회의 안팎의 문제이며, 현실세계와 가상현실의 모순의 경계이다. 또한 바코드화된 자연의 비유이며, '나'의 또 다른 은유이자 환(幻)이다.

하여, 우리는 여기서 묻게 된다. 한 평자(김석준)의 말을 빌리자면, "예술이 표현할 수 있는 기호의 본질은 무엇인가? 레디 메이드와 미니멀리즘 그리고 팝 아트가 횡행하는 현대의 예술은 서정의 영기가 존재하지 않는 그저 단순한 상품에 지나지 않는다. 철저하게 자본의 묘리에 종속되었으며, 마침내 코드로 무장하기에 이른다. (…) 현대 예술은 - 너, 나 그리고 우리는 비트적거리는 게걸음을 걸으며 각자의 방식으로 예술혼을 만나고 있는지도 모른다. 이해받기를 원하지도 않고 이해할 수도 없는 미지의 기호에 함몰된 채, 모든 것은 환유적 기호의 운동으로 환원시키고 있는지도 모른다. 각자 자기만의 몽상의 세계에 귀의한 채 미적 기호를 아주 내밀한 의식의 코드로 무장한 채 이해의 저편에 예술을 위치시키게 된다." 다시 여정은 말한다. 나는 "새빨간 입술이다." "찌그러진 깡통이다" 끝없이 분열하는 "2개다, 3개다" 결국 시인은 화자를 통해 현대인의 '불안'과 '절규'를 지옥의 행렬로 은유한 것이며, 과대망상광이 되지 않고서는 살 수 없는 불확실성의 알레고리를 드러낸다. 하여, 오비디우스의『변신이야기』처럼, 현대의 군상들은 모두 "가면들에 둘러싸인 자화상"이자, 아침마다 대문을 열고 나오는 슬픈 시의 변신이라 하겠다. "나는 다시 처음이다"

권기덕: 무정형(無定形)의 언어

2000년대 이후의 시를 읽으면, '시는 존재하는 것인가'란 질문에 맞닥뜨린다. 표현과 기교의 형식은 뛰어나지만, 왠지 내용은 공허하게 다가온다. '기려(綺麗)와 조탁(雕琢)'만이 판치는 현대시의 이미지는 범람 직전이다. 시와 비시를 떠나서 최근 젊은 시는 의미와 사상이 불분명하다. 한편, '시가 꼭 의미가 있어야 하나?'라고 반문할 수도 있다. '무의미 시'를 경험한 필자임에도 불구하고, 미래시의 '무정형의 언어'는 낯설다. 동일성의 시학이 교조적이라면, 미래시는 쓸모없는 대상을 극한까지 밀고 나가는 작업처럼 보인다. '시는 규정하는 순간 썩게 되?'(고은) 지만, 현대시의 주체는 '미완성의 완성'을 고집한다. 미래시는 언어와 언어 사이에 크레바스(crevasse)가 존재하며, 위험과 긴장, 정형과 무정형, 안과 바깥의 대칭적 사유가 존재한다. 하여, 2000년대 이후 현대시는 이전과는 본질적으로 다른 차원에 놓여 있다. 암흑물질처럼 언어의 입자는 '중첩깨짐' 상태에 놓였다. 하여, 현대시는 난해하다. 기괴하다. 기존 "통념에 전면적인 균열을 내었고, 시단의 주류는 전복되었다. … 권기덕(1975~, 경북 예천 출생)의 시는 최근 '젊은 시'들에서 나타나는 특징을 예각적으로 보여준다. 그것은 종전의 리얼리즘 전통, 경험 현실이 감각적 보편성에 근거하여 재현되고 재구성된 세계가 아닌 시인의 내적 감각, 내면 현실에 핍진한 세계라고 할 수 있다. 언어는 이 경험을 담아내는 참한 그릇이 아니라 이를 적극적으로 실현하는 무정형(無定形)의 형상으로서 작용한다."(『저녁의 시인들』, 2018, 대구문화예술회관. 김문주 평론가)

지하철문이 닫히고 사람들 머리가 잘린다
발목이 잘린다 끌려온 길들이 잘린다
출입문 비상콕에
철썩,
흔들리는 손잡이에
철썩,
맞은편 할머니마스크에도

철썩,
철썩, 철썩, 그림자가 달라붙는다

버킷백과 장갑, 스마트폰이 뒤바뀌고
애인의 문자메시지는 낯선 남자의 귀에 걸린다
당신 하이힐은 점퍼에 어울리고
당신 목도리는 열차바닥에 더 적합하다
있어야 할 곳에서 벗어나기 위해
우리는 지하철을 타고
지하철은 우리를 오려붙이기 위해 땅속을 달린다

철썩,

당신의 상상은 그의 온몸을 조각내고 있군요
하지만, 이곳은 평화로운 흑백사진
당신은 나에게 말한 적 없고
당신은 나를 살인한 적이 없어요
누군가를 그리워해본 사람은

철썩,

열차의 창문에서 내 표정은 더 선명해지고
바람은 거꾸로 불어온다

철썩,

당신은 당신이 아니라 작은 바람이고
당신의 무릎 사이 누군가의 신발이 포개질 때
숨바꼭질놀이는 다시 시작된다
숨어도 찾지 않는

철썩,

나를 찾을 수 있겠어요?

— 권기덕, 「포토그래프몽타주 No.-6 지하철」 전문

　시간은 내가 어디에 있는가, 어떤 상황에 있는가에 따라 다르게 흐른다. 시가 젊다는 것은 질문에 강하기 때문이다. 우선, 권기덕의 「포토그래프몽타주 No.-6 지하철」(중앙북스, 2015, 시집 『P』)는 시가 갖는 시적 인식이 다르다. '구체적 현실'을 '추상적 현실'로 옮겨놓은 듯하다. 달리나 샤갈의 감성이 아니라, 오히려 피카소와 같은 입체적 시선이라고나 할까. 언어유희를 통해 풍경의 뒷면을 뜯어 붙이고 있다. 이런 이미지의 병렬과 시적 비유는 미래시의 특징이기도 하다. 새로운 관점에서 언어를 지적 놀이로 집요하게 휘몰고 있다. 감각적이고 시니컬하다. 미술 전공자인 그는 현상의 이미지를 시 행간에 오려 붙여 화면처럼 펼치고 있다. 행간의 시적 모호성은 도리어 현실을 또렷하게 보여주며, 해독 불가능한 세계를 가능태로 연결한다. "지하철문이 닫히고 사람들 머리가 잘리"는 순간 이미지는, 영화의 오버랩 기법을 사용한다. 특징적인 몇 가지 장면들을 분할해서 행과 행, 연과 연을 유기적으로 결합한다. 또한 이 시는 독특한 시집 제목 『P』로 인해 세간에 화제가 되었다. 『P』는 일반적으로 사람의 '피'일 수도 있고, '파킹'의 의미도 된다. 혓바닥을 상징하기도 하고, 인칭으로서의 P, 포토몽타주기법의 P로도 해석할 수 있다. 다분히 시인의 다의적인 의도성이 깔려 있다. 실제로 그는 많은 시에서 '중의적이고 중첩된 겹의 이미지'를 시도한다. 시인 이규리는 그의 시를 평가하면서 '이거나 아니거나, 있거나 없는 모두이면서 아무도 아닌 것으로 존재하는 것.'이라고, 아주 적확하게 표현한 바 있다.

　미술과 시의 접목은 오래전부터 현대시의 한 전경이다. 이상의 「오감도」는 건축과 초현실주의를 (리)믹스한 것이며, 이하석의 「부서진 활주

로」는 팝 아트와 하이퍼 리얼리즘을 시 속에 접목했다. 권기덕 역시 사물 속에 깃든 '미적 인식'을, 시인의 내적 감각과 버무려 이미지화한다. 그것은 정신세계 또는 삶의 어떤 특이점에 대한 관심으로 확장 변용된다. 그의 시는 결과적으로 시어의 형태로 나왔지만, 어떨 때는 그림을 '언어로 그린다'는 느낌이다. 하여, 그가 본 지하의 풍경은 "발목이 잘린다 끌려온 길들이 잘린다 / 출입문 비상콕에 / 철썩, / 흔들리는 손잡이에 / 철썩, / 맞은편 할머니마스크에도 / 철썩, / 철썩, 철썩, 그림자가 달라붙는다". 파편화된 사물의 이미지들은 서로 몸을 바꿔가며, 끝내 "버킷백과 장갑"이 스마트폰으로 뒤바뀌는 현상이 일어난다. 그의 시적 상상력은 여기에서 머물지 않는다. "지하철은 우리를 오려붙이기 위해 땅속을" 달리기도 하고, "당신이 당신이 아니라 작은 바람"으로 치환되기도 한다. 결국 시인은 느낌으로 어떤 순간을 복원하는 몽타주 기법을 통해, 현대사회 인간을 향해, 잃어버린 '나의 길 찾기'를 모자이크하고 있다. 지금의 '나'를 찾는 데는 아닌게 아니라, 어둠과 환상, 부정과 사이, 그리고 코드가 필요하다.

김사람, 소리를 만지는 시인

카오스는 그 자체가 소리이다. 미래시는 질서보다 혼돈에 기대어 산다. 교란과 비약, 난해와 전복의 한 복판에 서 있다. 은폐된 우주의 다중 의미를 자의적으로 해석한다. 언어 사용은 즉흥적이자 즉발적이다. 하여, 대상과 언어 사이는 그다지 밀착되어 있지 않다. 미래시의 언어는 무수한 요소가 상호 간섭하는 복잡계(complex system)에 해당한다. 관념과 상상력은 호기심과 흥분을 자아낸다. '도달할 수 없는 것에 도달하고자 할 때 환각을'(이수명) 보듯, 미래시는 존재하지도 않는 환타지의 세계이다. 어떤 측면에서 시의 모든 소리는 환청이자 오해일 수도 있다. 실재 세계와 인간이 만든 상상의 세계는, 반드시 모순이 존재한다. 소리야말로 모순의 극치이다. 아무 것도 없는 빈 공간에서 소리를 듣다 보면, 불규칙한 아름다운 소리 무늬가 생긴다. 김사람(1976~, 경북 의성 출생)의 「디스토션」은 시집 『나는 이미 한 생을 잘못 살았다』(천년의시작, 2015)에 수록되어 있다. 제목에서 유추할 수 있듯, '디스토션'(distortion: 변형, 일그러짐, 뒤틀림)의 시적 현실은, 세계와의 불협화음이자, 기존 시적 체제에 대한 반항이다. 시인은 음과 리듬의 문제를 인간의 정신과 영혼의 문제로 시 속에 편입시킨다.

음악을 만진다

폐병 환자의 한 모금 담배처럼
당신 주위로 스미는
트럼펫의 마지막 호흡

자기를 조소하지 않고서는 감히
밤새워 저 꽃을 틔울 수 없다

아스팔트에 핀 들국화는
죽어버린 여자를 사랑했다고 믿기로 한다

음이 나뉘는 순간 닿을 수 없는
분열된 사랑에게 고독을 느껴온
일렉기타 그리고 나
전류로 이어진

들국화와 여자 사이
허공을 찌그러뜨리며 나비가 난다

별이 소리 없이 하늘을 박는 동안
나는 땅에 박히며
침묵을 완성할 때까지
음악을 눈동자에 담아둬야 한다

눈을 자주 깜빡일 것

눈물 한 방울에
음표 하나씩
내게서 떨어져 나가는
아픈 사랑은 하지 말 것

머리카락이 긴 짐승의 글씨체를 상상하며 연필을 쥔다

아름다운 것은 치명적일 것

어떤 일에도 덤덤해져야 한다
더듬이 하나 잃은 귀뚜라미
서쪽으로 기우는 하늘을 삼킨다

낮아지는 세계
올려다본 당신은 울고
처녀의 속살보다 여린
밤의 속살 때문에

오늘 밤은 내내 환청이 필요하다

- 김사람, 「디스토션」 전문

 같은 공간과 시간 속에 살고 있으면서도, 이렇게 세대에 따라 현실이 달라 보일 수 있는지 무척 흥미롭다. 또 어떤 면에서는 세대 간 전도된 언어의 문제는 굉장한 부담으로 작용한다. 시적 소통에 장애가 발생하는 경우도 다르지 않다. 이 시의 첫 행은 즉흥적이고 자유분방하다. "음악을 만진다"는 표현은, '음악을 듣는다'에서 한 발짝 더 깊숙이 찌른 표현이다. 베이스 기타리스트로서의 김사람의 스타일을 짐작할 수 있다. "폐병 환자의 한 모금 담배"로 은유화된 모습은 숨막히는 규율이자 억압의 기제로 작동한다. 즉,「디스토션」은 일상의 악보에 철저하게 따라 사는 기계화된 인간을 비판한다. 그런 사회는 "자기를 조소하지 않고서는 감히 / 밤새워 저 꽃을 틔울 수 없다" 만약 그 악보에서 한 음이라도 잘못 누르면, 연주 자체가 뒤틀려버리는데 이는 수직적 사회의 붕괴를 의미한다. 하여, 그는 "음이 나뉘는 순간 닿을 수 없는 / 분열된 사랑에게 고독을 느껴온 / 일렉기타 그리고 나 / 전류로 이어진 // 들국화와 여자 사이 / 허공을 찌그러뜨리며 나비"가 된다. 개인의 실수가 용납되지 않는 사회, 다름을 인정하지 않는 사회는 모두 디스토션이다. 그래서 그는 이 세계가 과연 완벽하게 잘 짜인 것인지를 의심하기 시작한다. 겉으로 잘 포장된 세계일수록 부조리와 모순이 판을 친다. 그런 것들을 김사람은 역으로 뒤집기도 하고, 어떻게 바꾸면 내가 바라는 세상이 올지를 "머리카락이 긴 짐승의 글씨체를 상상하며 연필을 쥔다". 어느 대담에서 그는 이렇게 고백한다. "「디스토션」을 쓰면서, 국가 폭력, 사회 억압, 직장의 규율이란 가면을 쓴, '지휘자를 걷어내자.'라는 생각을 해 보았다. 삶의 교향곡에 즉흥적인 자신만의 애드립을 가미하고 싶었다. 이 세상이 규율과 감시 속에 통제되는 것은 '지휘자' 때문이 아닐까라는 의심이 들었다. 결국 교향곡처럼 완벽해 보이는 기존 시의 벽에 나름대로 균열을 가해 나의 목소리를 내 보고 싶었던 것이다."

시인에게「디스토션」은 이렇게도 비유된다. 록음악 연주를 할 때 기타와 연결된 페달을 밟으면 부드러운 기타 소리가 찌그러진다. 흔히 말하는 헤비메탈의 쇠 긁는 소리로 효과음을 내는 것인데, 이는 도리어 록밴드의 음악을 완성한다. 그러니까, 김사람의 시는 바로 이 세계 자체를 찌그러트리면서, 불협화음도 하모니가 될 수 있다는 새로운 인식을 보여준다. 시의 도입부는 〈본 투 비 블루〉라는 영화의 음악에서 영감을 받았다고 한다. '쳇 베이커의 트럼펫 연주를 새벽에 듣는데,' 그 소리가 시인의 앞에서 하얀 연기가 돼서 부서지는 모습이 그것이다. A.N.화이트헤드에 있어서 변형이 주체의 지각과 관련된 장소라면, 결국「디스토션」을 이해하기 위해서는, "오늘 밤은 내내 환청이 필요"할지도 모르겠다. 딴은, "침묵을 완성할 때까지 / 음악을 눈동자에 담아둬야 한다".

황성희: 축제의 언어, 주체의 행방

실패한 시를 가장 많이 쓴 시인만이 새로움에 근접한다. 의외로 시에 있어 진위의 구별은 어렵다. 그런 면에서 미래시는 사물과 언어 사이의 은유, 아니 찢음의 시다. 현대시의 중요한 지점은, 어떤 문으로 들어가고 나오든 언어의 자유에 있다. 현대시는 시인이 언어를 소유하지 않고, 언어가 시를 소유한다. 그런 점에서 결코 이룰 수 없는 '불가능의 시'이다. 끝없이 새로운 시가 등장하고 신선한 시어들로 차고 넘친다. 시는 현재이면서 과거이고, 과거이면서 미래이다. 하여, 시의 이전과 이후는 같거나 다르다. 저간의 서정시가 줄곧 주체와 타자와의 관계성에 집중했다면, 황성희(1972~, 경북 안동 출생)의 시「할로윈 무대회」는 주체와 타자의 전복을 통해 다의성을 추구한다. 존재의 부재성은 부정과 역설을 통해 모순을 극복해 가는 과정을 보인다. 결국 그녀는 할로윈 축제의 특별한 복장, 속임수, 유령의 은유를 통해, 전시대 마초들의 페르소나(가면을 쓴 인격)를 까발리고 있다. 이런 역사 속의 말 걸기 혹은, 인물의 드러냄과 감춤, 사라짐을 통해 자신만의 시의 '무도회'를 연다. 시집『4를 지키려는 노력』(민음사, 2013) 속에 수록된「할로윈 무도회」는, "일상적 현실 속의 권태와 불안, 현대적 주체의 불안정한 의식에 관한 보다 예리한 시적 언술"(심사평-김기택·이광호)의 주체로 인정받은 바 있다.

패리스의 첫 남자가 궁금해? 회색의 방문 앞을 서성이는 독고준. 싫은 건 싫다고 말하렴. 승복의 입에 돌을 넣고 꿰매는 빨간 모자. 옥수수 낱알 위로 검은 피를 흩뿌리는 바스키아. 알리바바와 40인의 김신조, 아직 못 읽었다고? 널브러진 흑백의 시체들 따라 롱 테이크. 아리랑이 삽입되자 킬빌의 닌자들 발끈 솟아오르고. 상투 하나 잘랐을 뿐인데 어제는 벌써 옛날이 되다니. 예를 갖추라. 물렁물렁한 캔버스 방패삼아 나타난 달리. 단단한 채로 썩고 싶다는 거지. 고뇌와 기만 사이 납작 갇힌 채. 어찌 이토록 아무 문제 없사올지. 길동 읍소하며 가로되. 율도를 세울 명분을 주옵소서. 그때, 가다마이 입고 나타난 모던 보이. 윙크하는 그에게 제대로 된 인사 가르쳐 주마 화장실로 불러내는 단재. 두루마기의 실용성을 가르쳐주겠다는 다산. 발음이 수상쩍다며 모던보이를 신고하자는 독수리 훈련병. 나만 졸졸 비춰줄 미러볼을 원하는 것은. 확성기 높이 쳐 든 레지스탕스. 반역입니다. 모조리. 깡그리. 다 이름 붙여 버릴 거야. 담요로 태양을 가린 채 해변의 모래알 세고 있는 개구리 왕눈이. 마릴린은 숨이 턱에 차 뛰어든다. 늦었다고 걱정 말아요. 도무지 끝날 줄 모르는 파티. 알몸이면 어때. 어서 같이 흔들어요. 이 텅 빈 여백 천지 속. 뭐라도 되어 길이길이 남아 보자고요.

- 황성희, 「할로윈 무도회」 전문

"교양 체험에 기반한 「할로윈 무도회」는 다양한 텍스트와 캐릭터들(패리스·독고준·승복·바스키아·김신조·달리·길동·단재·다산·마릴린)이 등장한다. 그런 다성성(多聲性)의 시적 내러티브는 어떤 순일함이 아닌 하이브리드(hybrid)의 세계를 지향하며, 끊임없는 수다와 할로윈(Halloween) 축제의 무도회 장면을 연출한다. 하여 어떤 이념과 현실, 명분과 실질, 미적인 것과 실용적인 것의 구분은 더이상 의미가 없다. 고금(古今)의 시간과 동서(東西)의 장소도 매한가지다. 언어라는 춤의 다양성과 그로테스크한 상상은 "텅 빈 여백 천지 속"을 배경으로 해서 가능한 일이다. 그리고 "시간과 이야기의 비밀은 서로 다른 사건과 인물들, 고전과 현대를 새롭게 잇는 원리와 방법으로서 알레고리와 리믹스(remix)에 있다. 그런 점에서 이 시의 모더니티는 '~되기' 또는 회색의 점이지대(transition belt)에 있다."(김상환, 「비(非)의 시학-황성희와 김수상의 시」)

　황성희의 초기 시는, 현실의 지루함, 권태, 현대 사회의 불안, 가상현실에 대한 혼란 등을 중요한 시의 테제로 삼았다면, 시「할로윈 무도회」는 축제를 통해 근대적 '꼰대 의식'을 까발리고 있다. 시는 '시간의 점(들) spots of time'이다. W·워즈워스의 이 말은 '기억 속에 떠오르는 깊은 이미지나 풍경'을 뜻한다. 황성희의 시 행간은 어쩜, 수다의 점들로, 인물간, 세대간, 몸 바꾸기로 읽힌다. 이런 이미지의 연결은 시간의 점자처럼 더듬거리기도 하고, 점묘처럼 흩뿌려지기도 한다. 시와 비시의 경계를 조금 다른 각도로 바라보면, 호감과 반감 사이쯤이다. 황성희의 「할로윈 무도회」는, 소위 기성 시에 대한 반감, 보편화된 예술의 전복을 꿈꾼다. 이러한 일탈, 혹은 낯선 사유는, 사회에 대한 반감, 나아가 체제나 작품, 고전에 대한 반감으로까지 확산된다. 아무 것에도 구애받지 않는, 누구에게도 속하지 않는, 의도적 시 쓰기의 전형이다. '가장 비시적인 것으로 가장 시적인 것'을 추구한다. 보통 이런 작업은 역사 속의 사건들이 개입되며, 상상력과 어우러져 희화화된다. 시「할로윈 무도회」는 결국, 현대를 비판하기 위해, 다양한 근대의 인물들을 등장시켜 패러디한 것이다. 의도와 모호 사이에서, 그녀의 의미들은 상충되며 재배치된다. 이런 엇의 미학과 다층적 시어, 이미지는 김상환 평론가의 지적처럼, 주체와 대상, 현실과 환상, 언어와 실재, 형상과 질료의 경계를 가로지르는 하나의 모험이다. 하여 이 시는, 사회적 병폐와 체제의 선전을 비판적 시각으로 뜯어보게 하는 풍자이자, 당대 젊은 시인들의 정체성 혼란의 표징이다. 미학적 모더니티의 산물이다.

최백규: 불편한 진실 혹은 고양이의 노래

 젊은 시인 최백규(1992~, 대구 출생)에게 몸은 이미지이다. 욕망을 통과한 화인(火印)이다. '여기'와 '너머'를 질주한 언어다. 그는 대상과 대상을 전복(顚覆)시킨다. 그의 언어는 연대기적 시공간의 휨이다. 이미지는 풍경의 상처다. 사라졌다 나타나는 비극의 징조이다. 그의 시적 창조는 체험적이다. 실존을 관통한 피안이다. 하여, 발화는 전격적이다. 몸은 사물의 타자화이다. 그의 시는 미완이다. 굴절된 현재에 비친 거울이다. 주체 혹은, 타자와의 불확정성이다. 존재의 부재이자 역설의 직진이다. 주체의 유령이자 현대성의 불안이다. 다성(多聲)의 시적 내러티브는 환유적이다. 그로테스크한 원초적 관능은 압권이다. 그의 시적 사건은 불연속적이자 알레고리다. 언어의 해체는 표현 추상이다. 행과 연은 환(幻)이자 비약이다. 대상과 대상 간은 떨림과 울림이다. 비시(非詩)적 언어이자 불가능의 통로다. 모호와 난해의 포즈이다. 그의 언어는 '보다'와 '죽음' 사이의 틈이다. 언어의 살점은 고통의 절규이다. 시어와 시어 사이의 은폐는 비밀번호이다. 하여, 그의 시는 불편한 진실과 새로움이 있다.

 초기 최백규의 언어는 소리를 만진다. 행간은 절벽과 절벽 사이다. 연과 연은 비약과 판독의 불가다. 미래시의 이목구비가 아방가르드적이듯, 그의 시도 그렇다. 시적 의미 또한 유니크(unique)하다. 인상적인 제목은 카피적이다. 불현듯 나타나 홀연히 사라지는 디지털 언어다. 느낌과 감성은 몽환적이자 수다적이다. 다 읽어도 시의 뒤태는 오리무중이다. 그의 시는 쉽게 다가오지도, 다가설 수도 없는 질문이다. 집중하면 할수록 행간은 심하게 굴절된다. 상상의 자동기술은 어디로 튈지 모르는 럭비공 같다. 날것의 감각은 시적인 것에 갇혀있다. 서정시가 정서와 의미의 대상이라면, 미래시는 언어와 느낌의 대상이다. 묘사적 이미지는 거미줄의 미로 같다. 행과 연의 관계망은 아슬아슬한 외줄 타기다.

하여 '사이, 혹은 틈새'의 시학으로 명명된다. 최백규의 「나의 세상에 온 걸 환영해」는 '같으면서도 다른' '다르면서도 같은' 이 시대 젊은 세대의 사랑앓이다. "나"는 "너"의 틈이자 비밀이다. 보이지 않는 공중에서 무언가를 엿듣게 한다. 말의 감촉, 그 느낌, 그 향기를 맡는다. 이별하는 것은 모두 엇각이다. 시간만이 언어의 눈물을 말릴 수 있다. 사랑은 언제나 떨림과 울림으로 반응한다. 하여, 이 시는 '나'의 떨림이 '너'의 울림으로 사라지는 방식이다.

나는 숨을 쉬는 것을 그만두기로 했다

빗나간 입술
비어있는 공간을 굳이 채워 넣을 필요는 없다
거리의 밀도가 나를 막다른 골목으로 몰아넣었다
뒤돌아서는 그때의 너를 오후의 크기에 더했다

너와 처음 여행을 다녀오던 날에도 나는 쓰레기였다
그저 네 고양이의 단면이 얼마나 흘러내리는 모양인지 알려주고 싶은 것
떠나간 자리에서 남아 있는 날개의 흔적에 글자를 그렸다
니야옹, 니야옹

우리가 아직도 한 우주 안에 존재한다는 사실에 확신을 가질 수 없다
이곳에서 볼 수 있는 별의 최소 유통기한은 4년
너는 달의 공전 주기를 뒤적이고 나는 지구의 나이를 달력에 표시했다
4월의 꽃잎들을 잘게 찢어 한입에 털어 넣었다
구부러진 햇살 ㄷ자로 웅크린 거실의 오후 4시
공중을 떠다니던 먼지들도 소파의 안으로 점점 파고들 것이다

이곳은 내가 없어져야 모든 것이 완벽하다
매일 거울 앞에서 이빨을 하나씩 뽑아 선반에 얹었다

면도를 할 때마다 창가의 꽃병들은 어째서 죽어가야만 하는지 궁금했다
의사가 먼지보다 많은 이곳인데!
아직 마르지 않은 세면대의 상처에 물기로 뒤덮인 심장을 가만히 맞춰본다
핏줄을 타는 붉은 것 너무 뜨거워 나의 마음은 언제나 4도 화상

너는 숨 쉬는 대신에 휘파람 부는 법을 마지막 가르쳐 주었고
내가 노래를 완성했을 때 너의 모든 것은 나의 세상이 되었다
머리 위로 기차가 지나갈 때, 한껏 벌린 가랑이 사이를 기어나갈 때
여름의 한복판을 거니는 고양이의 소리로 실컷 울었던 것도 같다

막다른 골목의 담벼락에 천천히 '굿바이, 로맨스'라고 긁는다.
— 최백규,「나의 세상에 온 걸 환영해」전문

  시의 첫 행은 비밀의 화원이다. "나는 숨을 쉬는 것을 그만두기로 했다" 이별의 끝을 지나고 나서야 열린 나의 세상은 역설이다. "빗나간 입술"은 비극의 전주곡이자 환유이다. 상실의 사랑법이자 충격의 마침표이다. "막다른 골목"에서 "뒤돌아서는 그때의 너를 오후의 크기에 더"한 절망의 은유는 참으로 아름답다. 이런 시법은 제목에서 첫 행까지 이어지던 긴장감을 빗겨나가게 한다. 심리적 굴곡은 시선을 대담하게 확장 시킨다. 인파 사이로 사라진 '너'와 거리 한가운데 남겨진 '나'의 대비를 통해 '홀로 남겨졌다'는 아픔을 부각한다. 과거 회상(여행)을 보여주며 이별까지 올 수밖에 없었던 이유를 추측케 한다. 고양이의 소리를 연결고리로 과거(거리에 남겨진 나), 현재(여행을 회상하는 나), 미래(집 밖으로 나가지 않는 나) 는 통시적으로 연결된다. '4'를 의도적으로 반복함으로써 운율을 형성하고, '죽음'을 연상케 한다. "봄꽃", "구부러진 햇살" 등의 교차는, 인생의 순간성과 니힐리즘을 극대화한다. 이것은 욕실(개인적 공간)이라는 특수한 공간에서의 자해(이빨을 뽑거나 몸에 상처 내는 것)를 통해, 망가져 가는 개인의 고립을 클로즈업시킨다. "휘

파람"이란 명사는 "고양이의 소리"에 연결되어, 시 전반의 음악적 무대 효과음으로 작용한다. "머리 위로 지나가는 기차"와 "한껏 벌린 가랑이 사이"는 성적 메타포이자, '나'와 '너'의 애증의 블랙홀이다. 하여, 타자화된 주체는 "담벼락"에 '굿바이, 로맨스'를 긁음으로써, 이별의 감옥에 갇혀있는 '나'를 해방시킨다. 최백규는 첫시집 『네가 울어서 꽃은 진다』(2022, 창비)에서, '청춘, 사랑, 죽음' 이미지를 물고 놓지 않는다. 그는 삶을 가장 명징하게 드러내는 유일한 기제를 니힐리즘에 두었다. 무(無)를 빌려 인간사의 비극을 발설한다. 그는 바람의 말을 은유로 재빨리 나꿔챌 줄도 안다. 사물, 그 '너머, 혹은 호기심'을 직관한다. 묘사를 통해 놀라운 비약과 우주적 상상력을 확장한다. 기성 언어의 전복(顚覆)과 전면적 균열을 시도한다. 불가능의 시학을 뚫고, 해체와 실험의 틈을 찌른다. 언어를 혹독하게 검열하고 있으며, 끊임없이 전 시대의 시를 타살하고 있다. 언어를 통해 언어를 버림으로써, 무용지용(無用之用)의 세계에 근접한다. 하여 그의 시는, 그 자체가 '낯선' 풍경이다. 언어의 바깥을 통해 언어의 안을 파내고 있다. 현대시의 알레고리와 모니터의 무한 풍경을, 최백규는 집요하게 추적한다. 그리고 "니야옹, 니야옹" 고양이의 슬픈 울음소리는 어느 모로 주술적 감응과도 같이 막다른 골목에 놓인 한 영혼을 구원한다. 이제 "모든 것은 나의 세상이 되었다".

시집사리 詩集思理

PART + 08

시와 사유·여덟

김동리는 한국의 신문학사에서 가장 주목할 만한 현상의 하나로, 신춘문예 현상'을 꼽은 바 있다. 그 말처럼 문학도들에게 신춘문예는 하나의 상징이자 은유로 기능해 왔다. 습작의 끄트머리에서 작가로 입신하는 대망의 첫 관문 중에서 신춘문예는 가장 화려하고 유혹적인 등용문이랄 수 있었고, 본격 문인으로 성장할 수 있는 가능성을 점검하는 장이기도 했다. 신춘문예에서 선발된다는 것은 개인의 문학적 자질을 공인받고 입신의 교두보를 마련하는 일인 까닭에 해마다 12월이면 많은 문학 지망생들이 신춘의 낭보를 기다리고, 신문사들 역시 좋은 신인을 발굴하기 위해 분주하곤 했던 것이다. 지금 신춘문예는 거대한 파도에 휘청대는 쪽배의 운명과도 같다. 경제와 효용성의 신화 속에서 전근대적인 수작업에 의존하는 문학의 운명처럼 신춘문예의 앞길 또한 위태롭기만 하다. 이런 상황에서 문인들은 신춘문예의 폐해를 지적하기보다는 그것이 갖는 문학 사회학적인 역할과 기능을 헤아리고 조심스럽게 대응하는 것이 옳지 않을까. 신춘문예가 신문에서 사라지는 날, 어쩌면 우리 문학은 몇몇 애호가들에 의해 운영되는 무수한 인터넷 동호회 중의 하나로 전락할지도 모른다. 물론 이것은 기우에 그쳐야겠지만.

- 강진호, 「'신춘문예'라는 제도, 그 전개 양상과 운명」,《문화예술》2003.2.) 중에서

제8장
신춘시 읽기의 몇 가지 방식

신춘문예가 걸어온 길

　한국의 신춘문예는 언제 어떻게 시작되었을까? 신춘문예는 '여러 부문의 문학 신인 선발을 목적으로 신문사에서 매년 행하는 문예행사'로 정의할 수 있다. 1912년 2월 9일 매일신보의 '현상모집'은 신춘문예의 정의를 바탕으로 할 때, 그 본격적인 출발점으로 삼을 수 있다. 당시엔 '각지기문(各地奇聞), 속요(俗謠), 소화(笑話), 시(詩), 단편소설(短篇小說), 서정서사(敍情敍事)'의 6개 부문에 걸쳐 작품을 모집했다. 이후 1914년 12월 10일자에는 '신년문예'라는 말이 등장하는데, 이는 신춘문예라는 제도화된 용어의 최초의 출현이다. 신년문예모집 공고를 보면 모집 장르로는 '시, 문(文), 시조, 언문줄글, 언문풍월, 우슴거리, 가(唱歌), 언문편지, 단편소설, 화(畵)' 등이 있었다. 그리고 심사위원의 경우에는 단순히 선자(選者)로만 표기했을 뿐 그 이름은 밝히지 않았다. 이후 1919년 12월 2일의 현상모집에서는 신년문예 대신 신춘문예라는 용어를 처음 사용하였다. 한시, 신체시, 시조, 미어(謎語, 수수께끼), 만화를 모집했다. 이렇게 보면, 신춘문예의 시작은 우리 신문의 창간과 맥을 같이한다. 1925년과 1928년에 각각 신춘문예를 시행한 동아일보와 조선일보에 의해, 신년 문학작품 모집 제도를 가리키는 보편적인 용어로 자리잡게 된다. 당시엔 각 장르마다 과제(課題)가 주어졌으며, 반드시 본격 문예 작품에 한정하지는 않았다. 주제가 여럿이면 그 가운데 어느 하나를 선택하여 썼다. 그리고 재미있는 것은 현상금이란 말 대신 '박사 진정(薄謝進呈·사례로 얼마 안 되는 돈이나 물품을 준다)'이라 했다. 소설의 경우 1등에게는 60원, 2등에게는 30원. 당시 쌀 중급품 한 가마가 30원, 택시 요금이 1원(균일가)이다. 첫해에는 4편의 소설과 8편의 시가가 뽑혔다. 주제는 '싸움 이야기'와 '용 이야기'였다.(참조. 위키백과 및 이재복, 「신춘문예 우리문학사에 어떻게 기여했나」, 『시인세계』, 2002 겨울) 현재 시행되고 있는 대표적인 신춘문예로는 〈조선일보〉, 〈동아일보〉, 〈한국일보〉, 〈한국경제〉, 〈경향신문〉, 〈세계일보〉, 〈서울신문〉, 〈매일신문〉, 〈광주일보〉, 〈부산일보〉, 〈국제신문〉, 〈문화일보〉 등 25 여 곳이 있다. 최근 2019년 〈뉴스N제주〉에서 처음으로 시행한 '디카시' 신춘문예 신설은 새삼 주목을 받고 있다.

한국 현대시의 새로운 내일을 가늠하는 지남(指南)으로서 신춘문예 제도는 신인 작가 발굴은 물론 문단 활성화에 크게 기여하고 있다. 신춘문예 시 부문 당선작은 주로 '참신한 언어 실험', '응시와 발견', '언어의 조탁(彫琢)과 감각', '현실의 부조리와 풍자', '압축 혹은 형상화의 미학' 등을 위주로 한다. 최근 성향에는 '소통과 흡인력이 높은 작품', '독창적 체험의 깊이를 확보한 날이미지'의 개성적 작품이 크게 각광을 받고 있다. 특히, 응모작의 수준은 골라야 하며, 기성 시법의 모방과 표절은 금기이자 탈락의 대상이다. 신춘문예의 활성화는 전문 시인들의 배출뿐 아니라, 고급 독자층의 확보 및 아마추어리즘을 걸러내는 검열의 기능을 갖기도 한다. 1990년대 이전까지의 신춘문예 작품은 소수의 작품을 제외하곤 소통에 별반 문제가 없었으나, 2000년대 이후에 오면 대다수의 작품이 불통의 문제로 곤혹스럽다. 전자가 시적 소재와 대상, 형식과 내용, 주제 의식과 형상화의 방법을 '세계의 자아화-자아와 세계의 동일성'이란 전근대의 방식으로 풀어냈다면, 후자는 미래시의 영향으로 신인마다 주체를 끌고 가는 방식이 자아의 분열과 확장, 극적 전개와 타자성으로 인해 크게 변모한 게 사실이다. 하여, 2010년에서 2022년까지 당선작 중 다수는, 독해 자체가 암호화된 기호처럼 보인다. 이런 언어의 분리와 단절성은 비판의 대상이 되지만, 기상천외한 '실험'과 '파격성' 이야말로 신춘문예에서만 가능한 도전이기도 하다.

  이제 오독을 전제로 한 신춘시 읽기의 몇 가지 방법을 보기로 하자. 우선 '주체와 객체'를 인식하는 시선이 혁명적이어야 한다. 신선한 언어 감각의 강점을 흡수하고, '다름과 차이'를 인정할 때 비밀스런 독해는 비로소 풀리기 시작한다. 개인적 일상과 은폐된 언어 구조의 의미는 더욱 심층화되어 있다. 이런 숨겨진 무의식을 행간 밖으로 끌어내려면 오랫동안 행간을 곱씹어 보아야 한다. 시대가 언어를 규정한다. 이성과 의식의 통제와 지배를 거부하며, 초현실주의의 모호한 기분과 감정을 개인의 극단적인 언어와 이미지로 드러내는 최근 신춘시의 수법은, 갈수록 진화되어가는 느낌이다. 다층적 언어 실험은 언어를 형태소의 최소 단위로 쪼개고, 단어와 기호를 혼합하고, 색채와 시선의 이미지를 분산하여, 수많은 낯선 점으로 찍어 놓은 '주체'로 대체 된다. 행(行)과 연(聯)의 갑작스런 단절과 놀라운 비약은 신인의 패기이자 강점이다. 물론, 거칠고 모호한 언어 습관, 외래어 및 외국어의 과다한 사용은, 자칫 한국어에 대한 무시로 비춰질 수 있어 금기의 대상이다. 최근 신춘문예의 역기능도 제기된 바 있다. 문학작품, 특히 시는 '느낌'으로서의 작품 읽기가 중요하다. 신춘문예가 '불통 혹은, 지나친 언어 조작'으로 인한 시 만들기에 집중되었다는 비판이다. 소위 판에 박힌 신춘문예용 당선작은 그들만의 리그로 전락했다는 지적을 낳았다. 또한, 등단 과정에서의 높은 경쟁률을 뚫고도, 작가의 이후 문학 활동을 보장받지 못하는 점은, 신춘문예의 위상을 점점 위축시키고 있다. 특히, 공정한 경쟁과 심사보다는 문단 권력화로 인한 '나눠먹기식' 심사의 폐단은 사회적 공분을 불러일으켰다. 그럼에도 불구하고 신춘문예가 한국어 사용자들의 공동 관심사이자 신춘문예 당선작과 등단 작가는, 문학 지망생들에겐 새해의 소망이자 로망(roman)이 아닐 수 없다. 뿐만아니라, 신춘문예는 "우리 자신보다 더 예민하게 앓고 노래해 줄 새 소리꾼, 새 예언자를 기대하는 사회적 형식"(2014 〈경향신문〉 신춘문예 시 심사평, 황현산/김사인)이란 점에서 더욱 새로운 관심을 환기한다. 이 글에서는 2000년에서 2020년까지 신춘문예 당선작 6편의 시를 중심으로 살펴본다.

응시와 발견

2000년 이후의 신춘문예 당선작은 미래파의 영향을 지대하게 받는다. 미래시는 과거 유산과의 결별, 형식의 해체 및 언어의 절대 자유, 산문시의 실험, 낯선 어법, 새로운 상상력을 들고나왔다. 기존의 문법을 파괴한 서술 구조의 단절과 행간의 비약은 소통 불가의 장치이지만, 언어 지층에 각인된 연대기를 우주적 상상력으로 확장한 힘은 가히 환상적이다. 이런 현상은 스마트폰의 등장과도 밀접한 연관이 있다. 포노사피엔스(Phonosapiens)로 지칭된 이 세대는, 태어나면서부터 인터넷 공간에서 가상의 생존 방식을 익혔다. 기존 인류의 문명은 무너지고, 4차, 5차 디지털 혁명으로의 진화는 속도의 시대이다. 로봇과 AI, 유튜브, 넷플릭스, OTT 등의 스마트폰 영상은 새로운 유토피아를 선보였다. 시단의 지형 역시 '미래시'의 급속한 파급으로 거의 모든 서정의 시법은 전복된 상태이다. 빅데이터·사물인터넷·5G·자율주행 등 신개념을 흡수한 전혀 낯선 언어들이, 2000년대 신춘문예 당선작에 유입된다. 세밀한 언어의 조탁과 묘사, 낯선 화법과 개인적 상징, 특히, 소수자의 성차별과 불평등한 사회의 부조리, 폭력과 야만, 팬데믹 이후의 죽음 이미지를 시의 주제로 활용하였다. 이런 포스트휴머니즘(Post Humanism) 시대의 진입은 우주와 지구, 자연과 인간의 초연결 시대를 열었다. 대체로 전근대의 동일성의 시학은 퇴색하고, 환상과 해체의 시학으로 전이된다. 화자의 자리는 다층적, 분열적 주체로 바뀌었으며, 시적 주제는 부조리한 현실을 과감하게 비판한다. 신인들의 시적 고뇌는 불안한 시대의 정신적 위기감을 투영한 것이며, 현대인의 분리 불안이 얼마나 심각한지를 보여주고 있다.

2001년 김지혜의 〈동아일보〉 당선작 「이층에서 본 거리」를 보면 언어 마디를 극미세 이미지로까지 치고 들어간 관찰력과 묘사력이 단연 돋보인다. 2001년 조유인의 〈매일신문〉 당선작 「금관」은 고대 석관의 밀폐된 뚜껑을 여는 듯한 돌올한 상상력으로 빛과 소리의 영롱한 합금을 빚고 있다. 2005년 윤진화의 〈세계일보〉 당선작 「모녀(母女)의 저녁식사」는 신선한 발상이 주목을 받았다. 유방암에 걸린 어머니의 이미지를-아마존의 여왕 히포리테-로 연상한 시적 비유는, 사물을 보는 시각이 다른 사람과는 본질적으로 다름을 잘 보여주었다. 2006년 곽은영의 〈동아일보〉 당선작 「개기월식」은 시와 과학적 사실이 시인의 상상력과 버물려 어떻게 시로 재탄생되는지를 보여준 수작이다. 2007년 신미나의 〈경향신문〉 당선작 「부레옥잠」은 근래 보기 드문 서정시의 완성작이었다. 부유성 수초인 부레옥잠이라는 작은 사물을 섬세하게 묘사하여 여성성에 닿게 한 점은 높이 평가받을 만하다. 2008년 문정의 〈문화일보〉 당선작 「하모니카 부는 오빠」는 현대시 속에 외국 노동자(캄보디아)의 신산한 삶을 새롭게 환기시킨 작품이다. 한 소녀의 입을 통해 부정적이고 어두운 노동자의 고통스런 현실을 따스한 서정으로 희망과 아름다움을 노래했다. 2009년 임경섭의 〈중앙일보〉 당선작 「진열장의 내력」은 사물을 바라보는 시선이 초점을 잃지 않고 삶 전체를 향하고 있다는 점이 장점이다. 서류뭉치로 정의되는 직장인의 고단한 하루를 통해 현대 사회가 안고 있는 폐쇄적 환경을 잘 응시한 작품이다. 2010년 성은주의 〈조선일보〉 당선작 「폴터가이스트」는 불안을 이미지의 질료로 비벼 수준 높게 형상화하였다. 진심이 묻어있는 어눌하면서도 차분한 어조, 공포를 해소시키는 짧은 농담, 살얼음처럼 떨리는 섬세한 문체로, 현대인의 불안을 능숙하게 다루었다.

특히, 앞서 말한 김지혜(1978~, 서울 출생)의 「이층에서 본 거리」는 대상에 대한 예리한 응시와 발견이 단연 돋보인다. 이 시는 94년 심보선의 〈조선일보〉 당선작 「풍경」에서 처음 시도된 영화적 기법을 보다 세련시켰다. 신선한 언어의 사용과 관능적 은유는, 심리에 기반한 플롯의 정교함과 겹쳐 백미를 이룬다. 세 장면의 자연스런 이야기의 흐름과 반전은 정치(精緻)한 데가 있다. 픽션과 논픽션 사이에서 전개되는 풍경은, 생생한 묘사와 즉물적 상상력으로 카메라의 이동 기법을 선보였다. 작품 전문을 보자.

1
   모시 반바지를 걸쳐 입은 금은방 김씨가 도로 위로 호스질을 하고 있다 아지랑이가 김씨의 장딴지를 거웃처럼 감아 오르며 일렁인다 호스의 괄약근을 밀어내며 투둑투둑 흩뿌려지는 환(幻)의 알약들
   아 아 숨이 막혀, 미칠 것만 같아
   뻐끔뻐끔 아스팔트가 더운 입김을 토하며 몸을 뒤튼다 장딴지를 감아올린 거웃이 빳빳하게 일어서며 일제히 용두질을 시작한다 한바탕 대로와 아지랑이의 질펀한 정사가 치러진다 금은방 김씨가 잠시 호스질을 멈추고 이마에 손을 가져가 짚는다 아 아 정말 살인적이군, 살인적이야
   금은방 안, 정오를 가리키는 뻐꾸기시계의 추가 축 늘어져 있다

2
   난간, 볕에 앉아 졸고 있던 고양이가 가늘게 눈을 뜬다 수염을 당겨본다 입을 쩍 벌리며 하품을 한다 등을 활선처럼 구부린다 앞발을 쭈욱 뻗으며 온몸의 털을 세워본다 그늘은 어디쯤인가 환상은 어디쯤인가 졸음에 겨운

눈을 두리번거린다 난간 아래에 굴비 두름을 줄줄이 꿴 트럭 한 대가 쉬파리를 부르며 멈춰져 있다 백미러에 반사된 햇빛이 이글거리며 눈을 쏘아댄다 하품을 멈춘 고양이, 맹수의 발톱을 안으로 구부려 넣는다 팽팽하게 당겨졌던 활선을 거두고 어슬렁, 난간 위의 시간으로 발을 뻗어본다 빛의 알갱이들이 권태의 발끝에 채여 후다닥 흩어진다 권태가 이동할 때마다 환상도 한 걸음씩 비켜선다 이윽고 권태가 지나간 난간 위로 다시 우글거리며 모여드는 햇빛, 날카로운 이빨을 드러내며 쩌억쩍 하품을 뿜기 시작한다

3

건너편의 창, 적색 커튼이 휘날리고 있다. 시간이 들고난 것처럼 휑하다. 안은 보이지 않는다. 일몰 쪽으로 입을 벌리고 있다. 동굴 같다. 그러나 그 동굴에도 전등 켜지던 밤이 있었다. 불 밝힌 창 아래에서 토악질하던 사내, 목구멍에 검지를 집어넣고 속을 뒤집고 있었다. 돌아가 잠들기 위해 영혼을 뒤집던 사내는 전신주처럼 깡말랐었다. 깡마른 영혼들이 분주하게 오가던 골목은 그러나 이제 텅 비워져 있다. 깨진 유리창. 찢겨 울부짖는 적색 나일론 커튼. 절벽처럼 캄캄해지고 절벽처럼 늙어가는 창. 영영 주인이 돌아오지 않는, 아직 닫히지 못한 창을 나는 바라보고 있다. 창도 그런 내가 끔찍할 것이다. 영원히 다물지지 않을 것만 같은 입구들이 키를 쥐고 있음을. 그 안엔 환상도 캄캄하리라는 것을. 몸소 보여주는 창의 건너편에서 나는 매일 꼼짝 않고 있으므로.

- 김지혜, 「이층에서 본 거리」 전문

「이층에서 본 거리」는 현대인의 삶의 명암을 창(窓)을 통해 드러낸 사이의 풍경이다. 관음증(VOYEURISM)이 자아와 타자 사이 성적 충동과 순수한 호기심의 발로라면, 「이층에서 본 거리」는 현대인의 다층적 삶의 무늬를 디자인하였다. 시의 행과 연 사이 개입한 내레이션은 장면마다 흥미를 불러일으킨다. '여성'의 관점에서 '남성성(性)'의 심볼을 비밀스럽게 훔쳐본 시선은 관능적이다. 특히 "호스의 괄약근을 밀어내 투둑투둑 흩뿌려지는 환(幻)의 알약들"이 "금은방 김씨"의 용두질과 겹쳐

클로즈업된다. 이런 다층의 감각적 이미지는 행간의 의미와 은유를 천착한다. 이 시는 풍경과 언어 이전의 음영(陰影)을 동시에 드러낸다. 자위행위가 끝난 남성의 식은 심볼을 "뻐꾸기시계의 추가 축 늘어"졌음에 비유한 점은 압권이다.

  2연의 카메라의 이동을 "난간, 볕에 앉아 졸고 있던 고양이가 가늘게 눈을 뜬" 시점으로 옮겨간 것은 절묘하다. 언어의 기미와 기척을 느낌으로 바꾼 시안(詩眼)은 공감각적이다. "수염을 당"기는 고양이의 앞발은 감정의 크로키다. 풍경과 풍경 사이를 "팽팽하게 당"긴 고양이의 등으로 묘사한 점 또한 세밀하다. 가장 환상적 이미지는 "난간 위로 다시 우글거리며 모여든 햇빛,"을 직관한 독창적인 개성에 있다. 물론 "찌억쩍 하품"하는 고양이의 "권태"를, 저녁의 시간적 이동으로 옮긴 기교 또한 놀랍다. 시에 있어(괴테의 말처럼) 감정이 전부라면, 세계의 비밀을 여는 열쇠는 감성이다. 이 시는 지극히 개인적인 발화법을 통해 언어의 끝으로, 시대의 압화를 조각(彫刻)하고 있다. 구체를 통해 추상으로, 추상을 통해 구체의 세계로 이행한다. 다초점을 통해 현실 풍경의 이면을 들춰내는 이 시는 단절과 비약을 통해 현대인의 고독한 일상을 "건너편 창"을 통해 "전등"불로 비춘다. 인간의 내면은 "동굴"처럼 캄캄하다. "토악질"하는 "사내"는 일그러진 현대인의 모습이다. "절벽"과 "절벽"사이에 끼어 "울부짖는" 21세기의 인간 자화상이다. 생의 의미도 "환상"도 없는 이 시대의 암울을, 영화 속 슬로우모션처럼 시적 주체는 전환된다. 이층에서 바라다 본 거리의 풍경과 사물은 평면적이지 않다. 이렇듯 세계를 보다 잘 조망하는 관점과 시선의 획득은 허공이거나 하나의 텅 빈 입구이다. 세계의 비밀을 여는 키가 바로 여기에 있다.("영원히 다물리지 않을 것만 같은 입구들이 키를 쥐고 있음을")

풍경과 서정

　신춘문예의 흐름은 2010년 중반에 이르면, 새로운 서정과 감각적 이미지의 등장, 현대 사회의 다양한 부조리를 비판하는 동시에, 우주적 상상력이 시에 도입된다. 시를 어떻게 쓸 것인가란 방법론적 질문보다, 어떤 시가 새로운 시인가라는 모더니티의 문제로 이동한다. 그리고 주체나 대상을 감각적 이미지로 보는 경향이 뚜렷하다. 상징과 은유로 대변되는 이 시기의 시작(詩作)들은, 언어의 생성과 발전, 소멸과 의미의 단절까지도 극단적으로 시도된다. 시 행간의 보폭을 최대한 넓게 사용하고 있으며, 언어유희를 통해 언어 너머를 지향한다. 2012년 김민철(1981~, 서울 출생)의 〈문화일보〉 당선작 「풍경 재봉사」는 새로운 서정의 언어 실험과 보다 완결된 작품의 타입을 보여준다. 기존 서정시의 유행과 시류에서 벗어난 참신한 감각은 독창적 시법이다. 호수에 떨어지는 장맛비를 풍경 재봉사로 인식하는 형상화 과정 하나하나가 놀랍고 기발하다. 이 시는 풍경 이미지를 섬세한 언어 구조와 연결시켜 구체화된다. 묘사적 이미지는 한 폭의 아름다운 그림으로 형상화된다. 뿐만 아니라, 무의식적 우주의 복합 영상으로 이미지와 이미지 사이의 연결 고리가 약하거나 사라지게 되어 사물을 언어로부터 분리시킨다. 반면, 「풍경 재봉사」는 천문(天文) 지문(地文) 인문(人文)의 내적 조화를 꿈꾼다. 말의 상투적인 틀을 해체하고 물성과 하나 되어 놀라운 감성으로 되살아난다. 이미지 과잉이 아니라 고급한 이미지의 세련된 무늬로 승화된 빼어난 시이다.

　　　수련 꽃잎을 꿰매는 이것은 별이 움트는 소리만큼 아름답다
　　　공기의 현을 뜯는 이것은 금세 녹아내리는 봄눈 혹은
　　　물푸레나무 뿌리의 날숨을 타고 오는 하얀 달일까

오늘도 공기가 휘어질 듯하게 풍경을 박음질하는
장마전선은 하늘이 먹줄을 튕겨놓고 간 봉제선이다
댐은 수문을 활짝 열어 태풍의 눈에 강줄기를 엮어준다

때마침 장맛비는 굵어지고, 난 그걸 풍경 재봉사라 부른다

오솔길에 둘러싸인 호수가 성장통을 앓기 전,
빗방울이 호수 가슴둘레를 재고 수면 옷감 위에 재봉질한다
소금쟁이들이 시침핀을 들고 가장자리를 단단히 고정시킨다

흙빛 물줄기들은 보푸라기의 옷으로 갈아입고
버드나무 가지에서 밤새 뭉친 실밥무늬가 비치기도 했고
꾸벅 졸다가 삐끗한 실밥이 굴러 떨어지기도 했다

그것은 풍경 재봉사의 마지막 바느질이 아닐까
주먹을 꽉 쥐려던 수련의 얼굴로 톡 떨어지는 물방울

수련꽃이 활짝 피어 호수의 브로치가 되었다

— 김민철, 「풍경 재봉사」 전문

「풍경 재봉사」는 "호수에 떨어지는 장맛비를 풍경 재봉사로 인식하는 형상화 과정 하나하나가 자상하고 섬세"하다. 하여, 유행과 시류에 벗어난 "한국시가 근래 들어 잃고 있는, 우아한 아름다움"이 깃들었다.(심사평) 1연에서 시인은 장맛비가 수련 꽃잎에 떨어지는 순간의 시학으로서 시각을 촉각 이미지로 전이시킨다. 비가 꽃잎을 '꿰맨다'는 발상과 비유적 이미지는 신선하다. "봄눈", 혹은 "물푸레나무 뿌리의 날숨을 타고 오는 하얀 달"의 시각적 은유 역시, 서로 연결된 사물의 존재를 내밀화 한다. 물푸레나무 뿌리와 하얀 달은 본질적으로 같은 생명이며, 독립된 개체가 아니라 연결된 전체로 작동한다. 이런 융합 이미지는 "공기의

현"을 뜯는 소리로 청각화 함으로써 새로운 이미지를 창조했다. 한 사물의 다양한 이미지를 어떻게 시어 속에 적확하게 부려 쓸 것인지가 '시'의 핵심이다. 2연의 장맛비가 때리는 상황을 "공기가 휘어질 듯하게 풍경을 박음질"하는 촉각으로의 환유는 탁월하다. 이전의 서정시에서 볼 수 없는 사물을 뒤집어 본 발상은 신선하다. 직선 또는 사선으로 '허공'을 긋는 장맛비의 빗줄기를 '휘어짐'으로 본 곡선의 사유와 상상력은 놀라운 응시이다. 다양한 언어의 변용도 기막힌 시법이지만, 기후를 나타내는 등고선을 "장마전선은 하늘이 먹줄을 튕겨놓고 간 봉제선"으로 감각화한 시법은 기발하다. 무엇보다 이 신인의 놀라운 시적 인식은, 호수의 장맛비가 불어나는 현장을 "빗방울이 호수 가슴둘레를" 잰다는 깊은 사유의 내공에 있다. 그리고 "소금쟁이들이 시침핀을 들고 가장자리를 단단히 고정시"키는 장면은, 옷의 수치를 재는 재봉사와 오버랩되어 시 읽는 재미를 만끽하게 한다. 아울러, 호수 가운데 피어있는 "수련꽃"을 "호수의 브로치"로 비유한 시각 이미지는, 김민철만의 독창적인 은유의 미학이자 진리가 된다.

한편, 2013년 황은주(1966~, 강원도 홍천 출생)의 〈중앙일보〉 당선작 「삼만 광년을 풋사과의 속도로」는 발랄한 상상력, 풋풋한 사유, 오랜 시적 내공과 함께 새롭게 찾은 사물의 성질, 감각의 명증성, 모국어를 최적화할 수 있는 야무진 시로 평가받았다. 시의 위치를 다양하게 이동시킴으로써 주체의 의미를 심화한다. 언어의 모호성과 모순에서 발생하는 청각의 시각화는 독자적 이미지로 거듭난다. 여러 겹으로 접힌 언어의 중의성은 행간을 팽팽하게 긴장시킨다. 때로는 시간의 급격한 이동으로 인해 불협화음이 발생하지만, 근본적으로 이 시가 추구하고 있는 미래를 향한 지향점은 바뀌지 않는다. 이 시는 실제의 세계와 인간이 만든 상상의 세계 사이에 굴절과 균열이 생겨남을 잘 보여주고 있다.

아삭, 창문을 여는 한 그루 사과나무 기척
사방四方이 없어 부푸는 둥근 것들은 동쪽부터 빨갛게 물들어간다
과수원 중천으로 핑그르르
누군가 붉은 전구를 돌려 끄고 있다
당분간은 철조망의 계절

어두워진 빨강, 눈 밖에 난 검은 여름이
여름 내내 흔들리다 간 곳에
흔들린 맛들이 떨어져 있다
집 한 채를 허무는 공사가 한창이고
유독 허공의 맛을 즐기는 것들의 입맛에는 어지러운 인이 박혀 있다

죽은 옹이는 사과의 말을 듣는 귀
지난 가을 찢어진 가지가 있고 그건 방향의 편애
북향에도 쓸모없는 편애가 한창이다

비스듬한 접목의 자리
망종 무렵이 기울어져 있어 씨 뿌리는 철
서로 모르는 계절이 어슬렁거리는 과수원
바람을 가득 가두어 놓고 있는 철조망
사과는 지금 황경 75도
윗목이 따뜻해 졌는지 기울어진 사과나무들
이 밤, 철모르는 그믐달은
풋사과처럼 삼만 광년을 달릴지도 모른다
- 황은주, 「삼만 광년을 풋사과의 속도로」 전문

 신인에게 원숙한 장인처럼, 시의 도구를 자유자재로 다룰 줄 아는가를 요구하는 것은 아니다. 단지, 시의 연장을 골고루 다뤄 본 경험이 있는가, 기존 문단의 "관성과 타성에 기대있는 것"은 아닌가, 또는 "남의

것 흉내 내기", "조악한 모국어 사용 습관"(심사평) 등은 없는가, 이런 몇 가지 기본기를 점검할 뿐이다. 그런 점에서 「삼만 광년을 풋사과의 속도로」는 "오장육부를 뒤흔들 만한 놀라운 개성은 아니지만", 오래 응시한 사물의 신선한 물성과 "모국어를 최적화할 수 있는 약동(躍動),"과 더불어 "진탕만탕 생명력의 잔치(보들레르)들이 잘 어우러진"다는 평을 받았다. 이 시의 1연 "아삭"이란 이미지는 시작(詩作)에서 첫 행이 얼마나 중요한지를 상기시킨 재기발랄한 시구이다. 한 입 사과를 베어 물 때 나는 상큼한 소리를 통해, 행간의 여백을 미각에 따른 상상과 청각적 이미지로 가득 채운다. 미각은 예술가의 감식안과 심미안을 키우는 반면, 청각은 세계와의 이해 폭을 넓혀준다. 아침을 알리는 "사과나무 기척"이란 의인화도 그렇지만, 커가는 사과 둘레를 비유한 "사방四方이 없어 부푸는 둥근 것들"의 기교는 절묘하다. 허공과 사과의 접촉을 통해 공(空)의 세계와 색(色)의 사상까지 시적 의미를 확대한다. 섬세한 관찰이 이미지로 도드라진 "동쪽부터 빨갛게 물들어" 가는 아침 사과의 시각적 심상은, 인상파 화가들의 색채에 대한 놀라운 감각까지 연상시킨다. 또한 "과수원 중천으로 핑그르르 / 누군가 붉은 전구를 돌려 끄고" 있다는, 낮과 저녁 사이의 시간 이동에 대한, 기존 화법을 완전히 뒤집은 참신성은 주목할 만하다.

  2연의 사물에 대한 치밀한 묘사는 신인의 키를 훌쩍 뛰어넘었다. 썩은 사과의 움푹한 한 쪽을 "어두워진 빨강,"으로 관찰한 시적 화자의 매서운 눈매 역시 화가의 그것이다. 더욱이 놀라운 점은, 태풍이 쓸고 간 과수원 한쪽에 떨어진 사과를 "흔들린 맛들이 떨어져 있다"고 묘사한 이중의 알레고리 기법은, 새로운 서정성의 확장을 의미한다. 그런가하면, 사과의 단맛에 취해 "어지러운 인"을 박으며, 마구 과일을 파먹는 벌레들을 "집 한 채 허무는 공사"로 비유한 것 또한, 미각적 이미지의 절정이다. "죽은 옹이"를 "사과의 말을 듣는 귀"로 은유한 3연의 시 읽는 맛도 일품이지만, 지난 가을 남쪽 햇살에 씨알을 너무 많이 달아 찢어진 사과 가지들의 무지를 "방향의 편애"로 본 시선도 독창적이다. 4연의 빠른 시상의 전개를 위해 "서로 모르는 계절이 어슬렁거리는 과수원"과 "바람"의 행간 걸침(enjambment)은 시적 내공이 만만치 않음을 보여준다. 그리고 "비스듬한 접목의 자리"와 비탈에 우리가 모르는 생명의 씨를 뿌리고 생명의 씨가 자란다는 사실. 늦여름과 가을 사이를 24절기의 아홉 번째인 "망종"과 그때의 태양의 기울기인 "황경 75도"로 처리한 계절의 시각 이동도 눈여겨볼만한 대목이다. 또한 마지막에서 보듯이 그믐달이 풋사과의 갈변 속도(과일이나 채소에 있는 폴리페놀 성분이 공기 중의 산소와 만나 점차 갈색으로 변하는 현상)로 빠르게 이행한다면, 이내 초승달이 반달이 그리고 만월이 될 것이다. 시 제목 「삼만 광년을 풋사과의 속도로」역시, 모호함과 심플한 감각을 동시에 가졌다. 비록 지금은 '풋사과'처럼 덜 익었지만, 언젠가는 삼만 광년의 속도로 '붉게 익겠다'는, 다부진 시의 결기가 느껴진다.

차이의 생성과 존재(론)

2014년 심지현(1990~, 경남 김해 출생)의 〈경향신문〉 당선작 「갈라진 교육」은, 이전까지 신춘에서 볼 수 없었던 교육의 문제를 거침없이 들추어낸다. 이런 은어(隱語)의 사용은, 불편하면서도 낯선, 새로운 생생한 발화로서의 매력을 유감없이 보여준다. 2015년 〈조선일보〉 당선작 「면面」은 독특한 위치에 놓인 작품으로 주목받았다. 평면 측면 얼굴 경계선 바다 방향성 등 다양한 의미를 함축하고 있는, 면이란 단어를 활용하여 우리 시대 삶의 다층적 '면'을 성찰한 작품이다. 2016년 변희수의 〈경향신문〉 당선작 「의자가 있는 골목-李箱에게」는 이상의 시 「거울」의 말투를 빌어 '의자'가 함의하는 현대 사회의 다양한 파편적 의미들을 깊이 있게 성찰했다. 특히 시 행간 툭툭 던지는 대화의 시법과 '의

자'를 '침묵의 의지'로 알레고리화 한 점은, 말이 어떻게 사물과 소통할 수 있는지를 여실히 보여준다. 2017년 문보영의 〈중앙일보〉 당선작 「막판이 된다는 것」은 숙련공의 언어 운용과, 단단한 사유의 힘을 갖춘 시로 평가된다. 이 시는 산문시가 갖기 쉬운 상투적이고 이완된 측면을 잘도 조정한다. 자유롭고도 능숙한 언어 구사와 일관된 주제 이미지를 행간 속에 밀고 나간 힘이 돋보인다. 무엇보다 근래에 유행하는 미래시에서 한 발 비껴선 작품으로 평가받았다. 2018년 강지이의 〈중앙일보〉 당선작 「수술」은 수술을 받기 위해 침대에 누워 기다리는 짧은 순간을 묘파한 것으로, 시의 구체성과 몽환성, 선명한 이미지와 신비한 여백이 새삼 눈길을 끌었다. 그것은 온전히 몸의 수평을 유지한 이에게 주어지는 그 무엇이었다. 2018년 변선우의 〈동아일보〉 당선작 「복도」는, 소재를 다층적 은유로 능란하게 확장함으로써 흥미로운 시적 사유의 전개를 보였다. 소재를 집요하게 응시하는 힘과 대상을 옮겨가는 유연한 처리는 상당한 시적 내공을 가늠케 한다. 2018년 우남정의 〈세계일보〉 당선작 「돋보기의 공식」은 시어의 섬세함과 적확한 묘사, 이야기 구조의 탄탄한 전개 방식이 돋보였다. 주름을 아코디언처럼 펼쳤다 접는 기막힌 묘사는, 세월의 무수한 실금으로 은유된다. 2019년 노혜진의 〈한국일보〉 당선작 「엄마는 저렇게 걸어오지 않았다」는 신선한 자기만의 화법이 돋보였다. 모두가 충분히 시라고 부를 만한 진짜 시라는 극찬을 받았다. 이 시는 산문을 어떻게 시적으로 잘 끌고 갈 것인지를 보여준 작품이다. 2019년 류휘석의 〈서울신문〉 당선작 「랜덤 박스」는 소재의 참신성으로 상당한 시선을 끌었다. 상품을 무작위로 상자에 넣어서 파는 상술로, 일종의 도박을 시적 소재로 가져왔다. 비틀린 현실을 은유한 이 작품은, 실패·실종을 겪은 자만이 그릴 수 있는 우리 시대의 음화의 한 단면을 깊게 집어냈다. 2019년 설하한의 〈한국경제〉 당선작 「물고기의 잠」은, 신화적 상상력을 이미지로 자신만의 세계를 만들어낸 능력이 탁월하다. 유목민의 떠돎과 인간의 회귀하는 서사를 시의 구조로 구축한 것은, 젊은 신인의 독창적 안목과 역량으로 평가된다. 2019년 오경은의 〈중앙일보〉 당선작 「계시」는, 다소 언어의 결이 거칠지만 세계와 정면으로 맞서려는 패기와 진지함이 돋보인 작품이다. 디스토피아적인 현실 속에서도 끝내 길들여지지 않는 우울과 분노를 그의 시들은 품고 있다. 매일 복권을 긁으며, 당첨되기를 무슨 계시처럼 여기는 현대인의 그늘과 소시민의 삶에 대한 통증을 제대로 짚었다는 평가를 받았다. 2019년 조온윤의 〈문화일보〉 당선작 「마지막 할머니와 아무르 강가에서」는, 자연의 냉혹한 질서와 죽음의 공포, 삶의 애착을 무심하게 바라본 점이 높이 평가된다. 죽기 직전의 할머니가 바라본 풍경과 할머니의 죽음을 기억하는 호랑이의 교차된 시선을 통해, 스케일 큰 상상력으로 버무려 낸 힘은 신선했다. 이 시는 지상의 수많은 삶과 죽음을 온몸으로 겪어낸 할머니의 마지막 적요한 눈빛이 인상적이었다. 개개의 삶을 넘어 생태계에 각인된 기억에 따라 움직이는 호랑이의 시선과 교차시킨 점 또한, 이 시의 관전 포인트다. 2020년 박지일의 〈경향신문〉 당선작 「세잔과 용석」은, 자신만의 스타일을 선보였다. 숨어 있는 것들의 모호성을 통해 드러난 것들의 부조리를 지목하였다. '세잔과 용석'은 어쩌면 이 시대 전혀 상반된 얼굴일 수도 있다. "기록하면서도 함부로 기록하지 않"는 당대의 음영을 들춰내는 진실이 숨 쉬고 있다.(참조.『신춘문예시집』 심사평, 문학세계사, 2000~2020)

지금까지 살펴본 바와 같이, 신춘문예의 중요한 특징은 '새로움(novelty)'과 '다양성(variety)', 혹은 차이의 생성과 존재(론)로 규정된다. 마지막 장에서는 심지현의 시 「갈라진 교육」과 변희수의 시 「의자가 있는 골목-李箱에게」를 중심으로 좀 더 분석 감상하기로 한다. 「갈라진 교육」을 먼저 보기로 하자.

오빠 내가 화장실 가다가 들었거든, 내일 아줌마가 우릴 갖다 버릴 거래.

그 전에 아줌마를 찢어발기자. 우리가 죽인 토끼들 옆에 무덤 정도는 만들어 줄 생각이야. 토끼 무덤을 예쁘게 만들어 주는 건 오빠의 즐거움이잖아. 아줌마는 가슴이 크니까 그건 따로 잘라서 넣어야겠다. 그녀의 욕심만큼 쓸데없이 큰 젖. 여긴 아줌마가 오기 전부터 우리 집이었어, 난 절대 쫓겨나지 않을 거야.

너 시들지 않는 새엄마를 시기하고 있구나. 아버지가 무능해서 고생하는 예쁜 나의 새엄마. 그녀가 나를 버려도 괜찮아. 개처럼 기어가서 굶겠다고 말하면 그만인걸. 그게 안 먹히면 그녀의 가슴을 빨고 엄마라고 부르면 되지. 잠 설치는 아이를 달래는 척 밤마다 날 찾을지도 몰라. 자꾸 커지는 나를 본다면 오히려 그녀는 아이가 되겠지. 아, 못생긴 엄마가 떠나면서 주고 간 선물. 예쁜 우리 새엄마!

— 심지현, 「갈라진 교육」 전문

「갈라진 교육」은 갈라진 사회상을 투영한 메타포로 볼 수 있다. 최근 교육의 양극단은 진보와 보수, 부자와 가난한 자로 갈라져 극단으로 치닫고 있다. 화자인 여동생은 "오빠"에게 "아줌마"가 아이들을 "갖다 버릴" 것이라고 일러바친다. 물론 아줌마는 '영어'의 은유이자, "찢어발" 겨야 하는 서구적 교육 방식을 말한다. 한국의 거의 모든 아이는 조기 영어 교육에 매몰되어 있다. 『이상한 나라의 엘리스』에 등장하는 "토끼들"처럼 "무덤" 속 구멍에서 살고 있다. 교육 백년대계란 말은 이제 구태가 되었다. 더 큰 폐단은 엄마 부대의 맹목적인 영어 사랑이 도를 넘었다는 사실이다. 아마도 "그녀의 욕심만큼 쓸데없이 큰 젖"은 미국을 겨냥한 사대주의를 풍자한 알레고리일 것이다. "새엄마"로 은유된 영어를 "시기"하는 한국 교육의 양태는, 혼돈과 파행, 반목과 질시로 얼룩져 대안이 사라진 지 오래다. 그 결과 교육 현장은 탁상공론의 장이 되어 버렸다. 결국 「갈라진 교육」의 주범은, 전근대적 인물로 지칭된 "아버지"의 "무능"이 불러온 병증인지도 모른다. 한국 교육 현장은 이제 새로운 변화의 기로에 서 있다. 이렇다 할 대안도 없고 무작정 앞만 보고 내달리는 것도 능사는 아니다. 아날로그 교육의 장점인 정(情)의 문화, 디지털 교육의 가치인 투명과 열린 교육을 통합한다면, '갈라진 교육'은 조금이라도 숨 쉴 틈이 생길 것이다. 이 시점에서 가장 고민할 대목은, "못생긴 엄마(구시대적 교육 방법)"가 사라진 지금, "예쁜 우리 새엄마!(서구식 교육 방법)"와의 조화를 어떻게 접목할 것인지가 관건이다. 물론 교육의 주체인 학생들이 진정 어떤 교육 방향을 원하는지, 그것을 바탕으로 교사들의 교육적 윤리관과 가치관을 어떻게 정립할 것인지, 또한 국가의 교육 백년대계가 어떠한 방향과 목적을 갖고 행동할 것인지, 교육자와 학부모, 교육 당국이 지혜를 모아야 할 때다. 그리고 상징과 알레고리로 점철된 이 시는 시제를 고려해 볼 때 우리의 교육 현실은 주체 대 타자로, 아니 사고방식의 차이로 갈라져, 죽임의 교육과 살림의 교육 사이에서 방황하고 있다. 다시 새로운 교육, 새로운 문학이란 무엇인가?

한편, 2016년 변희수(1963~, 경남 밀양 출생)의 〈경향신문〉 당선작 「의자가 있는 골목-李箱에게」는 이상의 시 「거울」의 화법을 오마주(hommage)한 것으로서, 현대 사회의 다양한 파편적 의미들을 철학의 깊이로까지 탐색한 작품이다.

아오?
의자에게는 자세가 있소
자세가 있다는 건 기억해둘 만한 일이오
의자는 오늘도 무엇인가 줄기차게 기다리오
기다리면서도 기다리는 티를 내지 않소
오직 자세를 보여줄 뿐이오
어떤 기다림에도 무릎 꿇지 않소

의자는 책상처럼 편견이 없어서 참 좋소
의자와는 좀 통할 것 같소
기다리는 자세로 떠나보내는 자세로
대화는 자세만으로도 충분하오
의자 곁을 빙빙 돌기만 하는 사람과는
대화하기 힘드오 그런 사람들은 조금 불행하오
자세에 대해서 자세히 모르는 사람들이오

의자는 필요한 것이오,
그런 질문들은 참 난해하오
의자를 옮겨 있는다 해도 해결되진 않소
책상 위에는 여전히 기다리는 백지가 있소
기다리지 않는 질문들이 있소
다행히 의자에게는 의지가 있소
대화할 자세로 기다리고 있는
저 의자들은 참 의젓하오

의자는 이해할 줄 아오
한 줄씩 삐걱거리는 대화를 구겨진 백지를
기다리지 않는 기다림을 이해하오
이해하지 못할 의지들을 이해하오
의자는 의자지만 참 의지가 되오
의자는 그냥 의자가 아닌 듯싶소
의자는 그냥 기다릴 뿐이오
그것으로 족하다 하오

밤이오
의자에게 또 빚지고 있소
의자 깊숙이 엉덩이를 밀어 넣소
따뜻하게 남아 있는 의자의 체온

의자가 없는 풍경은 삭막하오 못 견딜 것 같소
의자는 기다리고 있소
아직도 기다리오 계속 기다리오
기다리기만 하오

여기 한 의자가 있소
의자에 앉아서
보이지 않는 골목을 보고 있소
두렵진 않소

- 변희수, 「의자가 있는 골목-李箱에게」 전문

이 시의 라이트모티브로서 의자는 의인화된 사물로서 삶의 이면과 내면 풍경을 담지하고 있다. 의자는 사람과 세계, 현실과 비현실의 경계점에 놓인 하나의 질문이다. 또한 의자는 관계의 사유이자 사방(상하좌우)을 살펴야 하는 밤의 공간이다. 시의 첫 행 "아오?"는 아시다시피 이상의 「오감도」와 「거울」의 종결 어미에서 차용한 것이다. 이상이 근대적 인간상의 비극적 이미지를 부정의 사유와 초현실주의 기법에서 발굴해 냈다면, 변희수의 경우 보다 긍정적인 태도에 기반한 방법론적 측면에서 수용하고 있다. 그런가 하면, 변희수는 마치, 시인 이상(李箱)의 혼령이 의자에 앉아 있기라도 한 듯이, 조곤조곤 말을 허공에 대고 풀어내고 있다. '의자'가 함의하는 현대 사회의 의미는 다층적이다. 의자는 욕망의 상징들이 달라붙어 온갖 의미들로 재해석된다. 그녀의 질문은 내면의 계단 아래 숨겨진 시의 방으로 끌고 가는 착시를 가져다 준다. "의자는 오늘도 무엇인가 줄기차게 기다리"게 한다. 현대인과 "의자"는 한통속의 은유로 형상화된다. 현대 사회는 모름지기 '의자의 시대'이다. 발화자인 나는 "오직 그녀가 내준 의자에 앉아 "기다리면서도 기다리는 티를 내지"않고 있다. 우리는 의자의 나라에 충실히 복무하는 시민이다. 출근하여 집에 갈 때까지, 아니 집에 가는 도중인 지하철, 버스, 택시

안까지도 의자에 "의지"해 실려 간다. 어떤 의미에서 의자는 "책상"보다 덜 "편견"적이고 유용하다. 의자와 의지의 언어유희는 물론, 의자의 환유 또한 다양하게 변주된다. 달과 해와 별은 허공의 의자에 앉아 각자의 방식으로 놀다 가듯이, 변희수의 의자 역시 태도와 자세의 그것으로 "참 의젓하"다. 의자는 각 시대마다 다른 방식으로 대응해왔다. 동시대인들의 '의미'의 장소이자, 말이 번지는 지점이다. "의자 곁을 빙빙 돌기만 하는 사람"은, 결국 의자에 함몰된다. 모든 것을 의자가 해결하지는 못한다. 태도와 방법의 모더니즘을 수용하면서도 이해와 질문의 시로서 이상의 근대를 비판적으로 계승하고 있다. 즉 "보이지 않는 골목을 보"는 눈으로서 전통과 예지의 시편이다.

시집사리 詩集思理

PART + 09

시와 사유·아홉

르페브르에게 리듬은 단순한 기호나 스타일이 아니다. 자본주의적 존재의 심연으로 들어가는 통로다. 그가 '존재'의 문제에 이토록 집착했던 것은 맑스주의자로서 자본주의 모순에 대한 고민 때문이다. 그가 사유했던 존재의 문제는 자본주의 문제이면서 동시에 근대성의 문제이기도 하다. 그의 사유 세계에서 양자는 중첩되어 있다. 그에게 보편적인 리듬은 우리의 몸을 떠나, 권력과 제도, 그리고 문화에 의해 조련되어 의례화된 것이고, 또한 언어를 가지고 사실을 구성하는 저널에 의해 가상화된 것으로 변질되어 있다. 결국 남아 있고, 또한 남아 있는 것으로 우리에게 다가오는 것은 감각적이고 허상적(시뮬라크라)이며 표층적인 것뿐이다. 그는 자본주의 시공간 속에 '현재'화된 모든 리듬은 이런 것이라고 여긴다. 이러한 리듬에는 온기가 없고, 소통이 없으며, 해방의 가능성이 없다. 한 마디로 가시적이고 표층적이며 가상적인 '현재'the present만 있을 뿐, 심장이 박동하는 실체적이고 심층적이며 실재적인 '현전'presence은 없다는 것이다. 리듬 분석은 바로 현재를 넘어서 현전을 드러내기 위한 것이다.

- 앙리 르페브르(정기헌 옮김), 『리듬분석』, (갈무리, 2013) 중에서

제9장

리듬과 한(恨)의 정서

시와 리듬

 대저, 리듬은 천지와 함께 생겨났다. 천문(天文), 지문(地文), 인문(人文)은, 그 자체가 시의 무늬이자 악보이다. 광대한 우주 그 시간과 공간은 파동의 리듬이다. 해와 달은 허공 위에서 도는 신비로운 선율이다. 천지 만물은 음양의 리듬을 타고 오행으로 드러난다. 바람과 물은 무위의 은유이다. 매순간 모든 형상을 빌어 사물은 이미지로 재창조된다. 시는 말, 소리, 빛깔을 통해 생체리듬을 탄다. 시는 상상력을 통한 성정(性情)의 발현이자 마음의 리듬이다. 리듬은 본질적으로 영혼의 상징이다. 하여, 삼라만상은 생로병사를 통해 저마다의 업(業)과 한(恨)을 푼다. 물소리도 천둥도 바람도 사람도, 저승과 이승 사이에서 풀어야 할 것이 있기 때문이다. 한국문화의 특성을 가슴 속 응어리짐을 풀어내는 가락, 즉 한풀이의 문화로 보는 것도 이 때문이다. "우리는 〈푼다〉는 말을 유난히 많이 쓴다. '화풀이', '분풀이', '시름풀이', '살풀이', '원풀이(푸닥거리)', '심심풀이' 등 실로 다양하다. 〈푼다〉는 것은 본래의 상태로 돌아가는 것이다. 깨끗이 지워 생의 근원으로 다시 간다는 뜻이다. 그러니까 돌아가지 못하고 떠도는 상태, 즉, 한을 풀지 못하고 죽은 원귀(寃鬼)의 원(怨)을 풀어주는 것이 '한(恨) 풀이'다. 한국인은 생전이나 죽은 후에도 원한(怨恨)은 풀어야 하고, 또 풀어주어야 한다고 보았다. 그렇게 해야만 원망의 상태에서 백지와 같은 순수한 생의 근원으로 되돌릴 수 있다고 본 것이다."(이어령) 시 역시 인간 생사의 또 다른 한풀이의 가락이다. 의미와 마디로 이루어진 시는 작품 그 자체가 하나의 음보(音步)이다. 그 음의 걸음걸이에 있어 고대 중국에서의 상상은 실로 다채로웠다. 혹자(정재서)에 의하면, 도교에서는 신선이 허공을 걷는다고 생각하고 그러한 환상적인 경지를 '보허(步虛)'라는 음악과 시로 표현하였다. 그런가 하면, 우(禹) 임금이 황하의 홍수를 다스릴 때 과로해서 비틀비틀 걸었다고 하여 '우보(禹步)'라고 부르기도 한다. 시인들은 달빛 속에 거니는 것을 마치 달 위를 걷는 것처럼 '보월(步月)'이라는 신비롭고 낭만적인 어휘로 표현하기도 한다. 이런 시의 특별하고도 환상적인 걸음걸이가 시의 리듬이다. 리듬은 시어의 맛과 행(lines)과 연(聯, la stanza)의 의미를 조화롭게 살려내기 위함에 있다. 하여 리듬은 성정(性情)의 발현이다. 리듬은 정서·의미와 함께 시의 근간을 이룬다. 리듬은 본질적으로 하나의 생명 현상으로서 율려(律呂) 의식과 함께 우리의 전통 가락의 사상과 맥이 닿아 있다.

　이런 생명의 역동적 리듬은 수직의 시간과 수평의 공간 속에서 구조화된다. 시적 리듬은 정신적 개념이나 수치로 환원될 수 없는 사물과 언어와의 순수한 교응이다. 동일한 형태의 행을 읽더라도 각 행에 따라 다른 의미와 리듬을 갖는 것은, 사람마다 감성적 운율의 리듬이 달라지기 때문이다. 즉, 시를 읽으면서 우리는 시의 형태적 행과는 다른 우리 영혼 속의 심리적 행을 만들어간다. 이런 시의 형식과 내용은 유기체의 리듬으로 되살아나 새로운 예술이 된다. 오규원은 『현대시작법』에서 "시의 리듬은 정형시의 그것과 자유시의 그것과는 다르"다고 하였다. "정형시의 리듬은 압운과 율격을 기본으로 한다. 압운은 영시나 한시에서 볼 수 있는 바처럼, 시행의 시작·끝·중간에 유사한 소리를 내는 음절을 반복시키는 것이다. 그 반복은 단순한 소리의 반복이 아니라 엄격한 체계를 가진 소리의 반복"이다. 그러나 "우리 언어는 음절 의식이 약해서 소리의 반복이 음수 또는 음보 단위로 형성된다." 창작을 할 때 운율 형성의 방법은 '의성어 · 의태어의 반복', '같거나 비슷한 문장 구조의 반복', '일정한 음절의 수를 반복', '품사의 반복', 종결형의 반복' 등으로 크게 세분화 된다. 즉, 운율은 행과 연의 최적의 배치를 통해 시어의 리듬을 음악적 차원으로 끌어올린다.

 알고 보면 우주는 모두 리듬으로 연주 된다. 인간의 한(恨) 역시 물과 불의 형태로 신명의 가락을 푼다. 근 · 현대시는 표면에 뚜렷하게 규칙적으로 드러나는 정형시(외형률)와 일정한 규칙 없이 시어나 시구 속에 숨어 은근하게 느껴지는 자유시(내재율)로 율격을 만든다. 이 상에서는 한국적 산문 율조를 가장 탁월하게 그렸다는 미당 서정주의 「신부」, 시조의 초장 중장 종장의 절묘인, 흘러내리고(流), 한 바퀴 감아 돌고(曲), 힘을 주는 마디(節)를 지어서, 다시 풀어내는(解) 형식을 한의 정서로 흡수한 박재삼의 「수정가」, 향토적 서정과 민요적 리듬으로 근대 서정시 백 년의 격조를 더한 박목월의 「뻐꾹새」, 초야의 외롭고 쓸쓸한 조선 여인의 그늘과 고뇌를 눈물겹게 승화시킨 조지훈의 「석문(石門)」, 향가의 고도로 정제된 표현과 기교를 흡수하여, 죽은 누이를 안타까이 부르는 송수권의 「산문(山門)에 기대어」와 인간의 원형적 순수를 그린 「여승(女僧)」을 중심으로 분석 감상해 보기로 한다.

순수한 비극 -서정주의 「신부」

 서정주(전북 고창 출생, 1915~2000)는 한국 현대시 백 년에서 자신만의 독창적 사유와 방법, 리듬과 이미지로, 전통과 모더니티로, 흔히 '한국시의 정부(政府)'로 일컬어진다. 스물이 되기 전부터 미당은 사유의 고갱이를 '영원성'에 두었다. 삼라만상 일체가 하나 속에 수렴되는,

처음도 끝도 없는 연화 묘법(緣化妙法)의 세계를 꿈꾸었다. 미당은 마치 신들린 사람처럼 시의 행간 속에서 자유자재로 시어를 농(弄)한다. 미당 예술의 요체는 "법이 없음을 가지고 법이 있음을 창조하고, 법이 있음을 가지고 모든 다양한 법을 꿰뚫어 버릴 수 있는 것"(김용옥, 『석도화론』)이다. 우주의 큰 소리는 들리지 않는 것처럼, 미당 시의 행간은 저 아름다운 '빔(虛)'의 경지에 있다. 보이는 세계를 통해, 보이지 않는 세계를 드러낸다. 그러고 보면, 시는 백자 달항아리처럼 '텅 빈' 미학의 예술이기도 하다.

내가 미당의 시 「화사(花蛇)」를 접한 건 스물세 살 무렵이다. 징그러운 뱀의 혓바닥과 스무 살 여자의 붉은 입술을 원죄 의식의 강렬한 이미지로 뒤엉켜놓은, 미당의 시안(詩眼)에 홀딱 반하고 말았다. 불덩이처럼 아랫도리가 뜨겁던 젊은 날의 나는 미당의 「화사」를 통해, 원죄는커녕 오히려 교활한 뱀과 간부(姦婦)의 꾐이 어찌나 황홀했던지 모른다. 그것은 추함이 아니라 또 다른 미(美)였으며, 욕정이 아니라 "푸른 하늘을 물어뜯는" 원시적 본능의 갈구였다. 이후, 미당의 전 작품을 탐독하면서, 그의 묘법에 마냥 홀렸다. 보는 형상을 움직여 보이지 않는 세계를 마음대로 하는 신비로운 주술적 언어 감각은, 미당만이 가진 탁월한 신법(神法)이었다. 한편, 미당은 1939년(24세) 겨울 간도성 연길시에 소재한 양곡주식회사 지점 용정출장소 경리사원으로 입사했다가, 이듬해 봄에 귀국한다. 그곳에서 친구의 부친으로부터 들은 설화를 훗날 「신부」라는 작품 속에서 오롯이 살려낸다. 60세 때 출간한 시집 『질마재 신화』(1975, 일지사) 속에 수록된 이 시는, 한국인의 원형적 심상을 한의 정서로 꿰찬 절창이다. 「그 애가 물동이의 물을 한 방울도 안 엎지르고 걸어왔을 때」, 「신발」, 「외할머니의 뒤안 툇마루」, 「박꽃 시간」, 「알묏집 개피떡」등 이루 헤아릴 수 없는 수작들이 『질마재 신화』속에는 빼곡하다. 「신부」는 저 아득한 안개 속에 사라진 슬픈 설화 속의 사랑을 애달픈 곡조로 노래한다.

신부는 초록 저고리 다홍치마로 겨우 귀밑머리만 풀리운 채 신랑하고 첫
날밤을 아직 앉아 있었는데, 신랑이 그만 오줌이 급해져서 냉큼 일어나 달
려가는 바람에 옷자락이 문 돌쩌귀에 걸렸습니다. 그것을 신랑은 생각이 또
급해서 제 신부가 음탕해서 그새를 못 참아서 뒤에서 손으로 잡아다리는 거
라고, 그렇게만 알곤 뒤도 안 돌아보고 나가 버렸습니다. 문 돌쩌귀에 걸린
옷자락이 찢어진 채로 오줌 누곤 못 쓰겠다며 달아나버렸습니다.
　그러고 나서 사십 년인가 오십 년이 지나간 뒤에 뜻밖에 딴 볼일이 생겨
이 신부네 집 옆을 지나가다가 그래도 잠시 궁금해서 신부 방문을 열고 들
여다보니 신부는 귀밑머리만 풀린 첫날밤 모양 그대로 초록 저고리 다홍치
마로 아직도 고스란히 앉아 있었습니다. 안쓰러운 생각이 들어 그 어깨를
가서 어루만지니 그때서야 매운 재가 되어 폭삭 내려앉아 버렸습니다. 초록
재와 다홍 재로 내려앉아 버렸습니다.

- 서정주, 「신부(新婦)」 전문

　「신부」는 어리석은 한 남자의 오해로 빚어진 초야의 신혼 밤이 그대
로 주검이 된 여인의 한(恨)을 읊은 시다. 미당은 시의 분명한 주제 의
식은 물론, 행간 속에 놀라운 시적 감각과 사유, 그리고 독특한 리듬을
살려낸다. 그의 시를 읽다 보면, 무엇을 쓰려고 집착하지 않는 반면, 쓰
지 않고는 배길 수 없는 천명의 소리가 들린다. 아름다움이 있는가 하면
삶의 굴곡이 있고, 허구로 가득 차 있는가 하면, 영원성에 가 닿아 있는
상상력은 그야말로 천의무봉이다. 전라도 방언에 스며있는 어조와 음색,
장단과 강약을 미당만큼 잘 부려 쓴 시인도 드물다. 마치 서해 뻘밭 위
에서, 밀물의 은빛 달빛 흐름에 맞춰 홀로 춤추는 듯하다. 한국 현대 서
정시는 미당에 와서야 비로소 그 아름다운 시의 판도라 상자가 한꺼번
에 열린 셈이다.
　「신부」의 요체는 유교적 도덕관에 얽매인 여필종부의 희생과 굴종을
한(恨)의 미학으로 살어 올림에 있다. 시간의 진개에 따라 서시적 기법
을 취하고 있으며, 3인칭 시점이 특이하다. 마치 재담꾼이 옛이야기를

곁에서 들려주는 것처럼 독자들의 영혼을 파고든다. 혼례복인 "초록 저고리", "다홍치마"는 음양의 조화와 젊은 신부의 고움을 상징한다. 초록과 다홍의 강렬한 시각적 대비는, 시의 비극을 극대화한다. "겨우 귀밑머리만 풀리운 채" 외롭게 앉아 죽어간 신부는 이 땅의 모든 비극적인 여인의 상징이며 은유의 이미지이다. 왜 미당은 신부를 첫날 밤 모습 그대로 원혼이 되게 했을까. 신랑의 무지에 대한 야속함일까. 아님, 양반 사대부의 일방적 허구에 일침을 놓은 것일까. 죽음으로써 정절을 지킨 첫날 밤 신부를 통해 미당이 독자에게 제시한 극적인 장면은 "매운재"로 남아 "폭삭" 내려앉는 모습이다. 한국 여성에 대한 남성 중심 사회의 그 무지함은 "초록 재와 다홍 재"로 상징화 되었다. 이런 설화 속 여인의 일생을 미당은 무척 안쓰러웠던 모양이다. 살아생전 억울했던 원귀의 원(願)을 풀어서, 죽은 후에는 원한(怨恨)없이 순수한 생의 근원으로 되돌아갈 수 있게, 서정주는 「신부」를 통해 비극적으로 형상화하였다.

선(線)의 미학 -박재삼의 「수정가(水晶歌)」

한국 근대시의 운율은 7·5조의 리듬이 주를 이룬다. 이를 한(恨)의 정서 속에 버무려 독창적으로 뽑아낸 시인이 박재삼(동경 출생, 1933~1997)이다. 그는 동경에서 태어나 4세 때 귀국하여 외가인 경남 삼천포시(지금의 사천시)에서 정착한다. 1946년(14세) 삼천포 여자중학교에 사환으로 들어간 것이 계기가 되어, 초정 김상옥(충무 출생. 1920~2004) 선생에게 시조를 사사 받았다. 초정의 첫 시조집『초적(草笛)』을 필사하여 애송하면서 시조의 매력에 흠뻑 심취한 것도 이때이다. 1955년(23세)《현대문학》6월호에 「섭리(攝理)」란 작품으로 유치환에 의해 시조에, 그해《현대문학》11월호엔 「정적(靜寂)」이 서정주에 의해 추천 완료된다. 아마 박재삼은 그 무렵 시조(時調)의 기본틀인 3·4,

4·4조의 율조와 미당의 시를 자기 방식대로 익힌 듯하다. 이후, 박재삼의 시는 정형적 틀을 유지하되 사설시조의 파격이 엿보이며, 동시에 자유시의 분방함과 판소리의 한의 가락까지 포괄하여 한국인의 원형 심성과 시법을 천착한다. 그는 또 시조를 통해 민족의 정신적 숨결과 율조를 계승하는 동시에, 흘러내리고(流), 한 바퀴 감아 돌고(曲), 힘을 주는 마디(節)를 지어서, 다시 풀어내는(解) 흐름을 절묘하게 풀어낸다. 그의 첫 시집 『춘향이 마음』(1962년, 신구문화사) 에는 이러한 시법이 무르녹아 있다. 한국인이 쓴 가장 한국적인 시집으로 찬사를 받은 이 시집은, 주옥같은 명시 30편이 수록되어 박재삼의 출세작이 되었다. 서정주가 신화와 주술적 무속 미학에서 한국인의 원형을 발견했다면, 박재삼은 한국 여인들의 그 서럽고 슬픈 삶에 묻힌 한(恨)의 이야기를 선(線)으로 그려내었다. 그의 홀린 듯한 몽환과 그리움의 애조는 춘향이란 여인에 감입되어 독자의 심금을 파고든다.

　　집을 치면, 정화수(精華水) 잔잔한 위에 아침마다 새로 생기는 물방울의 선선한 우물집이었을레. 또한 윤이 나는 마루의, 그 끝에 평상(平床)의, 갈앉은 뜨락의, 물냄새 창창한 그런 집이었을레. 서방님은 바람같단들 어느 때고 바람은 어려올 따름, 그 옆에 순순(順順)한 스러지는 물방울의 찬란한 춘향(春香)이 마음이 아니었을레.

　　하루에 몇 번쯤 푸른 산 언덕들을 눈아래 보았을까나. 그러면 그때마다 일렁여 오는 푸른 그리움에 어울려, 흐느껴 물살짓는 어깨가 얼마쯤 하였을까나. 진실로, 우리가 받들 산신령(山神靈)은 그 어디 있을까마는, 산과 언덕들의 만리(萬里) 같은 물살을 굽어보는, 춘향(春香)은 바람에 어울린 수정(水晶)빛 임자가 아니었을까나.

- 박재삼, 「수정가(水晶歌)」 전문

　〈춘향가〉는 18세기 중엽 이전에 불리어졌을 것으로 추정된다. 이 작품이 지향하는 것은, 춘향을 매개로 당대의 신분 상승에 대한 욕망과 부도덕한 지배 계층에 대한 민중의 저항 의지이다. 그리고 양반층이 열녀를 내세워 남존여비 사상의 심화 확대를 꾀하고자 한 복합적 민중들의 감정이 잘 드러나 있다. 판소리 〈춘향가〉는 현전하는 열두 마당 가운데 다섯 마당 중 하나이다. 한양의 양반 이한림이 남원 부사에 부임하면서 〈춘향가〉는 시작된다. 사또의 아들 이몽룡은 이팔 청춘에 풍채는 당나라 시인 두목지요, 도량은 푸른 바다요, 문장은 이태백이라, 글씨 또한 왕희지니 천하 옥골선풍이다. 시흥(詩興)과 춘흥(春興)이 도도한 어느 날, 몽룡은 광한루에 놀러 갔다가 그만 기생 월매의 딸 춘향에게 폭 빠진다. 열여섯 춘향의 교태는 월궁항아(月宮姮娥)요, 설부화용(雪膚花容)이라, 그 어떤 장부가 꽃을 비껴 가리요. 하룻밤 만리성을 쌓은 몽룡과 춘향의 사랑도 잠시뿐, 동부승지의 교지를 받은 아버지를 따라 몽룡은 춘향을 데려가겠다는 약조만 남긴 채 서울로 떠난다. 이때 변학도의 등장은 〈춘향가〉를 위기로 치닫게 한다.

박재삼의 「수정가(水晶歌)」는 이몽룡과 이별해 살던 시기, 그를 향한 성춘향의 아득한 사랑의 거리, 어룽진 여인의 애틋한 심리를 파고든다. 변학도의 수청을 거부하며, 오매불망 몽룡을 기다리는 춘향의 행위는 한(恨) 그 자체요, 조선 여인의 어깨 둘레에 서린 외로운 선(線)의 상징이다. 박재삼은 어떻게 이렇게도 전통적 가락의 특장을 「수정가(水晶歌)」에서 잘 살렸을까. 말의 규칙적인 반복으로 생기는 가락을 툭툭 끊어서 쉼표(,)로 받아넘긴 절묘함에 그저 말을 잃게 된다. 3·4조, 4·4조, 나아가 7·5조의 변형을 마음대로 부려 쓰는가 하면, 이것이 도리어 불규칙의 규칙(성)의 음보로 되살아나 현대시의 내재적 율조로 변주된다. ('ㅡ 래', 'ㅡ 까나') 등, 시행의 첫머리나 끝자리에 규칙적으로 음이 반복되어 이루어지는 음위율은, 그때까지 현대시에서 찾기 힘든 독보적 시법의 진경(眞景)을 펼쳐 보인다. 1956년(24세)에 처음 발표된「수정가(水晶歌)」는, 1연의 "서방님은 바람같단들 어느 때고 바람은 어려

올 따름, 그 옆에 순순(順順)한 스러지는 물방울의 찬란한 춘향(春香)이 마음이 아니었을레."를 통해 '몽룡'을 바람에, 춘향을 '물방울'로 환치한 은유는 깊다. 또한 시어 행간에 스며든 시적 화자와 춘향의 동일성은 박재삼의 수준 높은 경지를 잘 보여준다. 2연은 박재삼의 자연관이 실로 물아일체적이며, 무당과의 접신의 지경에 놓고 있음도 엿볼 수 있다. "하루에 몇 번쯤 푸른 산 언덕들을" 내다보는 춘향의 애련을 통해, 조선의 산야와 나지막한 구릉을 흐느끼는 여인의 어깨선에 덧댄 시적 미학이란, 가히 무릎을 칠 만하다.

청보라빛, 아른한 목소리 - 박목월의 「뻐꾹새」

소월에서 비롯해 목월(경북 경주 출생, 1916~1978)에 와서 심화된 향토적 서정과 민요적 리듬은, 한국 근대 서정시 백 년의 격조를 더한다. 이는 물론 향가와 시조, 한시 등 옛 시가에서 그 흐름과 맥을 같이 한다. 목월의 수작들은 정경교융(情景交融)의 묘(妙)가 잘 어우러져 있으며, 특히 '달'의 이미지가 돋올하다. 우리는 목월이 존재와 언어의 일치를 위해 얼마나 고심했는지 알 수 있다. 달리 말해 전통 시가의 정서와 음감을 내면화함은 물론, 고도로 압축된 언어와 행간 배열, 명사형 종결 어미 처리 앞에서 우리는 그저 말문이 막힐 따름이다. 흡사 한 폭의 진경산수화를 보는 듯하다. 세련된 언어 감각은 목월 이전엔 찾기 어려운 특징이다. 탈속의 경지와 선(禪)의 세계, 신라 정신의 재현과 방언의 사용 또한 그렇다. 게다가 공감각의 미적 장치를 통해 불교 사상인 공(空)으로까지 그 밀도를 심화시켰다. 마치 그의 시는 소동파(북송 1037~1101)가 왕유(당나라, 669~759)의 시를 보고 '그림 속 시가 있고(畵中有詩), 시 속 그림이 있음(詩中有畵)'을 연상하게 된다.

문청 시절 나는 목월 시에 지대한 영향을 받았다. 시집 『청록집』의

「윤사월」, 「나그네」, 「청노루」 등 그의 한국적 가락과 압축된 서정 묘사는 압권이었다. 초기 작품은 동양적 달관과 이상향이 정제된 형식미를 통해 여백의 극치를 드러내고 있다. 고향 경주를 배경으로 탄생한 시집 『산도화』, 『난·기타』 속의 「달」, 「불국사」, 「산도화」, 「하관」, 「사투리」, 「사향가」, 「뻐꾹새」는 신라 천년의 정신과 미학을 보여준다. 그런가 하면, 중 후기의 시집 『경상도의 가랑잎』은 사투리가 어떻게 시 속에서 토착 언어와 정서로 형상화될 수 있는지 밀도 높게 그렸다. 그는 자연의 시인이자, 생활 세계 내지는 종교적 시인, 그리고 인간의 운명과 사물의 본성에 관한 깊은 통찰의 시인이다. 스물 근처 목월에 미쳐 다닐 때 보았던, 벚꽃 핀 달밤에 바라본 불국사 거리는 한 폭의 수묵화였다. 대웅전과 극락전 오르는 길 좌우로 범영루와 자영루는 그대로가 시였다. 중앙 동쪽에 청운교와 백운교(국보 제23호)가 있고, 서쪽에 연화교와 칠보교가 있다. 청운교(17계단)와 백운교(16계단)는 대웅전을 향하는 자하문과 연결된 다리이다. 다리 아래 일반인의 세계와 다리 위로 부처의 세계를 이어주는 은유의 연결고리는 깊다. 「불국사고금창기(佛國寺古今創記)」에는 돌계단 다리와 자하문의 순서를 자하문-청운교-백운교라 기록하고 있어 아래쪽에 있는 돌계단이 백운교이고 위쪽에 있는 돌계단이 청운교임을 알 수 있다. 홍예교 다리 아래는 극락정토의 세계관을 상징하는 구품연지(九品蓮池) 터가 있었다고 전한다. 그때 나는 목월의 가곡 「이별의 노래」를 부르며 그 달빛 그림자 아래를 외롭게 서성거렸다.

기러기 울어예는 하늘 구만리
바람이 싸늘 불어 가을은 깊었네
아아 아아 너도 가고 나도 가야지

한낮이 끝나면 밤이 오듯이
우리에 사랑도 저물었네
아아 아아 너도 가고 나도 가야지

산촌에 눈이 쌓인 어느 날 밤에
촛불을 밝혀두고 홀로 울리라
아아 아아 너도 가고 나도 가야지

- 박목월, 「이별의 노래」 가사 전문

1948년 서울로 이사 온 목월은 6·25 전쟁으로 인해 대구에 내려가 살았다. 1952년 봄 서울에 다시 올라온 목월은 자신의 시를 좋아하는 젊은 두 자매와 우연히 만나게 된다. 처음에는 언니가 목월을 좋아했으나 곧 결혼을 한다. 그 후, E여대 국문과를 다니던 동생 H양이 목월을 뜨겁게 사모하게 된다. 전쟁 직후 수도의 폐허 위에서 둘의 사랑은 깊어 갔다. 그때 목월은 39세 가장이었다. 자책과 갈등 속에 시인은 다가온 사랑 앞에 번민한다. 목월은 가까운 시인에게 그 여학생을 설득하도록 부탁도 했다. 문예사 건물 지하의 '문예 살롱' 다방에서 친구 시인에게 여학생은 이렇게 말한다.

"선생님, 사람이 사람을 사랑하는 것은 죄가 아니겠지요?"

그해 여름을 보내고 가을이 오자, 사랑에 빠진 둘은 모든 것을 버리고 홀연히 종적을 감춘다. 가정과 한양대 교수 자리를 내려놓고 둘은 제주도로 사라진 것이다. 그해 눈발이 날리고 겨울 어느 날, 목월의 부인 유익순 여사는 둘이 살고 있는 제주 집을 찾아온다. 두 사람 앞에 보퉁이 하나와 봉투 하나를 내놓는다. 보퉁이 속에는 목월과 H양이 입을 한복 한 벌씩이, 그리고 봉투에는 생활비에 보태 쓰라는 돈이 들어 있었다. 그런 여사 앞에서 H양은 감동하여 "사모님!" 하고 통곡을 한다. 부인이 다녀간 며칠 후, 부산에서 여학생의 아버지가 찾아와 둘을 설득한다. 그녀는 부친의 손에 이끌려 제주항을 떠났고, 얼마 후 목월도 그 뒤를 따른다. 뱃전에서 H양은 차마 고개를 돌리지 못하고 어깨를 들썩였다고 한다. 당시 이별의 장면은 함께 동행한 제주 제일중 국어 선생으로 재직하던 모 시인에 의해 세상에 알려졌다. 결국 목월의 애정 도피는 넉 달 만에 막을 내린다. 훗날 목월은 사랑했던 그녀에게 「이별의 노래」를 지어 그 정표로 남긴다. 6연 24행의 이 시는 부분 발췌되어 가곡으로 만들어졌다. 사랑과 이별의 슬픔이 참으로 아름답게 승화된 이 곡은, 김성태 작곡, 박세원 노래로 불후의 명가곡이 되었다.(이형기, 『자하산 청노루』)

서울로 돌아온 목월은 가족에 대한 미안함으로 집 반대쪽 효자동 종점 부근에서 하숙 생활을 한다. 그가 효자동 종점 하숙집에서 쓴 시가 아래 「뻐꾹새」이다.

잠이 오지 않는 밤이 잦다.
이른 새벽에 깨어 울곤 했다.
나이는 들수록
한(恨)은 짙고
새삼스러이 허무한 것이
또한 많다.

이런 새벽에는
차라리 기도가 서글프다.
먼 산마루의 한 그루 수목처럼
잠잠히 앉았을 뿐……
눈물이 기도처럼 흐른다.
뻐꾹새는 새벽부터 운다.
효자동 종점 가까운 하숙집
창에는
창에 가득한 뻐꾹새 울음……

모든 것이 안개다.
사람과 사람 사이의 인연도
혹은 사람의 목숨도
아아 새벽 골짜기에 엷게 어린
청보라빛 아른한 실오리

그것은 이내 하늘로 피어오른다.
그것은 이내 소멸한다.
이 안개에 어려
뻐꾹새는
운다

- 박목월, 「뻐꾹새」 전문

　이별 후의 한 시인의 고뇌가 한 마리 길 잃은 안개 속의 뻐꾹새가 된다. H양과의 사랑의 불길 속을 지나온 목월만이 느꼈을, 참혹한 비애의 시가 된다. 목월은 새벽에 깨어서 울곤 했다. "창에는 / 창에 가득한 뻐꾹새 울음…… / 모든 것이 안개다. / 사람과 사람 사이의 인연도 / 혹은 사람의 목숨도 / 아아 새벽 골짜기에 엷게 어린 / 청보라빛 아른한 실오리" 결국, 사람과 사람 사이의 인연도 모든 것이 안개다. 위의 시구는 목월 시에 빠져 허우적대던 내 스물의 가슴을 온통 붉게 흔들어 놓았다. 뻐꾹새를 통해 자신의 외로움을 달래려는 애절한 감정이 아지랑이처럼 번져 있다. 시인은 한철 효자동에서 애정 도피 후 찾아온 사랑앓이로 지난 시절에의 회한에 잠긴다. 해질녘 인왕산 노을을 산책하며 고린도 전서 13장 「사랑」을 읽으며 기도와 참회로 보낸다. 보랏빛 산정에 어둠이 깔리면 램프에 불을 켜고 H를 잊으려고 베개에 눈물을 적시는 밤이 많았다. 「뻐꾹새」는 목월의 시집 『蘭 · 其他』(1958년) 속에 수록되어 있으며, 울음이자 울림이다. 사랑의 폭풍이 지난 후에야 이런 명시가 탄생하나 보다.

사랑의 영원 - 조지훈의 「석문石門」

사람은 죽으면 어디로 떠도는 걸까. 몸은 흙으로 혼령은 구만리 장천에 바람처럼 구름처럼 흩어지는가. 왜 사람은 이 아름다운 사랑을 남겨두고 이승을 떠나야만 하는가. 삶의 뒷문은 죽음인가. 그 무수히 돌아간 숨결이여! 눈물과 설움과 외로움이 붙드는 이승은 왜 이리도 좋은가. 대체 어떤 죽음이 제일 쓸쓸한 것일까. 하늘이 무너진다는 부모의 죽음인 천붕(天崩)일까. 아님, 그 피맺힌 응어리가 가슴 속 엉켜 지울 수 없다는, 자식의 죽음인 참척(慘慽)일까. 귀(鬼)들은 무엇을 타고 저 어두운 강을 건너는 걸까. 도솔천의 배일까, 요단강의 배일까. 그 배 건너갈 때 뱃사공은 어떤 곡조로 휘파람을 불까. 아, 아득한 안개 속에 사라진 저 슬픈 형상들을 다 불러 모으면 사랑이 될까. 피일까, 통곡일까, 절규일까. 그렇게 한 천년을 기다리면 「석문(石門)」(시집 『풀잎 단장』, 1952)이 열릴까.

　　당신의 손끝만 스쳐도 여기 소리 없이 열릴 돌문이 있습니다 뭇사람이 조바심치나 굳이 닫힌 이 돌문 안에는 석벽난간石壁欄干 열두 층계 위에 이제 검푸른 이끼가 앉았습니다.

　　당신이 오시는 날까지는 길이 꺼지지 않을 촛불 한 자루도 간직하였습니다 이는 당신의 그리운 얼굴이 이 희미한 불 앞에 어리울 때까지는 천년이 지나도 눈감지 않을 저의 슬픈 영혼의 모습입니다.

　　길숨한 속눈썹에 항시 어리우는 이 두어 방울 이슬은 무엇입니까 당신이 남긴 푸른 도포자락으로 이 눈물을 씻으렵니까.
　　두 볼은 옛날 그대로 복사꽃빛이지만 한숨에 절로 입술이 푸르러감을 어찌합니까.
　　몇만 리 굽이치는 강물을 건너와 당신의 따슨 손길이 저의 흰 목덜미를 어루만질 때 그때야 저는 자취도 없이 한줌 티끌로 사라지겠습니다 어두운 밤하늘 허공중천虛空中天에 바람처럼 사라지는 저의 옷자락은 눈물어린 눈이 아니고는 보지 못하오리다.

여기 돌문이 있습니다 원한도 사모칠 양이면 지극한 정성에 열리지 않는 돌문이 있습니다 당신이 오셔서 다시 천년토록 앉아서 기다리라고 슬픈 비바람에 낡아가는 돌문이 있습니다.

- 조지훈, 「석문(石門)」 전문

우리는 천년 애달픈 사랑의 곡조를 지훈의 「석문(石門)」에서 듣는다. 이름 없는 풀덤불 속에 묻힌 「석문」의 슬픈 사연은 천년이 지날 때까지, 저 바람이 우는 곡(哭)이요, 달과 강의 애달픈 무(無)의 울음소리이다. 사랑하는 이를 놓쳐버린 「석문」속 황씨 부인은 어떤 심정이었을까. 바람에 흔들린 촛불의 그림자였을까. 어쩌다 지훈은 초야에 홀로 된 그녀의 돌문을 열어본 걸까. '삐걱'하고 열린 돌문의 소리는 상상 속에서 강렬한 신비로 다가온다. 그 희미한 촛불 앞엔 눈물 어린 초야의 처녀가 천년을 앉아 있을 것이다. 사랑하는 "당신"이 아니면 결코 열리지 않는 돌문 속에서 기다릴 것이다. 그리하여 끝내 첫날밤 옷고름도 풀지 못한 처녀의 가슴 속엔 한(恨)이 맺힐 것이다. 흰 배꽃이 아니라, 난분분 난분분 그 붉은 복사꽃일 것이다. "슬픈 비바람에 낡아가는" 눈물의 꽃일 것이다. 하여, 지훈은 그 넓고 서늘한 오라비 같은 넉넉한 도포 자락으로 처녀의 천년 유혼을 씻어주었다. 시 「석문」속에서 슬픔과 죽음과 비감이 서린 서늘한 시가 비친다. 어리석은 한 남자의 오해를 통해 초야의 신혼 밤에 버림받은 여인은, 저 그리스 신화 속 수금의 천재 오르페우스와 에우뤼디케의 비극적 사랑과도 오버랩된다. 상징과 은유, 신화와 혼령의 혼잣말이 행간 속에 가득 찬 「석문」은, 한을 상징한다. "몇만 리 굽이치는 강물을 건너와 당신의 따슨 손길이 저의 흰 목덜미를 어루만질 때 그때야 저는 자취도 없이 한줌 티끌로 사라지겠"다는 이 애절한 여인의 목소리는, 차라리 곱다.

누이와 여승, 혹은 인간의 원형적 순수
  - 송수권의 「산문(山門)에 기대어」, 「여승(女僧)」

  송수권(전남 고흥 출생, 1940~2016)의 「산문(山門)에 기대어」는 1975년 《문학사상》 당선작이자, 첫 시집 『산문에 기대어』(1980년, 문학사상사)의 표제시이다. 이 시는 신라 월명사의 10구체 향가 「제망매가(祭亡妹歌)」를 연상시킨다. 향가의 고도로 정제된 표현과 기교를 흡수한 이 작품은 젊은 나이에 죽은 누이를 그리워하는 심정을 노래한 점과 훗날 새로운 만남에 대한 소망으로 승화한 점이 빼닮았다. 한편,《문학사상》에 투고한 송수권의 「산문에 기대어」 외 10여 편이 당선되기까지는 기막힌 사연이 있다. 문청 시절 그가 교사를 그만두고 무작정 서울로 상경해 무위도식의 절망과 고통 속에 전전할 때, 어느 여관방에서 죽음에 내몰리기 직전에 원고지가 아닌 갱지에 써 갈겨 투고한 작품이 바로 이 작품이다. 갱지 여백에 주소마저 빠진 이 투고작을《문학사상》편집장이 갱지에 썼다는 이유로 휴지통에 버린 것이다. 마침 이어령 주간이 편집장의 책상을 지나다 휴지통에 처박힌 원고 뭉치를 문득 발견하여 펼쳐 본다. 하마터면 사장될 뻔한 그 속에는 「산문(山門)에 기대어」 외 주옥같은 명작이 빼곡히 적혀있었다. 송수권을 '휴지통 시인'이라고 부르는 까닭은 그런 연유에서다.

      누이야 가을산 그리메*에 빠진 눈썹 두어 낱을
      지금도 살아서 보는가
      정정(淨淨)한 눈물 돌로 눌러 죽이고
      그 눈물 끝을 따라가면

즈믄(千) 밤의 강이 일어서던 것을
그 강물 깊이깊이 가라앉은 고뇌의 말씀들
돌로 살아서 반짝여오던 것을
더러는 물속에 튀는 물고기같이
살아오던 것을
그리고 산다화 한 가지 꺾어 스스럼없이
건네이던 것을

누이야 지금도 살아서 보는가
가을산 그리메에 빠져 떠돌던, 그 눈썹 두어 낱을 기러기가
강물에 부리고 가는 것을
내 한 잔은 마시고 한 잔은 비워두고
더러는 잎새에 살아서 튀는 물방울같이
그렇게 만나는 것을

누이야 아는가
가을산 그리메에 빠져 떠돌던
눈썹 두어 낱이
지금 이 못물 속에 비쳐옴을.

＊그리메 : 그림자의 옛말

— 송수권, 「산문(山門)에 기대어」 전문

「산문(山門)에 기대어」는 어린 시절 어미를 여의고 가난과 외로움으로 극도의 빈혈을 앓다 스물넷의 나이로 자살한 남동생을 여성 화자로 바꿔 형상화하고 있다. "너의 죽음 위에 내가 살아서 복수를 하마. 놈을 거적때기에 말아서 파묻고 온 날 밤, 나는 술상에 빈 잔 두 개를 올려놓고 선소리를 내질렀다." 「산문(山門)에 기대어」에 나오는 "내 한 잔은 마시고 한 잔은 비워두고"라는 구절은 바로 그렇게 해서 만들어진다. 산

문은 단순히 절(寺)문이 아니라 이승과 저승을 넘나드는 경계의 문으로 부활을 상징한다. 즉, 이 시는 불교적 내세관과 인연설에 기초하여 죽은 누이에 대한 슬픔과 한을 새로운 소망으로 승화시킨 작품이다.

전통적 비가(悲歌)가 그렇듯, 이 시 또한 모든 생명의 무상성(無常性)을 바탕에 깔고 있다. 동백꽃의 옛 이름인 산다화(山茶花) 그림자를 '그리메'로 부려 쓴, 시인의 예민한 언어 감각은 그야말로 일품이다. 죽은 누이에게 건네는 독백의 혼잣말은 화자의 그리움과 애절함을 더욱 사무치게 한다. 「산문(山門)에 기대어」는 같거나 비슷한 문장 구조의 반복으로 시의 가락을 만든다. "누이야 ~ 보는가"의 반복뿐 아니라, 1연의 '빠지다, 죽다'의 하강 이미지를 '일어서다, 살아오다'의 상승 이미지의 대구(對句)로 가락을 엮었다. "물속에서 튀는 물고기", "살아서 튀는 물방울"은 누이의 부활에 대한 화자의 간절한 마음이 담겨 있다. "한 잔은 비워두고"라는 표현은 먼 훗날 다시 만날 누이를 위한 것임에 두말할 나위가 없다. 이런 화자의 적극적 행동은 '강물'과 '못물'을 통해 재생적 공간으로 승화된다. 송수권도 밝혔듯, "누이야 아는가 / 가을산 그리메에 빠져 떠돌든 / 눈썹 두어 낱이 / 지금 이 못물 속에 비쳐옴을"은, 죽은 누이를 못물에 비친 눈썹을 통해 재회하고자 하는, 화자의 애절한 감정의 발로이다. 그 외에도 송수권의 대표작 「여승」은 개인의 정한(情恨)을 읊은 서정시의 백미다.

어느 해 봄날이던가, 밖에서는
살구꽃 그림자에 뿌여니 흙바람이 끼고
나는 하루 종일 방 안에 누워서 고뿔을 앓았다.
문을 열면 도진다 하여 손가락에 침을 발라가며
장지문에 구멍을 뚫어
토방 아래 고깔 쓴 여승이 서서 염불 외는 것을 내다보았다.
그 고랑이 깊은 음색, 설움에 진 눈동자, 창백한 얼굴

나는 처음 황홀했던 마음을 무어라 표현할 순 없지만
우리 집 처마 끝에 걸린 그 수그린 낮달의 포름한 향내를
아직도 잊을 수가 없다.
나는 너무 애지고 막막하여져서 사립을 벗어나
먼발치로 바리때를 든 여승의 뒤를 따라 돌며
동구 밖까지 나섰다.
여승은 네거리 큰 갈림길에 이르러서야 처음으로 뒤돌아보고
우는 듯 웃는 듯 얼굴상을 지었다
(도련님, 소승에겐 너무 과분한 적선입니다. 이젠 바람이 찹사운데 그만 들어가 보셔얍지요)
나는 무엇을 잘못하여 들킨 사람처럼 마주서서 합장을 하고
오던 길을 뒤돌아 뛰어오며 열에 흐들히 젖은 얼굴에
마구 흙바람이 일고 있음을 알았다.
그 뒤로 나는 여승이 우리들 손이 닿지 못하는 먼 절간 속에
산다는 것을 알았으며 이따금 꿈속에선
지금도 머룻잎 이슬을 털며 산길을 내려오는
여승을 만나곤 한다.
나는 아직도 이 세상 모든 사물 앞에서 내 가슴이 그때처럼
순수하고 깨끗한 사랑으로 넘쳐흐르기를 기도하며
시를 쓴다.

― 송수권, 「여승(女僧)」 전문

「여승(女僧)」은 누구나 도달하고자 하는 인간의 원형적 순수함의 상징이다. 백석의 「여승」 이후, 송수권만큼 '여승'을 고귀하고 청초하고 외롭고 순결한 이미지로 변주한 예도 드물다. 「여승」의 시적 상황은 고뿔 앓는 사춘기의 소년이 "장지문에 구멍을 뚫어", "고깔 쓴 여승"이 염불 외는 것을 훔쳐보는, 첫사랑의 체험적인 시다. 사춘기 소년의 순수한 호기심과 여승의 종교적인 염결성을 "고랑이 깊은 음색", "설움에 진 눈동자", "황홀한 마음", "낮달의 포름한 향내"로 연상한 비유는 출중하다.

특히 "포름한 향내"는 삭발한 앳된 여승의 윤기 나는 머리의 '시각의 후각화'로, 시적 화자의 함축적이고 복합적인 감정 상태를 곱고 애잔하게 클로즈업한다. 특히, 이 시의 압권은 "도련님, 소승에겐 너무 과분한 적선입니다. 이젠 바람이 참사운데 그만 들어가 보셔압지요"라는 구절 속에 함축되어 있다. 소년의 풋풋한 사랑을 비껴가는 여승의 내면적 심리가 암시로 잘 나타난다. 암시야말로 상징과 비유를 넌지시 깨우쳐 뒷받침해 주는 역할을 하며, 시어의 뜻을 직접 말하지 않고 에둘러 분위기를 풍긴다. 심리학에서 암시는 직접적 행동을 불러일으키며 상당한 최면 효과도 지닌다. 아니나 다를까, 송수권은 바로 그다음 시행을 통해 소년의 심리적 행동을 직접 유발하며 "열에 흐들히 젖은 얼굴"로 '여승'에게 더 이상 다가서지 못함을 안타까움과 성스러움으로 승화시킨다.

하여 "송수권의 전통주의는 한국 근대시에 잠재하고 있는 모더니티 지향성과 근대 지향성의 대립에 대한 우리 시대의 응답이다. 이는 단순히 언어와 기법의 차원에 그치는 문제가 아니라 세계를 바라보고 인식하는 방식의 문제, 더 나아가 아직 오지 않은 시간에 대한 비전을 제시하는 문제에 연결된 것이다. 혹자는 그의 전통주의를 시대착오적인 것, 혹은 낡은 방식에 의존하는 것이라고 간주할지도 모른다. 근대를 지배하였던 저 거대한 계몽 담론들조차 도도한 해체의 물결 앞에서 무너져 내리고 있는 시대에, 이미 지나간(혹은 청산된) 구시대의 낡은 정신을 붙잡고 감읍에 빠지는 것이 무슨 의미가 있겠냐는 논리일 것이다. 하지만 김소월, 김영랑, 백석, 서정주, 박재삼 등 한국시에 등장했던 전통주의 시인들의 작품이 우리 근대시의 중요한 유산으로 평가받는 이유가 무엇인가? 그것은 전통주의적 작품 창작을 통해 이 시인들이 자기 시대의 문제 즉 근대성의 위기에 대해 미학적 저항을 시도하였다는 점일 것이다."(남기혁, 「경계 너머에서 울려오는 전통의 목소리」 중에서) 송수권은 참으로 질박한 농투성이 상(像)이다. 그의 얼굴상(象)은 통나무에 새긴 것 같은 굵은 주름의 전통 탈을 연상시킨다. 미당 서정주의 '한국인의 원형' 시법을 배우되 그곳에 함몰되지 않고, 박재삼의 한국 여인의 정한(情恨)을 익히되 그 늪에 빠지지 않은, 자신만의 시 속에 한국인의 민중 의지를 오롯이 끌어안음으로써, 송수권은 70년대 한국 서정시의 한 축을 담당했다.

시집사리 詩集思理

PART + 10

시와 사유·열

비극적 담론은 베케트가 부조리극을 전개하는 과정에서 사용된 중요한 요소이다. 비극 담론의 관점에서, 베케트의 극텍스트도 다른 텍스트에 상호작용하고 있는 텍스트이다. 그는 자신의 부조리극에서 비극이라는 연극 장르를 통해 고전 비극의 세계를 구현한다기보다는, 비극 다시 쓰기로부터 '비극성(tragique)'을 제시하고 있다. 베케트는 부조리극에서 종교적 근원과 형이상학적 근간을 잃어버리고, 어두운 전망 속에 존재하는 현대인을 그대로 묘사하고 있다. 베케트가 창조한 등장인물들은 지상에 태어난 죄를 속죄하는데 자신들의 온 힘을 사용하고, 공전하는 비극적 상황을 단지 무기력하고 수동적인 태도로 수용하고 있다. 베케트의 부조리극은 비극성과 결부된 놀이와 우연을 강조하여, 단절, 해체, 대립을 추구한다. 그는 불확정성 원리를 근간으로 전개되는 비극적 세계를 적극적으로 받아들인다. 부조리극은 무엇보다 인간을 총체적인 동시에 실존적인 관점에서 다룬다. 이들은 새로운 연극 언어와 연극 코드에 의한 새로운 연극의 지평을 제시한다. 특히 이들은 기존의 연극에 사용된 언어를 붕괴시켜 부조리의 현존을 드러낸다.

- 이영석, 「부조리극과 비극 다시 쓰기의 전략-사무엘 베케트의 비극적 담론을 중심으로」, 『프랑스학연구』34집(2005) 중에서

제10장
부조리와 비극의 시

부조리와 현실
 - 삶에 대한 절망 없이 삶에 대한 사랑도 없다.(알베르 카뮈)

 삶의 의미와 이유가 있다면, 세계는 합리적인가. 그리고 진정한 현실(성)이란 무엇인가? 이런 유(類)의 질문에 앞서 인간의 운명과 조건은 불멸의 존재가 아니라는 점에 있다. 여기서 우리는 모순과 부조리의 근본에 봉착하게 된다. 불합리·배리(背理)·모순·불가해(不可解) 등을 뜻하는 부조리(不條理)는 원래 조리에 맞지 않는 것이라는 논리적 의미만을 표시하는 말이었다. 이후 실존주의 문학과 철학의 담론에서는 보다 특별한 의미를 부여하고 있다. 알베르 카뮈(1913~1960, 알제리)의 경우를 중심으로 살펴보자. 카뮈에게 부조리는 '세계의 무의미성'을 전제로 한다. "인간은 세계의 의미를 추구하지만 세계는 그 자체로 존재할 뿐, 아무런 의미가 없다."는 것이다. 하여 세계는 합리적인 인간의 물음에 결코 대답하지 않는다. 노자의 『도덕경』 5장에 나오는 '천지불인(天地不仁)'이란 말도 그 연장선에 놓인다. 세계는 사사로운 감정에 더 이상 연연해 하지 않는다. 여기에는 "합리적 관점이 적용되지 않는 세계와 합리적인 이해를 시도하는 인간 사이에는 하나의 거대한 미스떼흐(mystère) 같은 것이 놓여 있다." 이는 보편적이고 합리적인 삶보다는 일 개인의 특수한 경험이 반영된 다양한 감각과 삶이 우선한다. 부조리는 인간과 세계 어느 하나가 아닌, 인간과 세계의 '사이'에 존재한다. 이 사이의 경계와 심연이 갖는 부조리에 대해 카뮈는 하나의 '이혼'과 '절연'으로, '이방인'으로 파악한다.

　이런 단절과 타자성의 문제는 실재(reality)의 하나로서 '느낌(feeling)'의 문제이기도 하다. 즉 부조리한 인간이 아니라, 부조리를 느끼는 인간이다. 이 경우 "부조리는 세계와 관계를 맺을 때만 나타나는 감정"으로서, "부조리의 감정은 우리가 알아야 하는 진실"이다. 우연한 사건과 사건의 연속이 곧 우리의 현실이자 생이라면, 부조리는 반드시 무의미하거나 부정적인 것만이 아니라, 새로운 의미와 창조적 계기로 작동하기도 한다. 카뮈가 말하는 '부조리 인간(l'homme absurde)'이란 것도 기실은 부조리한 인간이 아니라, 부조리를 의식하며 살아가는 인간, 즉 깨어 있는 의식을 가진 인간을 말한다. 부조리한 인간은 반항과 자유, 열정을 가진 인간이다. 하여 비극과 절망은 곧 희극과 희망의 다른 말이자, 그 배후인 것이다. 반항인은 '아니(non)'라고 말하는 인간("반항한다, 고로 나는 존재한다")이며, 반역(反逆)은 생명의 본질인 것이다. 이상에서 보면, "부조리의 진실을 의식하며 자기 창조를 실현하는 인간"이야말로 진정한 인간이며, "부조리의 진실을 아는 자만이 자기 자신의 본래 의미를 창조"한다. 그리고 부조리가 존재와 무 사이, 딴은 현실의 문제와 깊은 연관이 있다면, 빌렘 플루서(Vilém Flusser, 1920~1991, 체코 철학자)의 현실성(Wirklichkeit)은 '죽음에 이르는 길 위에서 마주치는 것' 내지는 '궁극적 관심'을 말한다. 이런 실존적 국면에서 부조리한 인간은 자신의 죽음과 운명에 도전하며 삶의 참된 의미와 현실성을 찾고자 부심한다. 그러나 여기엔 비극적 행위와 결말이 수반된다.

　이 장에서는 1950년대 한국 전쟁 전후의 남북 분단의 첨예한 갈등을 형상화한 박봉우의 대표작「휴전선」, 4·19혁명과 5·16군사쿠테타로 인한 극심한 좌우 대립의 사회적 혼란과 민중의 저항을 부르짖은 김수영의「눈」과「풀」, 70년대 유신 독재의 선봉에 선 김지하의「오적(五賊)」, 80년 오월 광주에서 자행된 살인의 만행을 절규한 김남주의「학살 1」, 군사 정권하에 자행된 고문과 부당한 인권 유린을 고발한 임영조의「치킨센터」, 근대화 시대의 음화인 평등과 불평등, 지배와 피지배를 '당연'과 '물론'을 통해 비판한 김승희의「세상에서 가장 무거운 싸움 2」, 한국 사회의 여성에 대한 부당성을 '밭솥'으로 암유한 김혜순의「또 하나의 타이타닉 호」를 통해, 어두웠던 우리 시대에 위험 신호를 알린 8편의 부조리 시를 추적해 본다.

한국 전쟁

한국문학의 경우 해방기를 전후한 좌우의 이념과 갈등, 한국 전쟁과 분단 문제 등은 실존과 현실이 첨예하게 대립된다. 이후 전쟁기를 거쳐 "세계와 존재에 대한 탐색과 성찰의 시선을 통해서, 폐허의 현실에 대응하는 미학적 실험과 모색"(『한국현대시사』민음사. 김현자 편, p.247)이 이어진다. 이른바 리얼리즘과 모더니즘이 팽팽하게 맞서는 시기가 1990년대 포스트모더니즘이 도래하는 시기까지 지속된다. 그럼 먼저 1950년대 박봉우(1934~1990, 전남 광주 출생)의 대표작「휴전선」을 보기로 하자. 1956년 〈조선일보〉 신춘문예 당선작인「휴전선」은 6·25 전쟁으로 인한 남북 분단의 비극과 모순된 현실을 비판하고 있다. 그는 이 시를 통해 전쟁으로 인한 민족의 단절과 공포감을 극대화하며 역사 인식에 대한 재발견과 민족 구성원의 고통을 치열하게 성찰한다.

산과 산이 마주 향하고 믿음이 없는 얼굴과 얼굴이 마주 향한 항시 어두움 속에서 꼭 한 번은 천둥 같은 화산이 일어날 것을 알면서 요런 자세로 꽃이 되어야 쓰는가.

저어 서로 응시하는 쌀쌀한 풍경. 아름다운 풍토는 이미 고구려 같은 정신도 신라 같은 이야기도 없는가. 별들이 차지한 하늘은 끝끝내 하나인데……우리 무엇에 불안한 얼굴의 의미는 여기에 있었던가.

모든 유혈(流血)은 꿈같이 가고 지금도 나무 하나 안심하고 서 있지 못할 광장. 아직도 정맥은 끊어진 채 휴식인가, 야위어 가는 이야기뿐인가.

언제 한 번은 불고야 말 독사의 혀 같은 징그러운 바람이여, 너도 이미 아는 모진 겨우살이를 또 한 번 겪어야 하는가. 아무런 죄도 없이 피어난 꽃은 시방의 자리에서 얼마를 더 살아야 하는가. 아름다운 길은 이뿐인가.

산과 산이 마주 향하고 믿음이 없는 얼굴과 얼굴이 마주 향한 항시 어두움 속에서 꼭 한 번은 천둥 같은 화산이 일어날 것을 알면서 요런 자세로 꽃이 되어야 쓰는가.

- 박봉우,「휴전선」전문

역사와 시대, '예언'의 성격을 지닌 「휴전선」은 산문적 리듬으로 서정과 현실의 조화와 미적 감수성으로 풀어내고 있다. 휴전선의 차가운 아름다움과 풍경, 그 이면의 상처가 각인되어 있다. 우선 "독사의 혀 같은 징그러운 바람"은 전쟁을 비유한다. 그리고 무엇보다 우리가 눈여겨봐야 할 모티프는 '꽃'이다. 이전의 시에 나타난 꽃이 '사랑과 이별의 정한', '존재론적 의미'로 변주되었다면, 「휴전선」 속에 은유된 '꽃'은, 일시적으로 휴전 상태의 불안한 민족 개개인을 암시한다. 전쟁을 통해 겪은 인간의 다양한 내면적 불안 심리와 어리석은 민족 자화상을 다층적으로 상징했다. 또한 「휴전선」의 시법의 매력과 묘는, "~는가"의 의문형으로 끝나는 설의법 구조에 있다. "꼭 한번은 천둥 같은 화산이 일어날 것을 알면서 요런 자세로 꽃이 되어야 쓰는가.", "우리 무엇에 불안한 얼굴의 의미는 여기에 있었던가.", "꽃은 시방의 자리에서 얼마를 더 살아야 하는가 아름다운 길은 이뿐인가" 등은, 두 번 다시 전쟁이 일어나면 안 된다는 강렬한 반어적 화법이다. 이런 수사적 의문법은 응답을 바라고 하는 질문의 형태가 아니라, 발언의 형식을 빈 주장이다. 「휴전선」의 수미쌍관 역시, 동족 살육의 어리석은 우를 범하지 말기를 간절히 소망하는 시인의 절규다. 박봉우는 초지일관 전쟁과 휴전 상황, 분단 문제와 군사독재 등 시대 현실에 대한 냉철한 인식을 노래하였다. 그의 시 세계는 공동체와 기존 윤리 가치관의 붕괴, 고립된 개체의 실존 문제, 좌우의 이념과 동일 문세까지 포섭한다. 한편, 사랑과 우정, 영혼과 고독의 문제를 서정적 어조로 표현한 휴머니스트였다. 김광섭은 「휴전선」의 심사평에서 "한번은 천둥 같은 화산이 일어날 것"을 예감한 이 시를, "일찍이 독일 시인 쉴러가 그의 「서풍부」에서 '나의 입술을 통하여 예언의 나팔을 불게 하라'는 일절을 연상시키는 바가 있다."라며 높게 평가하였다. 이 시의 백미는 "별들이 차지한 하늘은 끝끝내 하나인데……"라는 시구이다. 분단 상황에 대한 안타까움을 '말줄임표' 속에 절묘하게 함축하였다. 현실적으론 휴전선을 치울 순 없지만, 밤하늘 '별'은 남북 어느 쪽에서나 바라볼 수 있는 '평화'의 상징임을 깊게 투영하였다. 1957년 발표된 그의 또 다른 수작 「나비와 철조망」 역시 '나비'와 '철조망'이라는 두 개의 이질적인 제재를 통해, 분단된 민족의 아픔을 의인화 했다. 즉, 그의 시는 통일에 대한 갈망을 '꽃'이란 시적 매개를 통해 평화를 소망한다. 일제 식민치하에서 갓 벗어난 한국 사회는 좌익과 우익의 극한 대립 양상으로, 급기야 한반도가 두 동강 난 채 아수라장이 되었다. 이런 현실을 자각한 시가 등장한 것은 50년대 후반이며, 본격적으로 문학에 다뤄진 것은 60년대 이후의 일이다. 이런 시단의 경향 속에서 박봉우의 「휴전선」은 이데올로기를 정면으로 다룬 몇 안 된 작품으로서, 분단 현실을 미학적으로 승화시킨 전후시(戰後詩)의 최고봉이다.

모던과 현실 사이

 1960년 4·19혁명은 젊은 피의 외침이자 자유와 혁명의 기폭제가 된다. 이승만 대통령의 하야로 전국은 극심한 혼란에 빠진다. 그 틈을 타 근대화와 반공을 국시로 내건 박정희 군사정권은 쿠테타로 철권 시대를 예고한다. 경제개발이 새 시대에 대한 희망으로 들뜨게 했다면, 유신 체제는 장기집권에 대한 불안을 심화시킨다. 이 시기 문학의 주제는, 근대화의 불균형, 폭압과 감시, 사회 불신, 개인의 불안과 소외 현상으로 규정된다. 60년대 시단의 풍향은, 전통 서정을 계승한 순수시파와 김수영(1921~1968, 서울 출생)으로 대변되는 현실 참여파로 양분된다. 시의 특징은 전통과 현대, 분단 이후 문제의식, 산업화와 양극화의 대두, 이농과 도시노동자의 열악한 현실, 지식인과 자유에 대한 열망이, 자유시의 용광로 속에서 들끓었다. 이런 모더니즘 계열의 시인들은 각자의 궤적에 따라 "개성과 특수성 위에 서 있으며 이 속에서 저마다 독자적인 세계관과 문학적 방법들을 선보이고 있"다.(강우식 편,『한국현대시사』, 민음사. p.338) 김수영은 60년대 줄곧 시대 사회의 모순과 부조리를 향해 발언한다. 그의 시 「눈」은, 병든 시대 병든 사회를 알리는 사이렌(siren)이다. 그의 목소리, 그의 외침은 무엇보다 진실하다. 어두운 현실의 심연을 들추어내며 치열한 몸부림으로 떤다. 부당한 권력과 폭력에는 단호히 맞선다. 힘없는 민중의 편에 서서 온몸으로 자유를 외친다. 그의 시는 직설적이다. 시대의 어둠을 뚫고 새벽이 올 때까지 절규한다. 김수영은 대표시론「시여, 침을 뱉어라」에서 이렇게 말한다. "시는 온몸으로, 바로 온몸을 밀고 나가는 것이다. 그것은 그림자를 의식하지 않는다. 그림자에조차도 의지하지 않는다. 시의 형식은 내용에 의지하지 않고, 그 내용은 형식에 의지하지 않는다. 시는 그림자에조차도 의지하지 않는다. 시는 자유의 과잉을, 혼돈을 시작하는 것이다. 모기소리보다도 더 작은 목소리로 시작하는 것이다. 모기소리보다도 더 작은 목소리로 아무도 하지 못한 말을 시작하는 것이다. 아무도 하지 못한 말을. 그것을 —." 시 「눈」을 보자.

눈은 살아 있다.
떨어진 눈은 살아 있다.
마당 위에 떨어진 눈은 살아 있다.

기침을 하자.
젊은 시인이여, 기침을 하자.
눈 위에 대고 기침을 하자.
눈더러 보라고 마음 놓고, 마음 놓고
기침을 하자.

눈은 살아 있다.
죽음을 잊어버린 영혼과 육체를 위하여
눈은 새벽이 지나도록 살아 있다.

기침을 하자.
젊은 시인이여, 기침을 하자.
눈을 바라보며
밤새도록 고인 가슴의 가래라도
마음껏 뱉자.

- 김수영, 「눈」 전문

　김수영의 「눈」(《문학예술》, 1956) 은 부조리한 현실을 직시한 눈(眼)이자, 순수를 향한 결연한 의지의 눈(雪)이다. 그의 "눈(眼/雪)은 살아 있다." 나태한 일상을 흔들고, 소시민적 근성을 흔든다. 결코 죽음을 두려워하지 말기를, 불의에 나약하지 말기를, "젊은 시인"을 향해 "눈 위에 대고 기침을 하자"고 일갈한다. 하여 「눈」은 중의적이고 상징적이다.

"기침"은 "젊은 시인"의 내면 가득 찬 더럽고 불순한 것을 내뱉는 카타르시스다. 혼탁한 세상을 향해 "밤새도록 고인 가슴의 가래라도" 마음껏 뱉지 않으면 살 수 없는 시인의 절규다. 「눈」은 또, '젊은 시인'들에게 자유당 정권의 부정부패와 폭거에 항거할 줄 아는, 행동하는 양심이 되길 암시한다. 「눈」은 반복과 점층을 통해 시인의 단정적 어조를 강조한다. "눈 위에 대고", "눈 더러 보라고 마음 놓고, 마음 놓고 기침을 하자."고 외친다. 「눈」에는 더러운 시대 사회의 모순과 부조리를 가래로 뱉어 버린 비극적 인식이 살아 번득인다. 더욱이 중요한 것은 눈의 순수가 아니라 살아있는 생명의 눈이다. 이 경우 기침과 가래는 아프고 고통스럽지만 살아있음의 현실과 비애의 상징이며, 눈은 그 기침과 가래를 마음껏 받아주는 대지의 하늘인 것이다. 초기 김수영은 1948년 김경린, 박인환 등과의 5인 시집 『새로운 도시와 시민들의 합창』을 통해 모더니스트로 각광 받았다. 첫 시집 『달나라 장난』(춘조사, 1959) 이후 60년대부터는 현실 참여적 시로 급격히 선회하였다. 4·19 혁명을 기점으로 강렬한 현실 인식, 지식인의 고뇌, 자유의 억압에 대한 항거를 직설적 화법으로 치고 나온다. 당대에 대한 비판의식은 당시에 매우 진보적이었다. 하여, 그의 시는 양극단에 서 있으며, 전통적, 관습적 언어들을 부정한다. 한편, 그의 마지막 작품 「풀」(1968년 《창작과 비평》)은 그 이전의 시와는 확연히 구별되는 품새를 지니고 있다.

    풀이 눕는다.
    비를 몰아오는 동풍에 나부껴
    풀은 눕고
    드디어 울었다.
    날이 흐려서 더 울다가
    다시 누웠다.

    풀이 눕는다.

바람보다 더 빨리 눕는다.
바람보다 더 빨리 울고
바람보다 먼저 일어난다.

날이 흐리고 풀이 눕는다.
발목까지
발밑까지 눕는다.
바람보다 늦게 누워도
바람보다 먼저 일어나고
바람보다 늦게 울어도
바람보다 먼저 웃는다.
날이 흐리고 풀뿌리가 눕는다.

- 김수영,「풀」전문

　시「풀」은, '민중'을 상징하는 "풀"의 의인화를 통해 그 시대의 나약한 민초들의 끈질긴 삶에 대한 화자의 냉철한 의식을 보여준다. '바람'이 그 시대의 폭력과 억압의 상징이라면, 어떤 역경 속에서도 '풀'은 쓰러지고 또다시 일어나는 민초들의 저항과 극복 의지의 상징이다. "풀이 눕는다"라는 풀이 가진 식물적 나약성을 독재 권력에 순응하며 살아가는 민초의 소시민성에 겹쳐 놓은 연상기법이다. 또한, 억압과 폭력에 굴복한 왜소한 민초들의 일상의 분위기를 "날이 흐려서 더 울다가 / 다시 누웠다."로 표현한 점 역시 예리하다. 시상 전개 구조가 거의 동일하며, 반복을 통해 끊임없이「풀」의 끈질긴 생명력을 부각한다. "바람보다 더 빨리 눕"고, "바람보다 더 빨리 울고 / 바람보다 먼저 일어"나는 풀의 속성에 '일어난다'라는 능동성을 부여함으로써, 나약한 '풀'의 이미지가 아니라 유연한 저항성을 띠게 한다. 이런 적극적 시상의 주체 전환은, 머지않아 시대의 폭거에 맞설 민중들의 잠재된 역동성을 예언한 탁견이다. 동시에 '풀'을 통해 일상의 나태 속에 길들여진 민중들 의식을 역설적으로 일깨우면서도 자연스럽고 세련미가 있다. 김수영은 「사령(死靈)」, 「푸른 하늘을」, 「육법전서와 혁명」, 「가다오 나가다오」 등의 시를 통해, 현실에 대한 단호한 비판, 나약한 지식인에 대한 철저한 자기검열과 독재의 폭력성을 폭로하였다. 6·25 동족상잔의 희생양으로 소위 '레드 콤프렉스red complex'에 몸부림쳤지만, 70년대 민중 시인들의 사표(師表)가 되었다.

모순의 시와 정치(1)

1970년대는 개인보다 민중 공동체의 힘을 통해 권력에 저항한 현대사의 암흑기였다. 춥고 힘든 군부독재가 사라지면, 희망의 민주주의가 올 것임을 꿈꾼 예언의 시대였다. 개발독재로 인한 막대한 외국자본의 유입과 기술 혁신은 문화 예술을 급변시켰다. 빈부의 격차, 독재에 대한 저항, 인권 유린과 민주화에 대한 열망, 구금과 탄압, 감시와 처벌은, 산업화의 빛과 그늘이다. 이 시기는 농촌의 붕괴와 도시 이주화가 절정으로 치달았다. 폭력과 고문이 난무한 유신 독재 시대였다. 영화, 통기타, 금지곡, 미니스커트와 청바지가 새로운 문화의 유행을 이끌었다. 한편, 민주 세력의 극렬한 저항과 항거는 부마항쟁을 촉발하였으며, 마침내 10·26의 총성과 함께 박정희 18년 철권통치는 역사 속에서 사라진다. 이런 국가주의의 부활은 한강의 경제 기적을 낳은 반면, 획일적 교육과 반공 이데올로기를 통해 개인의 자유와 인권을 참혹하게 유린하였다. 시단에선 70년 벽두부터 《사상계》 5월 호에 발표된 김지하(1941~2022, 전남 목포 출생)의 「오적(五賊)」(『오적(五賊)』, 동광출판사, 1985)으로 인해 세상이 발칵 뒤집혔다. 군부정권은 《사상계》를 폐간하였으며, 「오적(五賊)」을 옹호한 언론과 지식인들을 용공 좌경으로 몰아갔다. 반면, 대다수 국민은 김지하의 거침없는 정권 비판에 대해 암묵적으로 동조하였다. 목숨을 걸고 싸운 민주주의에 대한 그의 열망과 투쟁은, 70년대 이후 민중시의 정신적 사상이 된다.

> 시(詩)를 쓰되 좀스럽게 쓰지 말고 똑 이렇게 쓰랬다.
> 내 어쩌다 붓끝이 험한 죄로 칠전에 끌려가
> 볼기를 맞은 지도 하도 오래라 삭신이 근질근질
> 방정맞은 조동아리 손목댕이 오물오물 수물수물
> 뭐든 자꾸 쓰고 싶어 견딜 수가 없으니, 에라 모르겠다
> 볼기가 확확 불이 나게 맞을 때는 맞더라도
> 내 별별 이상한 도둑 이야길 하나 쓰겠다.
> 옛날도 먼옛날 상달 초사홋날 백두산아래 나라선 뒷날
> 배꼽으로 보고 똥구멍으로 듣던중엔 으뜸
> 아동방(我東方)이 바야흐로 단군 이래 으뜸
> 으뜸가는 태평 태평 태평성대라
> 그 무슨 가난이 있겠느냐 도둑이 있겠느냐
> 포식한 농민은 배 터져 죽는 게 일쑤요
> 비단옷 신물나서 사시장철 벗고 사니
> 고재봉 제 비록 도둑이라곤 하나
> 공자님 당년에도 도척이 났고
> 부정부패 가렴주구 처처에 그득하나
> 요순시절에도 사흉은 있었으니
> 아마도 현군양상(賢君良相)인들 세살버릇 도벽(盜癖)이야
> 여든까지 차마 어찌할 수 있겠느냐
> 서울이라 장안 한복판에 다섯도둑이 모여 살았겄다.
> 남녘은 똥덩어리 둥둥
> 구정물 한강가에 동빙고동 우뚝
> 북녘은 털빠진 닭똥구멍 민둥
> 벗은 산 만장 아래 성북동 수유동 뾰쪽
> 남북간에 오종종종 판잣집 다닥다닥

게딱지 다닥 코딱지 다닥 그위에 불쑥
장충동 약수동 솟을대문 제멋대로 와장창
저 솟고 싶은 대로 솟구쳐 올라 삐까번쩍
으리으리 꽃궁궐에 밤낮으로 풍악이 질펀 떡치는 소리 쿵떡
예가 바로 재벌(狾獘), 국회의원(匊獪狋猿), 고급공무원(跍碌功無源), 장성(長猩), 장차관(瞕搓瞳)이라 이름하는,
간뗑이 부어 남산만 하고 목질기기 동탁 배꼽 같은
천하흉폭 오적(五賊)의 소굴이렸다.
사람마다 뱃속이 오장육보로 되었으되
이놈들의 배 안에는 큰 황소불알만한 도둑보가 겉붙어 오장칠보,
본시 한 왕초에게 도둑질을 배웠으나 재조는 각각이라
밤낮없이 도둑질만 일삼으니 그 재조 또한 신기(神技)에 이르렀겄다.
하루는 다섯 놈이 모여
십년전 이맘때 우리 서로 피로써 맹세코 도둑질을 개업한 뒤
날이날로 느느니 기술이요 쌓이느니 황금이라, 황금 십만 근을 걸어 놓고
그간에 일취월장 묘기(妙技)를 어디 한번 서로 겨룸이 어떠한가
이렇게 뜻을 모아 도(盜)짜 한자 크게 써 걸어 놓고 도둑 시합을 벌이는데
때는 양춘가절(陽春佳節)이라 날씨는 화창, 바람은 건듯, 구름은 둥실
저마다 골프채 하나씩 비껴들고 꼰아잡고
행여 질세라 다투어 내달아 비전(祕傳)의 신기(神技)를 자랑해쌌는다.
첫째도둑 나온다 재벌(狾獘)이란 놈 나온다
돈으로 옷해 입고 돈으로 모자해 쓰고 돈으로 구두해 신고 돈으로 장갑해 끼고
　금시계, 금반지, 금팔찌, 금단추, 금넥타이 핀, 금카후스보턴, 금박클, 금니빨, 금손톱, 금작크, 금시계줄, 디룩디룩 방댕이, 불룩불룩 아랫배, 방귀를 뿡뿡뀌며 아그작 아그작 나온다
저놈 재조바라 저 재벌(狾獘)놈 재조봐라
장관은 노랗게 굽고 차관은 벌겋게 삶아
초치고 간장치고 계자치고 고추장치고 미원까지 톡톡쳐서 실고추 파 마늘 곁들여 날름

세금받은 은행돈, 외국서 빚낸 돈, 왼갖 특혜 좋은 이권은 모조리 꿀꺽
이쁜년 꾀어서 첩삼아 밤낮으로 직신작신 새끼까기 여념 없다
수두룩 까낸 딸년들 모조리 칼권놈께 시앗으로 밤참에 진상하여
귀띔에 정보얻고 수의계약 낙찰시켜 헐값에 땅샀다가 길 뚫리면 한몫잡고
천(千)원 공사(工事) 오원에 쓱싹, 노동자임금은 언제나 외상외상
둘러치는 재조는 손오공할애비요 구워삶는 재조는 뙤놈술수 뺨치겄다.
또 한놈이 나온다.
국회의원(匊獪狋猿) 나온다
곱사같이 굽은 허리, 조조같이 가는 실눈,
가래 끓는 목소리로 응승거리며 나온다
털투성이 문둥이에 혁명공약 휘휘감고
혁명공약 모자쓰고 혁명공약 배지차고
가래를 퉤퉤, 골프채 번쩍, 깃발같이 높이 들고 대갈일성, 쪽 째진 배암샛
바닥에 구호가 와그르르

  혁명이닷, 구악(舊惡)은 신악(新惡)으로! 개조(改造)닷, 부정축재는 축재
부정으로!
  근대화닷, 부정선거는 선거부정으로! 중농(重農)이닷, 빈농(貧農)은 이농
(離農)으로!
  건설이닷, 모든 집은 와우식(臥牛式)으로! 사회정화(社會淨化)닷, 정인숙
(鄭仁淑)을 철두철미 본받아랏!
  궐기하랏, 궐기하랏! 한국은행권아, 막걸리야, 주먹들아, 빈대표야, 곰보
표야, 째보표야,
  올빼미야, 쪽재비야, 사꾸라야, 유령(幽靈)들아, 표도둑질 성전(聖戰)에로
총궐기하랏!
  손자(孫子)에도 병불염사(兵不厭邪), 치자즉(治者即) 도자(盜者)요 공약
즉(公約即) 공약(空約)이니
  우매(愚昧)국민 그리알고 저리멀찍 비켜서랏, 냄새난다 퉤ㅡ
  골프 좀 쳐야겄다.
  셋째 놈이 나온다 고급공무원(跍磔功無源)나온다.
  풍신은 고무풍선, 독사같이 모난눈, 푸르족족 엄한 살,

꽉 다문 입꼬라지 청백리(淸白吏) 분명쿠나

단것을 갖다주니 쩔레쩔레 고개저어 우린 단것 좋아 않소, 아무렴, 그렇지, 그렇구말구

어허 저놈 뒤좀 봐라 낯짝하나 더 붙었다

이쪽보고 히뜩히뜩 저쪽보고 헤끗헤끗, 피둥피둥 유들유들 숫기도 좋거니와 이빨꼴이 가관이다

단것 너무 처먹어서 새까맣게 썩었구나, 썩다못해 문들어져 오리(汚吏)가 분명쿠나

산같이 높은 책상 바다같이 깊은 의자 우뚝나직 걸터앉아

공(功)은 쥐뿔 없는 놈이 하늘같이 높이 앉아 한 손으로 노땡큐요 다른 손은 땡큐땡큐

되는 것도 절대 안돼, 안될 것도 문제 없어, 책상 위엔 서류뭉치, 책상 밑엔 지폐뭉치

높은 놈껜 삽살개요 아랫 놈껜 사냥개라, 공금은 잘라먹고 뇌물은 청(請)해 먹고

내가 언제 그랬더냐 흰구름아 물어보자 요정(料亭)마담 위아래로 모두 별 탈없다더냐.

넷째 놈이 나온다 ××놈이 나온다

키크기 팔대장성, 제밑에 졸개행렬 길기가 만리장성

온몸에 털이 숭숭, 고리눈, 범아가리, 벌룸코, 탑삭수염, 짐승이 분명쿠나

금은 백동 청동 황동, 비단공단 울긋불긋, 천근만긋 훈장으로 온몸을 덮고 감아

시커먼 개다리를 여기차고 저기차고

엉금엉금 기나온다 장성(長猩)놈 재조봐라

쫄병들 줄 쌀가마니 모래가득 채워놓고 쌀은 빼다 팔아먹고

쫄병 목일 소돼지는 털한개씩 나눠주고 살은 혼자 몽창먹고

엄동설한 막사없이 얼어죽는 쫄병들을

일만하면 땀이난다, 온종일 사역시켜

막사지을 재목갖다, 제집크게 지어놓고

부속 차량 피복 연탄 부식에 봉급까지, 위문품까지 떼어먹고

배고파 탈영한 놈 군기잡자 주어패서 영창에 집어넣고
　　열중쉬엇 열중열중열중쉬엇 열중
　　빵빵들 데려다가 제마누라 화냥끼 노리개로 묶어두고
　　저는 따로 첩을 두어 운우어수(雲雨魚水) 공방전(攻防戰)에 병법(兵法)이 신출귀몰(神出鬼沒),
　　마지막 놈 나온다
　　장차관(暲搓瞳)이 나온다
　　허옇게 백태끼어 삐적삐적 술지게미 가득고여 삐져나와
　　추접무비(無比) 눈꼽낀 눈 형형하게 부라리며 왼손은 골프채로 국방을 지휘하고
　　오른손은 주물럭주물럭 계집젖통 위에다가 증산 수출 건설이라 깔짝깔짝 쓰노라니
　　호호 아이 간지럽사와요
　　이런 무식한 년, 국사(國事)가 간지러워?
　　굶더라도 수출이닷, 안팔려도 증산이닷, 아사(餓死)한 놈 뼈다귀로 현해탄에 다리놓아 가미사마배알하잣!
　　째진 북소리 깨진 나팔소리 삐삐빼빼 불어대며 속셈은 먹을 궁리
　　검정세단 있는데도 벤쯔를 사다놓고 청렴결백 시위코자 코로나만 타는구나
　　예산에서 몽땅먹고 입찰에서 왕창먹고 행여나 냄새날라 질근질근 껌씹으며
　　켄트를 피워물고 외래품 철저단속 공문을 획획획획 내갈겨 쓰고나서 어허 거참 달필(達筆)이다.
　　추문듣고 뒤쫓아 온 말잘하는 반벙어리 신문기자 앞에 놓고
　　일국(一國)의 재상더러 부정(不正)이 웬말인가 귀거래사(歸去來辭) 꿍얼꿍얼, 자네 핸디 몇이더라?
　　오적(五賊)의 이 절륜한 솜씨를 구경하던 귀신들이
　　깜짝 놀라서 어마 뜨거라 저놈들한테 붙잡히면 뼈다귀도 못추리겠다
　　똥줄빠지게 내빼버렸으니 요즘엔 제사지내는 사람마저 드물어졌다
　　이리한참 시합이 구시월 똥호박 무르익듯이 몰씬몰씬 무르익어가는데

여봐라

게 아무도 없느냐

나라 망신시키는 오적(五賊)을 잡아들여라

추상같은 어명이 쾅,

청천하늘에 날벼락치듯 쾅쾅쾅 연거푸 떨어져 내려 쏟아져 퍼붓어싸니

네이— 당장에 잡아 대령하겠나이다, 대답하고 물러선다

포도대장 물러선다 포도대장 거동봐라

울뚝불뚝 돼지코에 술찌꺼기 허어옇게 묻은 메기 주둥이, 침은 질질질

장비사돈네팔촌같은 텁석부리 수염, 사람 여럿 잡아먹어 피가 벌건 왕방울 눈깔

마빡에 주먹혹이 뙬 때마다 털렁털렁

열십자 팔벌이고 멧돌같이 좌충우돌, 사자같이 으르르르릉

이놈 내리 훑고 저놈 굴비 엮어

종삼 명동 양동 무교동 청계천 쉬파리 답십리 왕라리 왕십리 똥파리 모두 쓸어 모아다 꿀리고 치고 패고 차고 밟고

꼬집어 뜯고 물어뜯고 업어메치고 뒤집어 던지고 꼰아추스리고 걷어 팽개치고

때리고 부수고 개키고 까집고 비틀고 조이고

꺾고 깎고 벳기고 쑤셔대고 몽구라뜨리고

직신작신 조지고 지지고 노들강변 버들 같이 휘휘낭창 꾸부러뜨리고

육모방망이, 세모쇳장, 갈쿠리, 긴 칼, 짧은 칼, 큰 칼, 작은 칼

오라 수갑 곤장 난장 곤봉 호각

개다리 소라리 장총 기관총 수류탄 최류탄 발연탄 구토탄 똥탄 오줌탄 뜸물탄 석탄 백탄

모조리 갖다 늘어놓고 어흥—

호랑이 방귓소리 같은 으름장에 깜짝, 도매금으로 끌려와 쪼그린 된민중들이 발발

전라도 갯땅쇠 꾀수놈이 발발 오뉴월 동장군(冬將軍) 만난듯이 발발발 떨어댄다.

네놈이 오적(五賊)이지

아니요
그럼 네가 무엇이냐
날치기요
날치기면 더욱 좋다. 날치기, 들치기, 밀치기, 소매치기, 네다바이 다 합쳐서
오적(五賊)이 그 아니냐
아이구 난 날치기 아니요
그럼 네가 무엇이냐
팸프요
팸프면 더욱 좋다. 팸프, 창녀, 포주, 깡패, 쪽쟁이 다 합쳐서
풍속사범 오적(五賊)이 바로 그것 아니더냐
아이구 난 팸프아니요
그럼 네가 무엇이냐
껌팔이요
껌팔이면 더욱 좋다. 껌팔이, 담배팔이, 양말팔이, 도롭스팔이, 쪼코렡팔이
다 합쳐서
외래품 팔아먹는 오적(五賊)이 그 아니냐
아이구 난 껌팔이 아니요
그럼 네가 무엇이냐
거지요
거지면 더 더욱 좋다. 거지, 문둥이, 시라이, 양아치, 비렁뱅이 다 합쳐서
우범오적(五賊)이란 너를 두고 이름이다. 가자 이놈 큰집으로 바삐가자
애고 애고 난 아니요, 오적(五賊)만은 아니어라우. 나는 본시 갯땅쇠로
농사로는 밥 못 먹어 돈벌라고 서울왔오. 내게 죄가 있다면은
어젯밤에 배고파서 국화빵 한개 훔쳐먹은 그 죄밖엔 없읍넨다.
이리바짝 저리죄고 위로 틀고 아래로 따닥
찜질 매질 물질 불질 무두질에 당근질에 비행기 태워 공중잡이
고추가루 비눗물에 식초까지 퍼부어도 싹아지없이 쏙쏙 기어나오는건
아니랑께롱
한마디뿐이겄다
포도대장 할 수 없어 꾀수놈을 사알살 꼬실른다 저것봐라

오적(五賊)은 무엇이며 어디있나 말만하면 네 목숨은 살려주마
꾀수놈 이 말 듣고 옳다꾸나 대답한다.
오적(五賊)이라 하는 것은 재벌(獅猤)과 국회의원(匊獪狋猿),
고급공무원(跙磔功無猨), 장성(長猩), 장차관(瞕搓瞳)이란 다섯 짐승, 시방 동빙고동에서 도둑 시합 열고 있소.
으흠, 거 어디서 많이 듣던 이름이다. 정녕 그게 짐승이냐?
그라문이라우, 짐승도 아조 흉악한 짐승이지라우.
옳다 됐다 내 새끼야 그 말을 진작 하지
포도대장 하도 좋아 제 무릎을 탁 치는데
어떻게 우악스럽게 처버렸던지 무릎뼈가 파싹 깨져 버렸겄다, 그러하나
아무리 죽을 지경이라도 사(死)는 사(私)요 공(功)은 공(公)이라
네놈 꾀수 앞장서라, 당장에 잡다가 능지처참한 연후에 나도 출세해야겄다.

꾀수놈 앞세우고 포도대장 출도한다
범눈깔 부릅뜨고 백주대로상에 헷드라이트 왕눈깔을 미친 듯이 부릅뜨고
부릉 부릉 부르릉 찍찍
소리소리 내지르며 질풍같이 내닫는다
비켜라 비켜서라
안비키면 오적(五賊)이다
간다 간다 내가 간다
부릉 부릉 부르릉 찍찍 우당우당 우당탕 쿵쾅
오적(五賊) 잡으러 내가 간다
남산을 훌랑넘어 한강물 바라보니 동빙고동 예로구나
우레같은 저 함성 범같은 늠름기상 이완대장(李浣大將) 재래(再來)로다
시험장에 뛰어들어 포도대장 대갈일성,
이놈들 오적(五賊)은 듣거라
너희 한갓 비천한 축생의 몸으로
방자하게 백성의 고혈빨아 주지육림 가소롭다
대역무도 국위손상, 백성원성 분분하매 어명으로 체포하니
오라를 받으렷다.

이리 호령하고 가만히 둘러보니 눈 하나 깜짝하는 놈 없이 제일에만 열중하는데
생김생김은 짐승이로되 호화찬란한 짐승이라
포도대장 깜짝 놀라 사면을 살펴보는데
이것이 꿈이냐 생시냐 이게 어느 천국이냐
서슬푸른 용트림이 기둥처럼 승천하고 맑고 푸른 수영장엔 벌거벗은 선녀(仙女) 가득
몇십리 수풀들이 정원 속에 그득그득, 백만 원짜리 정원수(庭園樹) 백만원짜리 외국(外國)개
  천만원짜리 수석비석(瘦石肥石), 천만원짜리 석등석불(石燈石佛), 일억원짜리 붕어 잉어, 일억원짜리 참새 메주리
문(門)도 자동, 벽도 자동, 술도 자동, 밥도 자동, 계집질 화냥질 분탕질도 자동자동
여대생(女大生) 식모두고 경제학박사 회계두고 임학(林學)박사 원정(園丁)두고 경영학박사 집사두고
가정교사는 철학박사 비서는 정치학박사 미용사는 미학(美學)박사 박사박사박사박사
잔디 행여 죽을세라 잔디에다 스팀넣고, 붕어 행여 죽을세라 연못 속에 에어컨넣고
새들 행여 추울세라 새장 속에 히터넣고, 개밥 행여 상할세라 개집 속에 냉장고 넣고
  대리석 양옥(洋屋) 위에 조선기와 살짝 얹어 기둥은 코린트식(式) 대들보는 이오니아식(式)
선자추녀 쇠로 치고 굽도리 샷슈박고 내외분합 그라스룸 석조(石造)벽에 갈포발라
앞뒷퇴 널찍터서 복판에 메인홀 두고 알매달아 부연얹고
기와 위에 이층올려 이층위에 옥상트고 살미살창 가로닫이 도자창(盜字窓)으로 지어놓고
  안팎 중문 솟을대문 페르샤풍(風) 본따놓고 목욕탕은 토이기풍(風) 돼지우리 왜풍(倭風)당당

집 밑에다 연못 파고 연못 속에 석가산(石假山), 대대층층 모아놓고 열어재킨 문틈으로 집안을 언듯보니

　자개 케비넽, 무광택강철함롱, 봉그린 용장, 용그린 봉장, 삼천삼백삼십삼층장, 카네숀 그린 화초장, 운동장 만한 옥쟁반, 삘딩같이 높이 솟은 금은청동 놋촉대, 전자시계, 전자밥그릇, 전자주전자, 전자젓가락, 전자꽃병, 전자거울, 전자책, 전자가방,

　쇠유리병, 흙나무그릇, 이조청자, 고려백자, 거꾸로 걸린 삐까소, 옆으로 붙인 샤갈,

　석파란(石坡蘭)은 금칠액틀에 번들번들 끼워놓고,

　내리닫이 족자는 사백점 걸어두고, 산수화조호접인물(山水花鳥胡蝶人物) 팔천팔백팔십팔점이 한꺼번에 와글와글,

　백동토기, 당화기, 왜화기, 미국화기, 불란서화기, 이태리화기, 호피담뇨 씨운 테레비, 화류문갑속의 쏘니 녹음기, 대모책상위의 밋첼카메라, 산호책장곁의 알씨에이 영사기, 호박필통에 꽂힌 파카만년필, 촛불켠 샨들리에, 피마주기름스탠드라이트, 간접직접 직사곡사 천정바닥 벽조명이 휘황캄캄 호화율율.

　여편네들 치장보니, 청옥머리핀, 백옥구두장식,

　황금부로취, 백금이빨, 밀화귓구멍마게, 호박밑구멍마게, 산호똥구멍마게, 루비배꼽마게, 금파단추, 진주귀걸이, 야광죽코걸이, 자수정목걸이, 싸파이어팔찌,

　에메랄드발찌, 다이야몬드허리띠, 터기석(石)안경대,

　유독 반지만은 금칠한 삼원짜리 납반지가 번쩍번쩍 칠흑암야에 횃불처럼 도도 무쌍(無双)이라 !

　왼갖 음식 살펴보니 침 꿀깍 넘어가는 소리 천지가 진동한다

　소털구이, 돼지콧구멍볶음, 염소수염튀김, 노루뿔삶음, 닭네발산적, 꿩지느라미말림,

　도미날개지짐, 조기발톱젓, 민어 농어 방어 광어 은어 귀만 짤라 회무침,

　낙지해삼비늘조림, 쇠고기 돈까스, 돼지고기 비후까스, 피안뺀 복지리,

　생율, 숙율, 능금, 배 씨만 발라 말리워서 금딱지로 싸놓은 것, 바나나식혜, 파인애플화채, 무화과 꽃닢설탕 버무림,

롱가리트유과, 메사돈약과, 사카린잡과, 개구리알수란탕, 청포우무, 한천묵, 괭장망장과화주, 산또리, 계당주, 샴펭, 송엽주, 드라이찐, 자하주, 압산, 오가피주, 죠니워카, 구기주, 화이트호스, 신선주, 짐빔, 선약주, 나폴레옹꼬냑, 약주, 탁주, 소주, 정종, 화주, 빼주, 보드카, 람주(酒)라 아가리가 딱 벌어져 닫을 염도 않고 포도대장 침을 질질질 질질질 흘려싸면서 가로되
　　놀랠 놀짜로다
　　저게모두 도둑질로 모아들인 재산인가
　　이럴 줄을 알았더면 나도 일찍암치 도둑이나 되었을 걸
　　원수로다 원수로다 양심(良心)이란 두글자가 철천지 원수로다
　　이리 속으로 자탄망조하는 터에
　　한놈이 쓰윽 나가와 써억 술산을 권한나
　　보도 듣도 맛보도 못한 술인지라
　　허겁지겁 한잔두잔 헐레벌떡 석잔넉잔
　　이윽고 대취하여 포도대장 일어서서 일장연설 해 보는데
　　안주를 어떻게나 많이 쳐먹었던지 이빨이 확 닳아 없어져버린 아가리로
　　이빨을 딱딱 소리내 부딪쳐가면서 씹어뱉는 그 목소리 엄숙하고 그 조리 정연하기
　　성인군자의 말씀이라
　　만장하옵시고 존경하옵는 도둑님들!
　　도둑은 도둑의 죄가 아니요, 도둑을 만든 이 사회의 죄입네다
　　여러도둑님들께옵선 도둑이 아니라, 이 사회에 충실한 일꾼이니
　　부디 소신(所信)껏 그길에 매진, 용진, 전진, 약진하시길 간절히 간절히 바라옵고, 또 바라옵나이다.
　　이 말끝에 박장대소 천지가 요란할 때
　　포도대장 뛰어나가 꾀수놈 낚궈채어 오라묶어 세운뒤에
　　요놈, 네놈을 무고죄로 입건한다.
　　때는 노을이라
　　서산낙일에 객수(客愁)가 추연하네
　　외기러기 짝을찾고 쪼각달 희게 비껴
　　강물은 붉게 타서 피흐르는데

어쩔거나 두견이는 설리설리 울어쌌는데 어쩔거나
콩알같은 죄수묶어 비틀비틀 포도대장 개트림에 돌아가네
어쩔거나 어쩔거나 우리죄수 어쩔거나
전라도서 굶고 살다 서울와 돈번다더니
동대문 남대문 봉천동 모래내에 온갖 구박 다 당하고
기어이 가는구나 가막소로 가는구나
어쩔거나 억울하고 원통하고 분한 사정 누가 있어 바로잡나
잘가거라 죄수야
부디부디 잘가거라.
죄수는 그길로 가막소로 들어가고
오적(五賊)은 뒤에 포도대장 불러다가 그 용기를 어여삐 너겨 저희집 솟을대문,
바로 그곁에 있는 개집속에 살며 도둑을 지키라하매, 포도대장 이말듣고 얼시구 좋아라
지화자좋네 온갖 병기(兵器)를 다가져다 삼엄하게 늘어놓고 개집 속에서 내내 잘살다가
어느 맑게 개인날 아침, 커다랗게 기지개를 켜다 갑자기
벼락을 맞아 급살하니
이때 또한 오적(五賊)도 육공(六孔)으로 피를 토하며 꺼꾸러졌다는 이야기. 허허허
이런 행적이 백대에 민멸치 아니하고 인구(人口)에 회자하여
날같은 거지시인의 싯귀에까지 올라 길이 길이 전해오겄다.

＊편집실 주(註) : 오적(五賊)은 동빙고동 소위(도독놈촌)이 사회문제화 되었을 때 쓴 것임. 狾猭=재벌(財閥의 야유), 匊獪狋猨=국회의원(國會議員의 야유), 跍碌功無獂=고급공무원(高級公務員의 야유), 長猩=장성(將星의 야유), 瞳搓矒=장차관(長・次官의 야유). 《사상계》1970년 5월호 게재)

김지하 시집 『오적(五賊)』(동광출판사, 1985)은, 「최루탄가(催漏彈歌)」「오적(五賊)」, 「비어(蜚語)」, 「오행(五行)」, 「앵적가(櫻賊歌)」, 「아

주까리신풍(神風)」, 「똥바다」등, 총 7편의 담시 모음집이다. 판화가 오윤(1946~1986, 부산 출생)의 여덟 편의 판화(『오윤 전집』2권, 현실문화, 2010)는, 시와 판화가 어떻게 예술이 될 수 있는지 탁월하게 그렸다. 담시집 겉표지 판화는 부채를 든 채 춤추는 소리꾼 1로 인해 압권이다. 억압과 압제에 굴복하지 않으려고 꿇어앉은 채 오른 주먹을 불끈 쥔 젊은 학생의 절규 소리(「최루탄가(催漏彈歌)」), 돈다발을 들고 칼춤 추는 유신 사천왕(「오적(五賊)」)과 왼발을 든 채 한참 신명이 오른 소리꾼 2(「비어(蜚語)」), 음양오행을 유신의 망조에 빗댄 앵적가(「오행(五行)」), 유신 신촌 부채를 들고 칼춤을 휘두르는 도적놈(「앵적가(櫻賊歌)」), 꿇어앉아 일본도를 바치는 사무라이의 야비한 표정(「아주까리 신풍(神風)」), 두 놈의 낯 도깨비로 상징(똥바다)된 목판화의 리얼리티는 판화 미학의 극치다. 그중 「오적(五賊)」은 전통적인 운문 양식인 가사, 타령, 판소리 사설 등을 변용한 풍자와 알레고리로 '담시(譚詩)'의 새 장을 열었다. "풍자는 알레고리와 마찬가지로 현상과 본질, 선과 악의 단순한 대립구조가 지배적이다. 화해 구조를 취하는 유머나 해학과 달리, 풍자는 악을 징벌하는 갈등 구조다. 이 중간쯤에 위치하는 알레고리는 확장된 은유로서 환유적 서사를 활용하고, 관념적·보편적 세계에 맞닿은 상징성을 극대화하면서 현실을 언어의 저편으로 끌고 가 다른 의미가 되도록 변화를 일으킨다. 이에 비해 풍자는 현실에 더 집착해, 때로는 분노로 때로는 증오로 이상적 현실을 행해 나아가고자 한다는 점에서 더 강한 목적론에 기초를 두고 있다."(정끝별 비평집 『시론』(문학동네, 2021) p190~191) "오적(五賊)은 국권 침탈의 주역들이었던 을사늑약의 매국노 오적을 환기한다. 이들이 바로 독재와 부패로 외세에 나라를 팔아먹은 1970년대판 오적이라는 메시지를 담고 있는 셈이다."

그런 측면에서 이 시는 당대의 정치적 문제를 풍자와 해학으로 걸쭉하게 잘 풀어내었다. 이러한 언어의 유희는 역사적 현실의 시대적 요청에 부응하려는 첨예한 시도이다. 오적(五賊)은 재벌, 국회의원, 고급공무원, 장성, 장·차관, 즉, 당시 민중을 억압하는 특권층을 가리킨다. 오적(五賊)의 독창성은 신조어 한자어 사용에 있다. 다섯 이름 속에 모두 개견(犬)자가 들어간다. "김지하는 오적을 한자어로 표기하면서 의도적으로 '개 견(犬)'을 변(犭)으로 하여 '개'를 연상하게 하고 또 '원숭이(오랑우탄)'를 뜻하는 단어를 만들어[조어(造語)] 사용하고 있다. 이를테면, 재벌의 재(財)는 미친개 제(狾), 국회의원의 회(會)는 간교할 회(獪), 의(義)는 개 으르렁거릴 의(狋), 원(員)은 원숭이 원(猿), 고급공무원의 원(員)은 돼지 원(獂), 장성의 성(星)은 성성이(오랑우탄) 성(猩), 차관의 차(次)는 개미칠 차(犭差)를 차용하는 식이다(송영순, 2007). 「오적(五賊)」은 인간의 탈을 쓴 짐승으로 등장시킨 풍자가 압권이다. 과장된 비유와 걸쭉한 사설도 통쾌하거니와 그들의 주구(走狗) 노릇을 하는 포도대장의 적나라한 표현은 아이러니의 극치다. 부정부패의 온상인 「오적(五賊)」을 잡아들이기는커녕, 그들에게 매수된 죄 없는 '안도(安道)'나 '꾀수'를 무고죄로 감옥에 처넣는 장면은 분노를 일으킨다. 결말의 통쾌한 점은, 포도대장과 오적이 한꺼번에 벼락을 맞아 급살한다는 고전적 해학의 설정이다. 김지하의 회고록『흰 그늘의 길』2권 (2003, 학고재, p188) 에 보면, 장시「오적(五賊)」을 신명(神明)에 집혀 사흘 만에 썼다고 한다. 초판 서문에서 그는 '오적(五賊)이 있으니까 오적(五賊)을 썼다'고도 했다. 그의 말대로 「오적(五賊)」은 "민족 문학 운동의 첫 시작, 판소리의 현대화, 부패 비판을 시작으로 한 민중 주체의 민족 통일 혁명 세력의 합법적 전선 투쟁의 시작"으로 평가된다.

오적의 파격은 문학사적인 측면에서도 기념비적인 작품이다. 판소리 사설조의 운율미는 현대시가 가닿을 수 없는 독창적 리듬을 가진다. 한국 고유의 전통 시가인 가사와 타령을 빌어 현실을 비판한 점은 높게 평가된다. 풍자와 조소를 통한 한문의 언어유희 또한 기발한 착상이 아닐 수 없다. 하여, 이 담시집은 어느 모로 삿갓 김병연과 매월당 김시습의 풍자와 해학에 그 맥이 닿아 있다. 「오적(五賊)」은 김지하 시학의 꽃이자 시대의 풍속도이며, 한국 민중문학의 거대한 산맥이다. 또한 그의 수작 「타는 목마름으로」, 「불귀」, 「아무도 없다」 등은, 어두운 시대에 새로운 세상을 꿈꾸게한 민중 시의 길잡이가 되었다. 1980년 출옥 후 그가 추구한 생명 사상은, 고대 율려(律呂)를 흡수한 한민족의 나아갈 길을 밝힌, 20세기 문명의 등불이 되었다.

비극의 시와 정치

격동의 80년대 한국문학은 광주민주화운동의 부채 의식과 민족 문학을 표방한 민중시가 전면에 등장한 시기다. 시단은 도시적 모더니티와 아방가드르, 일군의 해체주의와 실험시들이 다양하게 전개되지만, 혁명과 참여, 노동과 현실을 표방한 리얼리티에 가려 잠복하였다. 12·12 군사쿠테타는 전두환을 중심으로 구성된 신군부의 출현을 의미한다. 80년 서울의 봄은 반란군에 의해 비상계엄 전국 확대 조치로 좌절된다. 그해 헌정사상 초유의 국민저항인 5·18 광주민주화운동(5월 18일부터 5월 27일까지)이 일어난다. 계엄군은 무고한 시민들을 무자비하게 구타, 성폭력, 불법 처형으로 탄압하였다. 훗날 밝혀졌지만, 신군부 쿠테타 세력이 내란하고 폭동을 저지르고, 이에 저항한 무고한 광주시민을 학살한 사건이었다. 현대사에 지울 수 없는 역사의 상처를 남긴 국가 폭력으로 규정된다. 신군부의 언론 통제와 검열은 문화 예술과 문학 전반을 후퇴시켰다. 그 엄혹한 시기에 발표된 김준태(1949년~ 전남 해남 출생)의 「아아 광주여! 우리나라의 십자가여!」는, 민중시의 새로운 출발을 알렸다. 이 시는 5·18 광주민주화운동을 현장에서 목격한 뒤, 80년 6월 20일 자 〈전남매일〉에 발표돼 전 세계 외신을 탔다. 한편 김남주(1946~1994, 전남 해남 출생)의 비극적 민중시 「학살 1」(『학살』, 한마당, 1990)은, 국가 폭력에 저항한 광주 민중의 처절한 주검의 현장을 사실적으로 그렸다. 그는 시를 '민중과 혁명'의 도구로 사용하였다. 1979년 '남민전사건'으로 체포되어 징역 15년을 선고받고 광주교도소에 수감 중 펴낸, 첫 시집 『진혼가』(청사, 1984)는 시단에 큰 충격을 던졌다. 감옥 안에서 우유팩에 날카롭게 간 칫솔대로 눌러 써서 감옥 밖으로 몰래 내보낸 그의 시편들은 엄혹하였다. 그가 스스로를 '시인'이 아닌 '전사'라고 칭한 데서도 알 수 있듯이, 그의 시는 강렬함과 전투적인 이미지가 주조를 이룬다. 유장한 호흡으로 반외세와 분단 극복, 광주민주화운동 및 노동 문제 등 현실의 모순을 질타하고 해방의 길을 모색하였다. 12연 53행으로 된 「학살 1」은, 자국의 군대가 자국민을 학살한 현장을, 긴장과 압축, 폭력과 핏물로 물들인 소름 돋는 서사시다.

> 오월 어느 날이었다
> 80년 오월 어느 날이었다
> 광주 80년 오월 어느 날 밤이었다
>
> 밤 12시 나는 보았다
> 경찰이 전투경찰로 교체되는 것을
> 밤 12시 나는 보았다
> 전투경찰이 군인으로 교체되는 것을
> 밤 12시 나는 보았다
> 미국 민간인들이 도시를 빠져나가는 것을
> 밤 12시 나는 보았다
> 도시로 들어오는 모든 차량들이 차단되는 것을
>
> 아 얼마나 음산한 밤 12시였던가
> 아 얼마나 계획적인 밤 12시였던가
>
> 오월 어느 날이었다
> 80년 오월 어느 날이었다

광주 80년 오월 어느 날 밤이었다

밤 12시 나는 보았다
총검으로 무장한 일단의 군인들을
밤 12시 나는 보았다
이민족의 침략과도 같은 일단의 군인들을
밤 12시 나는 보았다
야만족의 약탈과도 같은 일군의 군인들을
밤 12시 나는 보았다
악마의 화신과도 같은 일단의 군인들을

아 얼마나 무서운 밤 12시였던가
아 얼마나 노골적인 밤 12시였던가

오월 어느 날이었다
80년 오월 어느 날이었다
광주 80년 오월 어느 날 밤이었다

밤 12시
도시는 벌집처럼 쑤셔 놓은 심장이었다
밤 12시
거리는 용암처럼 흐르는 피의 강이었다
밤 12시
바람은 살해된 처녀의 피 묻은 머리카락을 날리고
밤 12시
밤은 총알처럼 튀어나온 아이의 눈동자를 파먹고
밤 12시
학살자들은 끊임없이 어디론가 시체의 산을 옮기고 있었다

아 얼마나 끔찍한 밤 12였던가

아 얼마나 조직적인 학살의 밤 12시였던가

오월 어느 날이었다
80년 오월 어느 날이었다
광주 80년 오월 어느 날 밤이었다

밤 12시
하늘은 핏빛의 붉은 천이었다
밤 12시
거리는 한 집 건너 울지 않는 집이 없었고
무등산은 그 옷자락을 말아 올려 얼굴을 가려 버렸다
밤 12시
영산강은 그 호흡을 멈추고 숨을 거둬 버렸다

아 게르니카의 학살도 이렇게는 처참하지 않았으리
아 악마의 음모도 이렇게는 치밀하지 못했으리

- 김남주, 「학살 1」 전문

비극은 사건과 결합한다. 김남주의 「학살 1」은 한국 현대 시사에서 가장 탁월한 비극적 민중시이다. 국가 폭력에 저항한 민중의 처절한 주검의 현장은 참혹하다. 한 편의 시가 총구보다 더 강렬함을 자각한다. 이 시는 '화려한 휴가'라는 작전 명령 아래, 80년 5월 18일 오전 10시 15분 공수부대원들의 곤봉 진압으로 시작된 광주 항쟁을 극사실로 그렸다. 독재와 억압에 맞선 민중들의 핏물로 찍어 쓴 절규이자 비명이다. 무고한 시민이 대검에 찔리고, 임산부의 배를 가르고 여학생의 유방을 도려내는 등, 상상을 초월한 만행은 천인공노할 국가 폭력이다. 「학살 1」은 섬뜩한 사실성과 절박한 예술성에 기반한 비극 시다. '예술을 담보하지 않은 리얼리티는 얼마나 구호적인가. 사실성을 담보하지 않은 예술은 또 얼마나 초라한가.' 「학살 1」은 피카소의 「게르니카의 학살」에 비견

된다. 시 전편의 긴장과 압축과 살벌한 현장감은 소름 돋는다. "오월 어느 날이었다 / 80년 오월 어느 날이었다 / 광주 80년 오월 어느 날 밤이었다" 독자로 하여금 역사적 사건의 현장 속으로 곧바로 끌고 들어가는 반복 시법은 기가 막힌다. 무엇보다 「학살 1」의 묘는 지명을 광주를 지칭한 반면, 시간은 "어느 날 밤"으로 불명확하게 설정한 그 암유(暗喩)에 있다. 왜 김남주는 5월 18일로 정확하게 표기하지 않고, 시적모호성을 선택했을까. 그건 독자 자신이 날짜 '5·18'을 상기하며 읽을 것을 예견한 고도의 테크닉이다. 2연의 긴박미는 압권이다. 귀신이 산 자들의 세계에 나오는 섬뜩한 시간 - 밤 12는 불길한 복선이다. 경찰이 전투경찰로, 전투경찰이 군인으로 교체됨은 학살의 전주곡이다. "총칼으로 무장한 일단의 군인들을 / 야만족의 침략과도 같은 일단의 군인들을 / 야만족의 약탈과도 같은 일군의 군인들을 / 악마의 화신과도 같은 일군의 군인들"은 얼마나 무섭고 음산한가. 「학살 1」의 절정은 압축과 비유, 처절과 참혹, 섬뜩과 기괴가 함의된 8연이 백미다. "밤 12시 / 도시는 벌집처럼 쑤셔 놓은 심장이었다 / 밤 12시/ 거리는 용암처럼 흐르는 피의 강이었다 / 밤 12시 / 바람은 살해된 처녀의 피 묻은 머리카락을 날리고 / 밤 12시 / 밤은 총알처럼 튀어나온 아이의 눈동자를 파먹고 / 밤 12시 / 학살자들은 끊임없이 어디론가 시체의 산을 옮기고 있었다" 김남주에 있어 5·18은 악마의 음모보다 더 치밀하고 처참한 사건이자, 하늘을 핏빛의 붉은 천으로 수놓은 죽음의 지옥도였다. 김남주는 1994년(49세) 2월 13일 새벽 2시 30분 췌장암으로 숨질 때까지, 불굴의 혁명 전사로 살다간 민중시의 정점이며, 자신의 운명에 도전한 비극의 주인공이다.

부조리의 시 (1)

한편, 임영조(1943~2003년, 충남 보령 출생)는 독창적 언어와 화법으로 병든 사회의 부조리를 향해 비명을 내지른 용기 있는 시인이다. 3

시집 『갈대는 배후가 없다』(세계사, 1992년, 제38회 현대문학상 수상)는 한국 고문 정치사의 음영을 놀라운 시의 메타포로 까발린다. "고문은 피해자의 인간성에 지울 수 없는 상처를 안겨줄 뿐 아니라 가해자를 먼저 비인간화시킨다. 그것은 지배 권력을 공고히 지탱해나가기 위한 제도적 폭력인 것이다."(김덕용, 『고문 정치학』). 하여, 고문은 동서양을 막론하고 체제를 유지하기 위해 국가가 발명한 적대자들에 대한 숙청의 한 방법이었다. 『고문 정치학』에 따르면 고문의 기법은, 가히 기상천외하다. '발바닥 고문'은 지하실이나 수사실에서 발바닥을 몽둥이로 패는 고문으로, 외적인 상처가 생기지 않으므로 증거인멸에 안성맞춤인 고문이다. 7·80년대 많이 사용한 '거미줄 고문'은 두 손과 발목에 수갑을 채운 후, 온 전신을 거미줄처럼 밧줄로 묶어서 몽둥이나 구둣발로 차는 고문이다. 옴짝달싹할 수가 없기때문에 저항을 하거나 피하지 못하므로 무조건 당해야 한다. 이 고문은 보통 오랜 시간에 걸쳐 가해지므로 고문 후에는 후유증으로 지속적인 고통을 받는다. 그 외에도 똥 쌀 때까지 두둘겨 패는 '나이아가라 고문', '물 고문', '오물 고문', '고추가루 고문', '손톱빼기 고문', 뻰찌로 생이빨을 뽑는 '치아 고문', '전기 고문' 등, 그 수를 다 열거할 수조차 없다.

그런데 이런 잔혹한 '국가 폭력에 가담한 자'들의 답은 의외이다. 국가의 명령에 따라 행한 공적 일이므로, 자신의 가혹행위는 정당하다고 주장한다. 임영조의 시 「치킨센터」는 80년대 국가가 자행한 박종철 물고문 사건이 시대적 배경으로 제시된다.

> 불빛 흐린 취조실
> 몇 마리의 절망이
> 굵은 철사줄에 꿰인 채
> 빙글빙글 구워지고 있었다

벌거벗긴 알몸으로
가혹하게 당하는 전기고문
이미 마비된 사지가 오그라들고
전신에 누런 진땀이 난다

― 어서 솔직하게 다 불어!
누가 사주했는지
― 바른 대로 안 대면 아예
새까만 숯덩이로 만들 테니까!

한때는 날개를 달고
눈부신 비상을 꿈꾸던 자들
남 다 자는 새벽에
무어라고 외치다 잡혀왔을까?

동이 튼다 꼬끼오
일어나라 꼬끼오
홰치며 우는 것도 죄가 됐을까?

이 비정한 도시
사람들은 저마다 잠속에 빠져
닭 우는 소리를 듣지 못한다
저 밀폐된 방에서
죽어가는 비명도 듣지 못한다

치킨센터 유리벽 너머
노릇노릇 구워지는 통닭을 보며
왕성한 식욕이나 느낄 뿐
입맛을 다시며 찢어먹을 뿐
날다가 추락한 자의 아픔은 모른다.

- 임영조, 「치킨센터」 전문

　임영조의 절제된 언어는 고고하고 정치하다. 직설적인 감정의 언어보다 은유화된 현실의 압화를 드러낸다. 그러면서도 언어미학의 탐색과 부당함에 대한 발언은 칼끝처럼 예리하다. 어떤 시류에 편승하거나 독자의 기호에 영합하지 않고, 오로지 시대의 폭력과 모순을 고발하고 있다. 이 시는, 80년대 박종철 물고문 사건을 '전기통닭 구이'로 의인화하여 적나라하게 까발린다. 10·28 건국대 항쟁 진압 이후 의기양양한 전두환 정권은 '반제동맹당 사건'과 '마르크스-레닌주의당(이하 ML당) 사건' 등의 공안 조작 사건들을 만들어내며 소위 '얼음 정국'을 조성하던 시기였다. 그런 엄혹함 속에서 1987년 1월 14일 경찰 대공 수사관들은, 피해자 박종철을 서울 남영동 대공분실로 연행한다. 고문 기술자는 1985년 10월에 터진 서울대학교 민주화추진위원회 사건으로 수배된 박종운의 소재를 불라고 추궁했고, 박종철은 모른다고 하였다. 이에 과민 반응한 수사관들은 박종철의 옷을 모두 벗기고 조사실 안에 있는 욕조로 끌고 가 물고문을 반복한다. 그래도 모른다고 하자 결박당한 두 다리를 들어 올려 또다시 물고문을 가했고, 고문 도중 욕조의 턱에 목 부분이 눌리면서, 경부압박에 의한 질식으로 의식을 잃었다. 당황한 수사관들은 사건 은폐를 위해 대공분실 부근의 용산 중앙대학교병원으로 이송해 응급처치를 시도했지만, 박종철은 이미 숨을 거둔 상태였다. 이 고문 사건은 이후 한국 사회 전반에 고문의 잔학상을 알리는 신호탄이 되었다.

　이 시는 국가 폭력으로 자행된 고발의 시다. "불빛 흐린 취조실"에서 굵은 철사줄에 꿰인 전기 통닭구이 고문은, 탁월한 의인화이다. 자유를 외치다 감옥에 들어온 "눈부신 비상을 꿈꾸던 자들"의 전기고문은, 기막힌 메타포이다. '전기고문'은 의자에 앉힌 채, 전기선을 손가락에 감거나 배꼽, 발가락, 귀, 혓바닥, 치아, 모발, 성기, 항문 등 신체 각 부위에 다양하게 연결하여 전기충격을 가한다. 이 전기고문은 3~8초간 여러 번 반복하여 감전시키며, 살인을 목적으론 최고 1분 이상 충격을 가한다. 신체 부위에 전기충격을 가하면, 살이 새까맣게 타서 검은 상처 딱지가 생긴다. 어떨 땐 욕조 안에 몸을 꾸겨 넣거나 온몸에 물을 적셔 전기선을 '지지직' 갖다 댄다. 끔찍하고 살벌하다. 사지는 마비가 되고 오그라든다. 80년대 "비정한 도시"에선, 이런 천인공노할 고문이 비일비재했다는 점이다. "밀폐된 방"에서 "죽어가는 비명"도 듣지 못하는 그런 공포가 활개친 사회였다. 하여, 군부독재 치하의 사람들은 모두 세뇌된 채 병(病)이 들었지만, 아무도 아프지 않았으며, 자기가 병들었다는 사실조차도 까맣게 몰랐다. 그저, 소시민들은 "노릇노릇 구워지는 통닭을 보며 / 왕성한 식욕"을 느낄 뿐, 정권에 의해 귀와 눈이 먼 채 입맛을 다시며, 전기통닭을 맛있게 먹으며 살다 죽어갔다. 국가권력의 개입으로 한 인간의 삶과 진실은 처참하게 무너지고, 아무 일도 없었다는 듯, 해가 뜨고 사람들은 웃었다. 비정한 세계와 개인은 무관한 것인가? 이런 부조리에 홀로 저항하기 위해 시인은 더 정신의 갈기를 세우며 운명에 맞서야 한다.

부조리의 시 (2)

김승희(1952~ 전남 광주 출생)의 초기 시는, 기존의 전통적 시 관념을 과감하게 부수면서, 대담한 언어 실험과 전위적 시법을 구사한다. 신춘시「모짤트 주제에 의한 햇빛 풍경 한 장」(시집 『태양 미사』. 고려원, 1979)에서 보여준, 그녀의 그로테스크한 시법은 음표적이다. 무의식의 꿈속을 연주한 이 놀라운 리듬은, 초현실주의 화가와 시인이 사용한 자동기술법에 영향을 받았다. 엑시터시의 상태로 시를 썼으며, 연속과 불연속적인 이미지를 교직한 몽환적 분위기를 연출한다. 무의식에 숨겨진 상징과 은유, 음악과 이미지는 낯선 예술의 본질을 뚫었다. 이런 창조적 기법은 마음의 추상을 비약과 압축으로 환타스틱하게 표상한다. 그것은 그녀의 불의 상승과 물의 하강을 교직한 「그림 속의 물」과 「슬픈 적도」 (시집 『태양 미사』 고려원, 1979)에서 신비롭게 채색된다. 이후 중후기의 김승희의 시적 세계는 급속히 좌편향으로 기운다. 시집 『왼손을 위한 협주곡』(1986, 문학사상사), 소설 『왼쪽 날개가 약간 무거운 새』(1999, 열림원)를 통해 불의 화신으로 부활한다. 그녀의 고백은 의미심장하다. "내게 왼쪽은 정치적 좌파란 의미보다는, 사회와 집단이란 오른쪽 가치에 어울리지 못하는 개인의 고독과 예술을 뜻한다."고 밝힌 바가 있다. 우리 사회의 전도된 가치, 통념, 인습, 모럴에 대한 반역을 꿈꾼다. 시적 내용과 형식의 파괴를 통한 날카로운 풍자와 강렬한 부정 정신을 추구한다. 체제에 길들여진 인간을 질타하고, 진실을 무화시키는 거대한 모순의 벽을 그녀는 부순다. 7·80년대 군사정권의 획일적인 민중 세뇌를 김승희만큼 반어적 기법으로 희화화한 시인도 드물다. 행간 속의 화자의 극심한 절망과 좌절은, 냉소와 회의의 극단을 보여준다. 그녀의 대표시 「세상에서 가장 무거운 싸움2」(시집 『세상에서 가장 무거운 싸움』, 세계사, 1995)는, 부조리한 냉혹한 현실 세계에 대한 시인의 치열한 갈등의 표본이다. 고도의 압축과 밀도 높은 사유에 녹여 아이러니와 언어유희를 통한 단정적 화법으로 절묘하게 구사하였다.

아침에 눈뜨면 세계가 있다,
아침에 눈뜨면 당연의 세계가 있다.
당연의 세계는 당연히 있다,
당연의 세계는 당연히 거기에 있다,

당연의 세계는 왜, 거기에,
당연히 있어야 할 곳에 있는 것처럼,

왜, 맨날, 당연히, 거기에 있는 것일까,
당연의 세계는 거기에 너무도 당연히 있어서
그 두꺼운 껍질을 벗겨보지도 못하고
당연히 거기에 존재하고 있다

당연의 세계는 누가 만들었을까,
당연의 세계는 당연히 당연한 사람이 만들었겠지,
당연히 그것을 만들만한 사람,
그것을 만들어도 당연한 사람,

그러므로, 당연의 세계는 물론 옳다,
당연은 언제나 물론 옳기 때문에
당연의 세계의 껍질을 벗기려다가는
물론의 손에 맞고 쫓겨난다,
당연한 손은 보이지 않은 손이면서
왜 그렇게 당연한 물론의 손일까,

당연한 세계에서 나만 당연하지 못하여
당연의 세계가 항상 낯선 나는
물론의 세계의 말은 또한 믿을 수가 없다,
물론의 세계 또한
정녕 나를 좋아하진 않겠지

당연의 세계는 물론의 세계를 길들이고
물론의 세계는 우리의 세계를 길들이고 있다,
당연의 세계에 소송을 걸어라
물론의 세계에 소송을 걸어라
나날이 다가오는 모래의 점령군,
하루종일 발이 푹푹 빠지는 당연의 세계를
생사불명, 힘들여 걸어오면서, 세상에서 가장 무거운 싸움은

그와의 싸움임을 알았다,
물론의 모래가 콘크리트로 굳기 전에
당연의 감옥이 온 세상 끝까지 먹어치우기 전에
당연과 물론을 양손에 들고
아삭아삭 내가 먼저 뜯어먹었으면.
- 김승희, 「세상에서 가장 무거운 싸움 2」 전문

 시「세상에서 가장 무거운 싸움 2」은, 관념적 대상인 '당연'과 '물론'을 의인화하여 비판과 저항의 의지를 드러낸다. 당연과 물론의 세계 사이에는, 지배와 피지배, 평등과 불평등, 민주와 반민주, 부와 가난, 자유와 폭력, 남성과 여성, 일상과 나태(懶怠)가 뒤엉킨 세계이다. "당연히" 존재하는 세계에 대해 화자는 '의심'한다. 당연과 물론이란 시구를 연마다 반복적으로 제시함으로써 화자의 문제의식과 의도를 강조한다. 무비판적으로 수용한 '당연의' 세계에 대해, 우리는 '질문'해야 하고 '의심'해야 함을 역설한다. 이런 일상의 비판의식이야말로 "눈 뜬 자(者)"만이 보이는 세계이다. "세상에서 가장 무거운 싸움"은, '당연'과 '물론'에 매몰되지 않는 삶이다. 이 둘에 굴복하지 않으려면 치열한 자기 검열은 필수이다. 당연한 일상을 까뒤집어볼 때, 우리는 "왜, 맨날, 당연히, 거기에 있는"가를 깨닫게 된다. 조금만 정신이 나태와 게으름의 빈틈을 보이면, "당연의 세계"는 "당연히 있어야 할 곳에 있는 것처럼" 재빨리 점령한다. 김승희는 자서에서 "적당히 찌든 세상과 타협하거나, 야합하며 사는 것이 더 잘 사는 일"인지도 모른다고 하였다. 그녀는 '세상에서 가장 무거운 싸움'을 통해, "나는 질문한다, 고로 존재한다"고 선언했다. 현대인들은 당연한 것에 "물론" 익숙하다. 하여, 질문한다. "당연의 세계는 누가 만들었을까, / 당연의 세계는 당연히 당연한 사람이 만들었겠지, / 당연히 그것을 만들 만한 사람, / 그것을 만들어도 당연한 사람, // 그러므로, 당연의 세계는 물론 옳다, / 당연은 언제나 물론 옳기 때문에 / 당연의 세계의 껍질을 벗기려다가는 / 물론의 손에 맞고 쫓겨난다, / 당연한 손은 보이지 않는 손이면서 / 왜 그렇게 당연한 물론의 손일까."이 때 '물론'은 너무 어두워서 "보이지 않는 손"이다. 당연의 페르소나(가면)가 물론이기 때문이다. 물론은 근대사회 이전에는 '당연'으로 잘 살아왔다. 약자를 괴롭히고, 여성을 폭력하고, 남성 우월적 세계관에 사로잡혔다. 모든 사회적 부조리와 불평등, 국가의 폭력까지 '당연'은 '물론'의 가면을 양산하였다.「세상에서 가장 무거운 싸움 2」은 우리에게 페미니즘의 논쟁을 촉발시킨다. "당연의 세계가 항상 낯선 나는" 남성과 여성 간의 권력관계, 섹슈얼리티를 둘러싼 담론, 최근에 소수 집단의 여성 문제에게까지, 그 시적 비판의 함의를 내포한다. 언제나 "당연의 세계는 물론의 세계를 길들이고 / 물론의 세계는 우리의 세계를 길들"여 왔다. 하여, 약한 자(者)여! "당연의 세계에 소송을 걸어라 / 물론의 세계에 소송을 걸어라 / 나날이 다가오는 모래의 점령군, / 하루종일 발이 푹푹 빠지는 당연의 세계를 / 생사불명, 힘들여 걸어오면서, 세상에서 가장 무거운 싸움은 // 그와의 싸움임을 알"라. 하여, "물론의 모래가 콘크리트로 굳기 전에 / 당연의 감옥이 온 세상 끝까지 먹어치우기 전에 / 당연과 물론을 양손에 들고 / 아삭아삭 내가 먼저 뜯어먹"어라. '당연'이 악마라면, '물론'은 지옥이다. 그렇다. 김승희는 신식민주의적 체제와 남성중심주의 가부장제 이데올로기를 폭로함으로써, 여성 해방의 파수꾼이 되었다. 그리고 그녀의 부조리 세계는 어느 모로『동학대전』에서 말하는 '불연기연(不然其然)', 그 사이에 놓여 있으며, 불연이 기연으로 화(化)하는 일련의 과정이 곧 부조리의 진리/진실인 것이다.

부조리와 페미니즘

김혜순(1955~ 경북 울진 출생)은 "1980년대를 대표하는 여성 시인이다. 그는 겹침의 시학을 즐겨 구사한다. 시간과 공간을 확장 시키는가

하면 수축시키고, 감각과 시점을 겹쳐 놓는가 하면 뚝 떨어뜨려 놓는다. 여성의 환상적 내면을 몸의 감각과 경험으로 그려냄으로써 일견 초현실주의적 색채를 떠올리게 한다. 그를 최근 유행하는 '환상시'의 대모(大母)라 불러도 무방하리라."(정끝별) 한편 그녀의 시는, 대상을 주관적으로 비틀어 만든 기괴한 이미지들과 독특한 언어 감각으로 자신의 세계를 구축해왔다. 이런 그로테스크한 시의 편린은, 자아와 세계와의 첨예한 투쟁과 갈등의 산물이다. 시「서울」(시집『나의 우파니샤드 서울』, 1994, 문학과 지성사)은 은폐된 도시인의 욕망 구조를 '문'으로 은유한 수작이다. 입구는 있으나 출구는 없는 '서울'의 모순과 부조리를 적확하게 집었다. 시집『불쌍한 사랑 기계』(문학과지성사, 1997)에서 김혜순은 '시란 시간과 공간을 요리한 기계들'로 규정한다. 그녀의 이런 포스트휴먼의 시관(詩觀)은 초현실적이며 시니컬하다. 그녀에게 시는 다름 아닌 "이 세상에 몸담은 자가 이 세상(몸)이라는 형상을 이기려는 지난한 몸짓"의 프랙탈 구조일 뿐이다. 반면, 이 장에서 소개할「또 하나의 타이타닉 호」(시집『달력 공장 공장장님 보세요』, 문학과지성사, 2000)는, 줄곧 김혜순의 시에서 나타나는 페미니즘의 색다른 시선을 엿볼 수 있다. '타이타닉 호'의 해체에서부터 "한국식 압력 밭솥"이 되기까지의 일련의 과정을, 페미니즘에 접목한 기법은 환타스틱하다. 역사의 구체적 사건을 서사적 이야기에 입혀, 시간과 공간을 그로테스크하게 직조한다. 철에게 생명의 숨결을 불어넣은 은유적 기법은, '한국 사회의 여성의 불평등'을 깊이 성찰케 한다. 이 시는 지금까지 수없이 지적된 반포르노그라피적 주제가 아닌, "압력밥솥"이란 희한한 소재를 통해, 남성중심적인 사회구조에 근본적 회의와 질문을 던진다.

솥이 된 '또 하나의 타이타닉 호'
1911년 건조되었고, 선적지는 사우샘프턴
속력은 22노트, 여객선, 한 번 항해에 2천 명 이상 탑승한 경력

내가 결혼한 해에 해체되었으며
지금은 빵 굽는 토스터, 아니면 주전자, 중국식 프라이팬,
한국식 압력 밥솥이 되었다
상처투성이의 큰 짐승
육지 생활에 여전히 적응 못 하는 퇴역 선장
그래서 솥이 되어서도
늘 말썽이 잦다
나는 밥하기 싫은 참에 압력 밥솥 회사에 항의 전화를 걸었다
자꾸 김이 새잖아요?
　내가 씻은 쌀이 도대체 몇 톤이나 될까, 새벽에 일어나 쌀을 씻고, 식탁을 치리고, 다시 쌀을 씻고, 솥을 닦고, 순가락을 닦고, 화장실을 닦고, 다시 쌀을 씻는다. 닭의 뱃속에 붙은 기름을 긁어내고, 쌀을 씻고, 생선의 내장을 꺼내고, 파를 다진다. 다시 쌀을 씻는다. 망망대해를 떠가는 배, '또 하나의 타이타닉'표 압력 밥솥, 과연 이것이 나의 항해인가. 리플레이,리플레이,리플레이
　우리 집에 정박한 한국식 압력 밥솥 '또 하나의 타이타닉 호'
불쌍해라, 부엌을 벗어난 적이 없다
밥하는 거 지겨워
설거지하는 거 지겨워
그럼 그것도 안 하면 뭐 할 건데?
압력 밥솥이 내게 물었다
뱀처럼 밥 먹고 입을 쓰윽 닦지
내가 대답했다
영사기에서 쏟아지는 빛처럼 가스 불이 솥을 에워싸자 파도가 끓는다
스크린처럼 하얀 빙산에 배가 부딪힐 때
밤바다로 쏟아져들어가는 내 나날의 이미지
물에 잠겨서도 환하게 불 켜고
필름처럼 둥글게 영속하는 천 개의 방
느리디느린 디졸브로
솥이 된 여자, 그 여자가

곧, 스타들과 엑스트라들이 끓어오르는 흰 파도 속에서 잦아든다
그 이름 '또 하나의 타이타닉 호'
화이트 스타 선박 회사 건조
수심 4천 미터 속 부엌을 천천히 걸어다니며
짙푸른 바닷속에 붉은 녹을 풀어넣고 있다

- 김혜순,「또 하나의 타이타닉 호」전문

시와 영화의 관계를 특징적으로 보여주는 「또 하나의 타이타닉 호」는 이미지와 상상력, 그리고 서사가 얼마나 중요한 기제로 작동하는지 잘 보여준다. 그런가하면, "토스터", "주전자", "프라이팬", "압력 밥솥"과 같은 기계와 여성을 병치시킨 점은 특기할 만하다. 타이타닉 호가 빙산에 부딪혀 침몰했듯, 현실의 '솥' 역시 여성의 세계에선 침몰의 대상물이다. "솥이 된 '또 하나의 타이타닉 호'"의 은유는 절묘하다. 타이타닉 호가 불러일으키는 침몰의 멋진 환유는, '유리 벽 속에 갇힌 여성'들의 억압된 틀로 읽힌다. 이 시는 여성의 자의식이 극명하게 드러날 뿐 아니라, 반전통적이자 실험적이다. 군 데 군 데 숨겨진 자본주의에 대한 회의와 부정 의식은, 전근대적 부성(父性)의 폭로로 확대된다. 반복과 겹겹으로 둘러싸인 시어의 열거는, 「또 하나의 타이타닉 호」를 끌고 가는 리듬이 된다. "내가 결혼한 해에 해체"된 것과 '타이타닉 호'와의 직접적 연관은 없지만, 철과 밥솥과의 친연성으로 묘하게 접목된다. 김혜순은 자신의 시 속에서 교묘하게 영화나 또 다른 예술 작품을 텍스트로 활용하여, 다층적 이미지로 교접한다. 여성들이 씻은 쌀은 "도대체 몇 톤"이나 될까. 날마다 "새벽에 일어나 쌀을 씻고," "망망대해를 떠가는 배"처럼 한국 여자들의 삶은 역사에 지워졌다. "불쌍해라, 부엌을 벗어난 적이 없"는 여자들은, 또다시 "숟가락을 닦고, 화장실을 닦고, 다시 쌀을" 씻어야만 한다. 그 지겨운 "리플레이,리플레이,리플레이"를 외치며 살아야 한다. 행간의 띄어쓰기 무시는 여성의 고통스런 삶을 투영하며,

결국 "솥이 된 여자"가 되어서야 멈춘다. 또 하나의 타이다닉 호인 '솥'은 한국 여자들에겐 벗을 수 없는 굴레이자 억압으로 비친다. 궁극적으로 이 시는 불평등, 부조리한 한국 남성 사회를 폭로함으로써 여성 해방을 꿈꾸고 있다. 그러나 현실의 벽은 "수심 4천 미터 속 부엌"을 여전히 여성들이 헤매야한다는 사실을, 시인은 쓸쓸하게 직시하고 있다. 포스트모던한 사회의 한가운데를 살면서도 여전히 "부엌을 벗어난 적이 없"는 "솥이 된 여자"는, 또 다른 부조리 현상이며 침몰한 배가 아닐 수 없다. 디졸브(dissolve, 한 화면이 사라짐과 동시에 다른 화면이 점차로 나타나는 장면 전환)를 꿈꾸는 시인은 여자이기 이전에 진정한 새로움(novelty)을 추구하는 한 인간이다.

시집사리 詩集思理

PART + **11**

시와 사유·열하나

시인의 분신 말도로르는 고통의 사제이자 잔혹한 아름다움이다. 죽음과 온갖 괴물들의 출현 속에, 무덤의 형상 속에 빛나는 아름다움, 그것은 원초적인 상상과 에너지로서 악에 대한 치열한 사유 과정을 수반한다. 말도로르는 땅의 모든 구석을 뒤져서라도 자신을 닮은 영혼을 찾아나선다. 마침내 암상어를 발견한다. 젊은 그는 난폭한 암상어의 아들이 되고자 원하며, 자기가 지나는 길 위로 온갖 꽃들을 다투어 피어나게 한다. 암상어는 그의 첫사랑. 둘의 만남은 우연한 마주침이며, 그런 만큼 운명적이다. 장엄한 태양이 지평선에 떠오른다. 내가 그의 손을 잡는 순간 그만 정신을 잃고 만다. 서로의 시선에서 발견하는 잔혹성(의 인간)이란? 두 물살 사이에서 그들은 온전한 하나가 된다. 말도로르의 노래. 악이라는 명제가 일관된 맥락으로 주어진 로트레아몽의 시에서 반항은 곧 창조이다. 로트레아몽의 시는 진리들의 공가능성compossibility이 정립되는 과정으로서 모더니티를 특징적으로 보여 준다. "로트레아몽에 의하면, 니체는 얼마나 느리며 얼마나 조용한가! 그가 독수리나 뱀과 함께 있더라도 그것은 얼마나 가족적인가!"(G · 바슐라르, 『반항의 시인 로트레아몽』, 청하, 1992).

- 김상환, 「가스통 바쉴라르/알베르 플로꽁/로트레아몽」중에서

제11장

경계의 시학

"모든 경계에는 꽃이 핀다." 한 시인(함민복)의 시집 제명이기도 한 이 말은 서로 다른 것들의 사이와 접점에 참된 아름다움과 새로움이 있다는 뜻이다. 인게니움(ingenium)의 시가 그렇다. 이런 새로움과 아름다움을 생성하는 장소로서 경계(境界)는 본래 사물이 어떤 기준에 의해 나누어지는 범위나 한계를 말한다. 유의어로는 경경(竟境), 경계(經界), 계경(界境), 계역(界域), 임계(臨界), 진역(畛域) 등이 있지만, 경계의 함축적 의미는 사물의 근본 또는 어떤 과정의 마지막이나 막다른 고비를 일컫는다. 생의 아름다움과 구경(究竟)은 이를 기반으로 하며 그 결과 유어예(游於藝, 예에서 노닌다), 응신(凝神, 정신집중), 심수상응(心手相應, 마음과 손의 상응) 등의 말들은 모두 선인(先人)들이 생각하는 이상적 경계론에 포함된다. 동아시아 예술과 미학의 독특한 개념 가운데 하나인 경계는 감각과 인식의 대상으로서 외계(外界)나 외물(外物)을 지시한다. 하지만 그 본래의 지점은 대상의 자리도 아니고 주관의 배타적 영역도 아니다. 대상과 주관이 만나는 접점으로서 몸과 세계의 상호 참조와 간섭과 교감의 체험 속에서 발현되는 경계는 기(氣)의 요동(搖動)이자 힘의 장(場)이다. (이성희, 『미학으로 동아시아를 읽다』, 제1부 생성의 예술론 참조) 이런 경계는 경계인 동시에 경지의 뜻을 내포하고 있다는 사실에서 경계의 사유와 방법론적 모색은 현대시작법에서 긴요(緊要)한 일이 아닐 수 없다. 우리가 추구하는 시와 "예술은 항상 현재가 아니라 도래할 미래이다. 그 미래는 안으로 문을 닫아 걸은 골방이 아니라 주체와 세계가 만나는 접점, 경계 위에서 피어난다. 시인은 그 경계에서 새로운 방식으로 '말을 하는 자'이다."(오민석,「욕망의 사회학을 향하여」,《시와표현》여름호, 2020)

현대시의 특징 가운데 하나는 주체와 욕망 사이의 경계를 들 수 있다. 라캉의 욕망 이론에 의하면, 우리는 수많은 '대상 a'에 대한 환상으로 둘러싸여 있다. 그 허구화된 소타자로서 '대상 a'는 응시와 목소리를 말한다. 즉 나의 아이덴티티는 보는 나와 보여지는 나 사이의 경계에 있다. 하여 인간의 무의식은 언어의 은유와 환유로서 반복된다. 다른 하나는 언어의 조탁과 탁마, 영화적 기법의 도입과 환타지, 비극적 디스토피아를 지목할 수 있다. 언어는 사물을 투과하며 고통을 느낀다. 비극적 페이소스는 몸의 압화(壓畵)이다. 시니피앙과 시니피에 사이에서 언어는 욕망을 디자인한다. 지독한 물질성으로 반드시 행과 연 사이에 얼룩을 남긴다. 가상현실의 등장은 시적 흐름을 우주로 확장한다. 경계의 시학에서 말과 사물의 관계는 필연적이지도, 불변적인 것도 아니다. 언어는 "사물에 이름을 붙임으로써 그 사물은 '사라지고', 그것의 은유적 대변체인 기호의 그물망 속에 인간은 위치한다. 이것이 상징계로의 진입이 가져오는 사물의 타살과 기호적 중재가 의미하는 것이다. 이후부터 인간은 사물과 직접적인 교류를 중단하고 기호와 기호, 혹은 시니피앙과 시니피앙이 엮어가는 의미의 연결 고리 속에서 삶을 영위해간다. 라캉의 또 다른 명제, "시니피앙은 다른 시니피앙을 위해서 주체를 재현한다"는 말도 이런 맥락에서 해석될 수 있다. 주체는 시니피앙과 시니피에의 행복한 결합 속에서 탄생하는 것이 아니고, 하나의 시니피앙이 다른 시니피앙으로 은유적 대치를 이루는 시니피앙의 관계 속에서 자신의 모습을 드러낸다. 의미 생성의 문제는 그대로 주체의 탄생과 직결된

다."(박찬부 『기호, 주체, 욕망』 창비, 2007, 87~88쪽)

　이 장에서는 가시계와 비가시계의 사이와 경계를 예각적으로 묘파한 송재학의 「공중」, 절망에서 놀라운 해학과 페이소스를 발견한 엄원태의 「민들레하우스」, 감각적 이미지의 다층적 시선을 환경에까지 확장한 류인서의 「눈」, 사물과 환타지를 리믹스하여 우주적 차원으로 사유한 송종규의 「구부린 책」, 선(禪)의 모순과 비약을 통해 현실의 정곡을 찌른 노태맹의 「碧巖錄을 읽다 2」, 화폭 속 점묘의 세계를 가상과 현실 세계에 빗댄 여정의 「가면에 둘러싸인 자화상」, 현실의 고행과 도(道)의 수행이 불이(不二)함을 역설한 김기택의 「사무원」을 집중적으로 살펴볼 것이다.

공중의 안감 - 송재학, 「공중」

　사물은 이름을 가질 때 존재한다. 송재학(1955~, 경북 영천 출생)의 시는 그만이 갖는 독자적인 하나의 독법이 있다. 그의 미학적 글쓰기는 매혹적이다. 언어의 창조성과 사물 간의 비례에서 행간을 파고든다. 그의 시는 전(前) 시대의 유물인 감정 과잉에 대한 반성과 성찰에서 출발한다. 이미지만으로 모더니티(modernity)의 본질을 끄집어낸다. 모호한 시법에다 언어는 심층적이고 다층적이다. 단순히 사물을 이야기하지 않고, 언어의 조각도로 문장의 무늬와 결을 세공한다. 송재학의 시가 팽팽한 긴장과 의미의 모서리가 예리한 것은 그런 연유다. 시의 장인(匠人)이 한 행 한 행을 갈고 닦아, 사색과 관찰, 절차와 탁마로 빚은 빼어난 기교(技巧)의 시다. 현대시에서 빠져 있는 디테일한 언어 감각과 숨결이 그의 시 행간 속에 잡힌다. 이런 극사실적 언어의 생동감은 그의 시가 갖는 특징이다. 「공중」(『소월시문학상 수상집』, 문학사상, 2010)은 제25회 '소월시문학상' 대상 작품이다. 그는 "특유의 언어 감각과 조사법(措

辭法)을 바탕으로 시적 진술의 이완과 긴장을 동시에 포괄하는 산문시의 새로운 경지를 개척"했으며, "풍부한 감성과 섬세한 지적 통찰은 산문체의 언어와 그 율조의 변화를 통해 다채로운 이미지의 조화와 균형을 가능하게 하고 있다. 특히 시적 대상에 대한 시인의 생태주의적 관심이 그 존재의 가치를 미학적으로 재해석할 수 있는 새로운 시적 가능성을 열어놓고 있다는 점은 매우 중요한 의미를 지닌다."(심사평)

허공이라 생각했다 색이 없다고 믿었다 빈 곳에서 온 곤줄박이 한 마리 창가에 와서 앉았다 할딱거리고 있다 비 젖어 바들바들 떨고 있다 내 손바닥에 올려놓으니 허공이라 가끔 연약하구나 회색 깃털과 더불어 뒷목과 배는 갈색이다 검은 부리와 흰 뺨의 영혼이다 공중에서 묻혀온, 공중이 묻혀준 색깔이라 생각했다 깃털의 문양이 보호색이니까 그건 허공의 입김이라 생각했다 박새는 갈필을 따라 날아다니다가 내 창가에서 허공의 날숨을 내고 있다 허공의 색을 찾아보려면 새의 숫자를 셈하면 되겠다 허공은 아마도 추상파의 쥐수염 붓을 가졌을 것이다 일몰 무렵 평사낙안의 발묵이 번진다 짐작하자면 공중의 소리 일가(一家)들은 모든 새의 울음에 나누어 서식하고 있을 게다 공중이 텅 비어 보이는 것도 색 일가(一家)들이 모든 새의 깃털로 바빴기 때문이다 희고 바래긴 했지만 낯달도 선염법(渲染法)을 기다리고 있지 않은가 공중이 비워지면서 허공을 실천중이라면, 허공에는 우리가 갖추어야 할 것들이 있다 바람결 따라 허공 한 줌 움켜쥐자 내 손바닥을 칠갑하는 색깔들, 오늘 공중의 안감을 보고 만졌다 공중의 문명이란 곤줄박이의 개체수이다 새점을 배워야겠다

— 송재학, 「공중」 전문

「공중」은 불교사상과 동양화풍의 요소가 무르녹아있다. 현학(성)의 날줄과 미학의 씨줄로 엮은 상상력의 치밀함은 돌올하다. '공중' 그 자체가 색깔이라는 놀라운 발견과 심미안은 선(禪)적이다. 곤줄박이가 이미 허공이란 색깔의 일부라는 것, 그 허공의 색을 그 새가 훔쳐왔다고 상상한 지점은 놀랍도록 정치(精緻)한 데가 있다. 이 시의 매력은 "허

공(虛空)"과 "공중(空中)"이란 시어가 갈마들며 풍기는 뉘앙스이다. 먼저「공중」이란 시 제목을 보자. 만약 '허공'이란 제목을 붙였다면, 굉장히 공허할 뻔했다. 나는 백 번 이상 독시(讀詩)하며, 시행을 해체, 복원하는 과정을 거친 이후에야, 비로소 왜 이 시인이 제목을 「공중」에 낙점했는지 어렴풋이 감(感)을 잡았다. 두 단어가 갖는 미묘한 차이를 시인은 직관하고 있다. "허공의 입김", "허공의 날숨"에서 그 예를 확인할 수 있듯, 허공이 만질 수 없는 '추상어'에 가깝다면, 공중은 "공중에서 묻혀온, 공중이 묻혀준 색깔", "공중의 소리 일가(一家)" 등에서도 짐작되듯, 촉각과 청각으로 느낄 수 있는 '구체어'이다.

　시「공중」의 굴대는 역시, "허공이라 생각했다 색이 없다고 믿었다" 이 표현이다. '허공'이라면 당연히 텅 비어 '색이 없다'라고 독자들은 연상한다. 그런데 이를 깨고 시적 화자는 '믿었다'란 단정적 과거형을 쓴다. 이런 패러독스가 독자들의 허를 찌르며, '대상에 대한 예사롭지 않는 발견과 성찰'을 촉발한다. '허공은 색이 없는 것이 아니라, 있다'라는 시적 화자의 강한 암시가 행간을 메우고 있다. 시를 쓰는 것은 낡은 인식의 틀 위에 새로운 가치를 부여하는 행위이다. 시인은 "익숙함 속에서 익숙하지 않음을, 하찮은 것에서 하찮지 않음을 찾아내는" 비범한 눈이 있어야 하며, "그 눈길이 가 닿은 지점에 어김없이 생의 기미들과 예감들(안도현 시작법 『가슴으로도 쓰고 손끝으로도 써라』, 2009, 한겨레출판)"을 길어 올려야 한다. 그래서 시인은 비에 젖어 바들바들 떨고 있는 "빈 곳에서 온 곤줄박이 한 마리"를 묘사하면서 정지된 움직임으로서 '빈 곳에서 온'이란 모순어법을 쓴다. '빈 곳'은 어느 지점쯤일까. 들고 나는 우리 삶의 근원을 모르듯, 새의 생 또한 어디에서 와서 어디로 날아가는지 짐작만 할 뿐이다. 그런 까닭으로 화자는 "허공이라 가끔 연약하구나"라며, 혼잣말을 한다.

　시「공중」이 '허공'과 '공중'이란 실패하기 쉬운 추상적 공간을 끌어들였음에도 '좋은 시'의 전범으로 남는 것은, 추상적 이미지를 회화적 요소와 결합한 시인의 탁월한 미적 감수성 때문이다. 아름다운 언어의 무늬는 그 자체가 한 폭의 멋진 수묵화다. "허공의 색을 찾아보려면 새의 숫자를 셈하면 되겠다"란 발상은 기막힌 형상화이다. 자칫, '허공'과 '공중' 속에 와해될 수 있는 현란한 이미지를, 독자로 하여금 마치 허공이 '쥐수염 붓'을 들고 그리는 듯한 착시효과를 준다. 먹물이 종이에 닿는 순간 번짐으로 인해 생긴 발묵이라는 독특한 효과를 모래 강가에 내려앉는 기러기와 노을로 병치시킨 행은 몽환적이다. "모든 새의 울음에 나누어 서식"하고 있는 공중의 소리 일가(一家)인 노을을 정확하게 묘사함으로써 시적 상상력을 극대화시켰다.

마지막 시행은 압권이다. "공중이 비워지면서 허공을 실천중"이라는 기발한 화두가 그것이다. "허공에는 우리가 갖추어야 할 것들이 있다 바람결 따라 허공 한 줌 움켜쥐자 내 손바닥을 칠갑하는 색깔들, 오늘 공중의 안감을 보고 만졌다"라는, 비답을 내린다. 천하에 그 누가 무(無)인 '공중의 안감을 보고' 만져보았을까. 현대시사에서 송재학뿐이다. 이것이 시다. 시「공중」은 잘 빚은 항아리같은 텍스트만으로도 눈부시지만, "공중의 문명이란 곤줄박이의 개체수이다 새점을 배워야겠다"를 끝행에 박아둠으로써, '곤줄박이의 개체수'의 증감을 통한 문명과 생태 환경의 문제점까지 깊이 찌른 환유(換喩)의 시법으로, 시의 영역은 더해지며, 자연의 문명('공중의 안감', '공중의 문명')이란 새로움을 얻고 있다.

사물의 인간화, 혹은 알레고리 - 엄원태「민들레하우스」

대상과 자아가 하나 되는 순간, 사건의 서사는 깊어진다. 그리고 사물과 시인은 고유한 리듬을 통해 서로 스민다. 전근대의 시가 동일성을 전제로 한 은유의 미학을 추구한다면, 근대 이후의 시적 주체는 차이에 근거한 환유와 알레고리를 도모한다. 엄원태(1955~ 대구 출생)의「민들레하우스」(시집 『먼 우레처럼 다시 올 것이다』, 창비, 2013)는 이런 두 가지의 미덕을 잘 간직하고 있다. 그렇게 보면, 이 시의 중심 모티프로서 목줄에 매달린 '개'와 '나'는 서로 동일하거나 비동일한 은유와 환유의 주체이자 대상이다. 이 시에 나타난 "어조는 화자의 '심리' 상태에서 파생되는 것이 아니라 주체와 대상의 '관계'에서 파생된다. 어조는 화자의 감정만을 드러내는 주관적인 태도가 아니라, 대상과의 관계를 반영하는 객관적인 지표"(권혁웅, 『시론』, 문학동네, 2010, p.167)이기 때문이다.

주인 내외가 나를
저수지 가 비닐하우스지기로 임명한 건 지난가을이다
갇혀 지낸 지 이백육십구 일이 흘렀다
대체로 견디기 힘든 날들이었지만,
한겨울 밤 추위는 따로 기록해둘 만한 시련이었다
목줄에 바투 묶인 탓에 운동을 할 수도 없었던 것도
가장 고통스런 일 중의 하나였다
그럭저럭 봄을 맞이하자
하우스 안 닭장에 병아리 스무 마리가 추가 입양됐다
내 임무는 한층 뚜렷해졌는데, 목줄은 더 꼬이며 짧아졌다

주인 내외는
앞마당을 에워싼 철망 울타리에 강낭콩 덩굴을 올리고
하우스 출입문 위에는
공사장에서 주워 온 '안전제일'이란 플라스틱 문패를 달았는데,
최근엔 철책 게이트 옆에다 '민들레하우스'라는 앙증맞은 팻말까지 달았다
그리하여 뜻밖에 평화롭다는 민들레영토의 지킴이가 되었지만,
목줄에 묶인 신세는 전혀 달라지지 않았다

여름 오기 전, 장맛비가 얼마간 열기를 식혀주겠지만

본격적인 더위를 견딜 각오 역시 만만찮을 게다
내 유일한 전략이란 명상과 낮잠,
그나마 낮잠이 조금 더 편한 선택사항인 셈이다

민들레하우스 철책 안에는
상치며 쑥갓, 그리고 국화 화분 몇 개가 전부인데,
나는 목줄이 풀리더라도 닭장은 물론이고
푸성귀며 화분 따윈 절대로 건드리지 않을 것인데,
주인 내외는 그런 나를 아직도 믿지 못해서
오늘도 목줄이 단단히 매였는지 확인하고 돌아갔다

― 엄원태,「민들레하우스」전문

 표면적으로「민들레하우스」는, "주인 내외가" 주말농장 "비닐하우스 지기"로 "목줄"을 "단단히 매"어 놓은 개의 이야기다. 사물을 의인화한 방식은, 견딤과 소멸, 체념과 달관의 극한을 보여주며, 이면에는 시인 자신으로서 '나'와 인간에 대한 알레고리컬한 느낌을 부여한다. 실제로 지난 삼십 년간 신장투석으로 인한, 한 인간으로서 엄원태의 아픔과 비극이 무르녹아 있다. 그의 시를 읽고 있으면 '비명'보다는 '달관'과 체념, 여유가 손에 만져진다. 무릇 가장 아름답고 슬픈 시는 천형의 아픔 속에서 태어난다. 누구나 시를 쓸 수 있지만 아무나 명시를 얻지 못하는 까닭은, 시가 '하늘에서 내리기' 때문이다. 엄원태의「민들레하우스」는 그의 형벌 같은 삶의 궤적이 고스란히 행간에 배어있고 화인(火印)처럼 찍혀 있다. 긴장과 이완의 적절한 균형은, 그의 아픔과 고통이 감정의 거리를 확보한 때문이다. 그것은 "한겨울 밤 추위"를 견딘 자(者) 즉 개에게만 찾아오는 놀라운 "평화"이기도 하다. 무엇보다 엄원태의「민들레하우스」는 존재에 대한 보다 근원적인 연민이 깃들어 있다. 고통 속에서 실존을 긍정의 시학으로 체화해 가는 과정은, 깊은 울림을 준다. 매 순간 절박한 생을 성찰해 가는 그에게, 죽음은 오히려 '부정'의 대상이 아니라 '쓸쓸한 긍정'에 이르는 길임을 일깨워준다. 마치, 날마다 "주인 내외"가 개의 "목줄이 단단히 매였는지 확인하고 돌아"가듯, 시인의 운명 역시 밤이면 밤마다 생사의 밧줄을 만지고 산다. 이런 근본 기분이자 근원적 정서로서 페이소스야말로 엄원태 시학의 원형적 미학으로 규정된다. 그의 또 다른 수작「물방울 무덤들」이 그렇듯, 트라우마야말로 시의 보물창고라는 것을 새삼 깨닫게 한다. 간당거리는 '물방울'의 비유적 이미지로 변용 된 '무덤'이란 그의 시어는, 얼마나 슬픈 명구인가. 연민의 눈길로 글썽이는 '물방울들'을 자신과 동일시한 것도 뭉클하지만, 시인의 자기 고독을 '물방울들' 속에 절실하게 감정이입한 시법은 압권이다. 죽음의 절벽 밑으로 떨어지지 않으려는 절박한 한 시인의 비명이 귀청을 때린다. 삶은 어쩌면 그림자요, 죽음이 생의 본질일지 모른다. 거꾸로 매달린 물방울이 그렇듯, 시「민들레하우스」역시, 이 세상에서 가장 슬픈 시가 가장 아름다운 시임을 증거한다.

눈, 폭력과 성스러움 – 류인서「눈」

　　어떤 시는 첫 줄이 먼저 오고 어떤 시는 과정을 지우려는 듯 마지막 문장이 먼저 온다. 어떤 언어들은 지독한 물질성으로 내 몸에 덩이째 달라붙어 꾸역꾸역 냄새를 피우며 얼룩을 남기지만 끝내 시가 되어주지는 않는다. 어떤 언어는 지독히도 의미의 바깥에 있으려하는 데, 이런 의미의 망실과 잉여 사이에 시의 비밀이 있을지도 모르겠다. 원하건 원하지 않건 언어는 사물과 부딪치면서 휘어지고 떨어지고 솟아오르기를 반복한다. 시는 나도 모르는 다른 곳으로 흘러간다. 의도치 않았는데 아주 멀리 나아가기도 하고 주변을 맴돌며 살을 파고들거나 다른 몸으로 건너뛰기도 한다.(류인서의 시 작노트 중에서)

　　사유의 폭과 작품의 깊이 이 두 가지는, 류인서(1961~ 경북 영천 출생) 시집 전반을 커버한다. 그녀의 시는 '들킴 혹은, 비밀 사이'에 위치한다. 이는 파편화된 현실에 언어의 통일성과 질서를 부여하던 초기 모더니즘을 관통해, 탈중심, 다양성의 세계를 추구하는 포스터 모던의 방향으로 진행된다. 최근에 들어선 시적 언어의 혁신, 전통적 형식의 거부, 새로운 감각 이미지를 통해, 독자적 아방가르드를 추구한다. 사물에 새로운 질문을 던짐으로써 기존 서정을 탈피한 시안이 크게 돋보인다. 그녀의 시는 행과 연 사이, 제3의 의미공간을 확보한다. 섬세한 울림과 떨림은 묘사를 먹고 은유를 낳는다. 그녀는 줄곧 "쓰지 않으면 미칠 것 같은, 시의 허기"를 고백한다. 현실 공간을 예술 공간으로 변주하는 힘이 강하여 작용-반작용의 대립과 긴장은, 그녀의 특징이자 상상이며 에너지다. 때론 비현실적이란 비판도 받지만, 이런 환상성이야말로 가장 현실적임을 상기시킨다. 그녀 시작(詩作) 공정의 매커니즘은 복잡계이다. 환유를 통해 정돈되지 않은 불확정성의 현실을 훔쳐낸다든가, 집요한 사물의 근접성에서 기인함이 그중 하나다. '나와 사물의 틈', '나와 사회의 틈', '나와 세계의 틈'사이에서, 시를 잡는 그녀의 어투는 일견 견자(見者)의 시선을 확보한다. 사물에 내재한 환상(성)을 묘한 이야기 구조로 풀어낸다. 치밀한 관찰과 묘사는 덤이다. 안테나같은 그녀의 시는, 사물에 닿아있는 시감(詩感)을 즉발성으로 인식할 때 더욱 빛난다. "탁 봤을 때 들어오는 것이 시"라고 류인서는 갈파한다. 풍경을 찍는 방식이 아니라, 세계를 낳는 방식으로 진화하는 그녀의 시는 어릿광대의 줄처럼 팽팽하다. 시어를 꽉 물고 놓지 않는다. 그런가 하면, 말의 점층과 반복의 리듬은 역동적이다. 하여, 류인서의 감각적 이미지는 어느 방향으로 튈지 모른다.

　한편, 시 「눈」(3시집 『신호대기』, 문학과지성사, 2013)은 그로테스크하다. "먹어치운다"는 말의 반복과 그로 인한 리듬감이 돋보이는 이 시는 폭설로 인한 자연의 무자비함을 보여준다. 「눈」의 감각의 전이는 (허공을, 땅을, 숲을) '먹어치운다'는 표현에서 보듯이 시각을 미각화한다.

그리고 '흰 것들'은 순수를 가장한 무자비한 폭력에 다름아니며, 완벽한 공포의 은유다. 그녀가 경험한 '눈(雪)'의 자연 상징과 연결된 내면 풍경이다. 흰색은 원초적 본능의 색이다. 부활의 색이자 빛의 광기이다. 그녀의 「눈」은 반복을 통한 점층의 방식으로 시상을 전개한다. 눈과 사물과의 갈등은 첨예하다. "먹어치운다"는, 죽음의 또 다른 메타포이다. 류인서는 아무 데나 시어를 툭 던져놓는 방식으로 행을 치고 나간다. 그녀는 이런 시법을 "어휘의 확장 공사"라고 부른다. 마치, 언어가 새로운 언어를 먹어치우는 방식이 그것이다.

눈이 온나
와서
먹어치운다

가등 아래 남자를 먹어치운다
벤치뿐인 벤치를, 거기 붙은 빈자리를 먹어치운다
공터의 이글루 같은 자동차들을 먹어치운다

먹어치운다
엘니뇨와 라니냐의 소란한 탁자를 먹어치운다
던킨도너츠 커피 한잔을 순식간에 먹어치운다
담벼락과 포장마차의 낡은 연애를
돌아와 쓰러져 눕는 반 토막 그림자를 먹어치운다

전화선 너머 국경 너머
둥지 밖 새들의 잔고를 먹어치운다
발 묶인 봄, 세상으로 가는 이정목을 먹어 치운다
저의 시작 북풍의 침대까지 남기지 않고 먹어치운다

다 먹어 텅 빈 눈의 식탁 눈의 위장

소화불량

폭설이 온다

- 류인서, 「눈」 전문

  그래서인지 「눈」을 읽으면 탐미적이고 그로테스크하기까지 하다. "가등 아래 남자를 먹어치"우는 흰 눈을 상상하면 강렬하면서도 대담한 개성의 해방을 시도한 야수파, 혹은 고야(1746~1828, 스페인)의 이미지가 떠오른다. "눈이 온다 / 와서 / 먹어치"운다는 말은 도발적이자 본능적이며 폭력적이다. 수직의 폭설과 수평의 풍경은 절묘한 대비와 리듬을 연출한다. "벤치 뿐인 벤치를, 거기 붙은 빈자리를 먹어치"우는 「눈」은, 이윽고 "공터의 이글루 같은 자동차들을 먹어치운다". 반복과 점층을 통해 현대문명과 신자유주의를 비판하고 있다. 이런 사유와 리듬은 사물과 심리 간의 떨림과 울림으로 갈마든다. 동사 '먹어치운다'의 반복과 환유는, 드디어 "엘니뇨와 라니냐의 소란한 탁자를 먹어치"우는 지구환경 파괴의 주범이 된다. 이런 류인서 만의 놀라운 메타포는 "전화선 너머 국경 너머 / 둥지 밖 새들의 잔고를 먹어치"우고, "발 묶인 봄, 세상으로 가는 이정목을 먹어 치"우고, 끝내 시의 "소화불량"으로 환원된다. 이렇게보면, 「눈」에는 현실을 물고 놓지 않는, 강력한 주술적 힘이 있다. 설명적 이미지를 버리고, 생략과 압축만으로 처리한 「눈」은 현실의 폭력성을 고발한 아이러니이자 비약이다. 그리고 "이 작품은 김수영의 작품을 배후에 두고 창작된 시이다. 류인서는 다른 작품을 빈번하게 자신의 시편 속에 기입(記入)한다. 물론 그러한 작업은 패러디(parody)나 패스티쉬(pastiche)와는 상이한, 구태여 비교하자면 존경과 환대의 의미를 갖고 있는 오마주(hommage)에 가까운데, 이는 류인서의 시학이 일상생활이나 사회적 현실과는 다소 거리를 둔 심미적 세계라는 점과 관련되어 있어 보인다."(김문주 문학평론가, 「사이[間]와 바람[風/願] 중에서)

기억과 상상의 우주 – 송종규 「구부린 책」

그녀가 시집 『공중을 들어 올리는 하나의 방식』(민음사, 2015)에서 보여준 시의 스펙트럼은, 우주적 시선의 확장이다. 이런 말하기 방식은 시인의 개성적 호흡인 동시에 감각의 촉수가 밖을 향하고 있다는 뜻이다. 특히 사물과 인간 숙명의 문제를 연대기적 관점으로 예민하게 다루고 있다. 존재의 근원적 비애를 파고들며 어떤 결핍의 문제로 귀결시킨다. 한계에 직면한 자아를 통해 초월적인 대상을 찾아 외연을 확대한다. 송종규(1952~ 경북 안동 출생)의 시적 뿌리는 현재성과 초월성 사이의, 시간적 간극으로 보인다. 그녀의 시기 현실과 비현실, 일상과 초월의 틈입을 찌르는 것도 그런 연유이다. '경계의 예술', 이는 그녀가 일관되게 추구해 온 언어의 극지다. 언어로서 언어를 넘어서는 시의 경지이며 외줄타기다.

　켜켜 햇빛이 차올라 저 나무는 완성되었을 것이다

　꽃이 피는 순간을 고요히 지켜보던 어린 나방은 마침내 날개를 펴, 공중으로 날아올랐을 것이다

　바스러질 듯 하얗게 삭은 세월이 우체국을 세워 올렸을 것이다

　숲과 별빛과 물풀들의 기억으로 악어는 헤엄쳐 나가고 행성은 궤도를 그리며 우주를 비행했을 것이다

　천만 잔의 독배를 마시고 나서 저 책은 완성되었다

　자, 이제 저 책을 펴자
　잎사귀를 펼치듯 저 책을 펼치고 어깨를 구부리듯 저 책을 구기자

나무의 비린내와 꽃과 어린 나비가, 악어와 우체통이 꾸역꾸역 게워져 나
오는 저 책

저 책을 심자

저녁의 우주가, 어두운 허공인 내게 환한 손을 가만히 넣어줄 때까지
- 송종규, 「구부린 책」 전문

「구부린 책」은 부정과 긍정을 동시에 함의하고 있다. 정교한 논리와 모호성으로 구성된 이 시는 비약적이다. 자연과 우주의 경이로움을 따라가며 시어를 받아 적는 방식을 취하고 있는 이 시에서 '구부린 책'은, 허공과 영원한 것에 대한 어떤 시적 지향점을 가리킨다. 가 닿을 수는 없지만 끝없이 꿈꾸게 하는, 그 비밀스런 공중이다. 「구부린 책」은 책을 '구부린다'는 것에서도 알 수 있듯, 어두운 통로를 빠져나오면서 느낀 환(幻)의 이미지를 그리고 있다. 그녀의 "나무"는 우주의 맨살을 만지면서 깨어난다. "햇빛"의 마음을 가장 잘 따르는 것이 나무이듯, 그녀의 시는 기억의 색실이 풀려나와 이미지를 만든다. 송종규의 숲은 나무들의 말로 수런거린다. 끝없이 사물을 향해 알아들을 수 없는 말로 무늬를 짠다. 그녀의 초록 가지는 공중의 기분을 알아챈다. 「구부린 책」에는 마술사가 부려놓은 환타지가 있다. "천만 잔의 독배를 마시고 나서 저 책은 완성되었다". 이는 한 권의 책이 나오기까지의 시간과 사유에 대한 비유와 비약의 극치다. 우주는 한 송이의 꽃이다. 그 꽃을 피우기 위해 나무는 모든 감각을 열어둔다. 하나의 책이 만들어지기까지의 과정은, 나이테 속에 각인된 '나무의 기억' 덕분이다. 인간의 무지를 밝혀준 것이 책이듯, 나무는 이 지구에 책을 선물하러 왔다. 「구부린 책」은 우주적 사유를 묘사의 칼로 아로새긴다. 달빛 속에서 나무는 생각이 큰다. "숲과 별빛과 물풀들의 기억으로" 자신의 밤하늘을 찾아간다. 숲은 바람을 통해 나무에게 뜻을 전한다. "잎사귀를 펼치듯 저 책을 펼"쳐야 인간

은 사랑에 눈을 뜨리라. 등을 구부려 책을 읽는 사람이 아름답듯, 바람에 구부린 나뭇잎은 위대하다. "저녁의 우주가, 어두운 허공인 내게 환한 손을 가만히 넣어줄 때까지", 우리 모두 "저 책을" 심장에 "심자". 송종규가 그랬던 것처럼, 지구가 다시 살아나게 나무에게 "나비"의 날개를 달아주자. 나무와 책, 즉 자연과 문명은 시인의 상상적 우주 속에서는 결코 분리될 수 없다. 이음과 승화의 국면에선 시인을 따를 자 없다.

한 물건 - 노태맹 「碧巖錄을 읽다 2」

우주가 법당이라면, 허공은 법문이다. 스님도 지구도 부처도 조사도 한 물건이다. 한 물건은 나고 죽는 일이 없다. "— 허허, 이런. 雲門의 하늘 한가운데가 열렸다." 그렇다. 운문(雲門)이란 한 물건은 "도너츠!"이기도 하고, '도너츠!'가 아니기도 하다. 노태맹(1962~, 창녕 출생)은 시 쓰는 철학자, 철학하는 의사이자, 사드 철회를 위해 삭발을 감행한 '경계의 시인'이다. 「벽암록을 읽다 2」는 시인의 세 번째 시집 『벽암록을 불태우다』(삶창, 2016)에 수록되어 있다. 자신을 마르크스주의자라고 소개한 한 줄은, 그의 안쪽을 살피는데 유효하다. 그는 이번 시편들을 쓸 때 '벽암록'에서 이미지를 훔쳐왔다고 하였다. 『벽암록』은 설두 선사와 원오 선사에 의해 만들어진 공안록(公案錄)이다. 노태맹의 시들은 바로 이 벽암록 중 옛 공안(公案)의 시를 읊은 송고(頌古)에 해당한다. 공안은 사구(死句)와 활구(活句)로 이뤄지는데, 사구란 언어 해석으로 그 뜻을 알 수 있는 것이고, 활구는 언어 해석으로 그 뜻을 알 수 없는 것으로써, 흔히 우리가 말하는 화두(話頭)이다. 벽암록 해설을 한 석지현 스님은 "공안참구(公案參究)는 버리는 과정이라고 하였다. '생각, 감정, 선입관, 지식을 버리고 바보천치가 될 때 '활구'의 문이 열린다."고 일갈한다.

1.
어떤 스님이 雲門 스님에게 물었다.
"어떤 것이 부처와 조사를 초월하는 말입니까?"
"도너츠!"
― 허허, 이런. 雲門의 하늘 한가운데가 열렸다.

2.
늦은 저녁 김밥 天國
떡라면에 젓가락질하며
유선 TV에 뚫어져라 시선을 박고 있는 나는
이를테면 연옥 앞에 와 대기하고 있는 것 아닐까,
분명 이곳은 아닌 곳을 향해 있는,

창 밖 고양이 한 마리
어둔 인도 위 웅크리고 앉아
라면 국물 마시는 나를 응시하고 있다.
여기로 뛰어들고 싶은 것일까,
창 이쪽도 펄펄 끓어넘치기 직전의 국솥 같은 것이거늘.

"어떤 것이 인민과 悲劇을 초월하는 말입니까?"
"옛다, 도너츠!"

3.
산허리에 얹힌 구름 그림자
여름숲에 엉겨 걸리다.

그림자만 버려두고
회색 뭉게구름 가 버린 후
여름숲 한 귀퉁이 해질녘까지 축축하다.

그림자 없는 구름은 끝내 비 되지 못할 테고
숲은 어두운 빗소리 계곡물 소리만 얻는다.

허니 이제 요량해 보라,
雲門 스님의 허기를 이제 무엇으로 채울 것인가.
- 노태맹,「碧巖錄을 읽다 2」전문

다시 묻는다. "어떤 것이 부처와 조사를 초월하는 말입니까?" / "도너츠!" 말이 되는 것도 같고, 말이 안 되는 것도 같다. 행간은 놀라운 비약이자, 의미의 절벽이다. 그저, 두두물물(頭頭物物)은 "이름도 없고 모양도 없는 한 물건"(월호 스님『선가귀감』강설, 2010, 조계종출판사. p14) 일 뿐이다. 시가 시 아닌 것으로 이루어져 있듯, 노태맹의 시는 뫼비우스의 띠처럼 이미지의 안팎이 여일(如一)하다. 무엇이 처음이고 어디가 끝인지 알 수 없다. 이미지를 열어 이미지를 넘어서고 있다. 무의미가 의미의 단절이 아니라, 의미를 찾아가는 '허공의 길 내기'이듯,「벽암록을 읽다 2」는, 화두와 현실이 손바닥과 손등처럼 하나로 통한다. 이런 류(類)의 선문답 시는 부지불식간(不知不識間)에 깨닫게 된다. 천천히 호흡하며 한 행 한 행 시어들을 뜯어먹다 보면, 어느 순간 쑤욱 가슴으로 '한 물건'이 들어온다. 그 세계는 마치, 고양이가 국물을 쳐다보며 뛰어들고 싶어 하는, 펄펄 끓어 넘치기 직전의 국솥 같은, 모순의 세계이기도 하다.

하여, 시인은 연거퍼 묻는다. "어떤 것이 인민과 悲劇을 초월하는 말입니까?" / "옛다, 도너츠!". 1920년대 신마르크스주의(Neo-Marxism)를 연상시키는 이 시구는 사회과학적인 접근을 통해 묻고 답한 '선(禪)과 빵'의 관계다. 자본주의 사회에서 나타나는 비인간적인 문화와 인간 소외를 딛고 나온 새로운 사상이다. 노태맹의 자기 검열은 엄혹하다. "침묵하고, 공부하고, 고민하고, 함부로 말하지 않고, 될수록 깨어 있으려고 노력한다.""허니 이제 요량해 보라, / 雲門 스님의 허기를 이제 무엇으로 채울 것인가." 그의 시는 약자 편에 서서 투쟁하는 투쟁가의 모습과 시집 『벽암록을 불태우다』처럼, 관조와 초월의 시각을 마르크스주의에 버물린 '시와 철학'의 경계선에 서 있다. 결국 「벽암록을 읽다 2」에서 그가 궁극을 향해 가리킨 것은, '손가락일까, 손가락을 통해 가리킨 달일까.' 아님, 운문 스님이 궁구한 '허기'일까. 그것도 아니라면 "옛다, 도너츠!". 물론 그것들은 '생과 사', 시와 非詩' 사이, 그 어디쯤일 것이다. 하여 노태맹의 시는, 시 이전에 놓이기도 하고, 시 이후에 가 닿기도 한다. 죽음의 비극이나 회의가 아니라, 살아남은 자들의 따뜻한 시선이, 선(禪)과 불선(不禪)의 경계에서, 시의 방식으로 불쑥 드러난 셈이다. 벽암록을 읽는 것은 삶을 읽는 것이고 앎의 허-기를 메우는 일이다.

그림과 시와의 절묘한 경계 - 여정, 「몇 명의 내가 있는 액자 하나」

"가령 시인이 달을 일러 "달아 나다. 너를 키워낸 엄마다."(「달아나다」, 『벌레11호』, 문예중앙, 2011)라고 말할 때, 그것은 명명이 도주되는 시, 명사(실체)와 동사(운동)가 서로의 자리를 바꾸는 시에 대한 선언이었다. 안타깝게도 당시에는 이 젊은 시인의 가능성이 미처 다 알려지지 않았다. 그가 조금 더 늦게 도착했더라면 사정은 달랐을 것이다. 그의 첫 시집은 2011년에 나왔으며, 그때는 그의 때 이른 통찰이 이미 일반화되어 있었다. 그는 너무 일찍 도착했으되, 그의 시집은 너무 늦게 도착했다. 그는 시대를 뒤늦게 예언한 선지자였던 셈이다. 다행히 두 번째 시집은 그리 늦지 않았다. 그는 마침내 자기 자신의 속도에 세계를 맞추게 되었다."(권혁웅, 2시집 『몇 명의 내가 있는 액자 하나』(2016, 민음사) 작품 해설 중에서)

2시집 『몇 명의 내가 있는 액자 하나』(2016, 민음사)를 이상(李箱)이 읽었다면, 무덤에서 벌떡 일어날 사건이다. 이번 시집은 "고통에 찬 육체를 벗어나고 싶은 욕망, 육체와 정신의 불협화음"이자, "텍스트가 너무 쉽게, 빠르게 전해지는 이 시대의 경계에서 느끼는 혼란과 불안, 그 속에서 찾아온 자아의 분열" 등을 담은 시집으로 정의된다. 내가 여정(1970~, 대구 출생)의 2시집 『몇 명의 내가 있는 액자 하나』(2016, 민음사)를 받아 들고, 시 행간 속에 숨어있는 여러 겹의 화자를 하나씩 벗겨내고 있는 동안, 봄 개나리가 신천에서 체포되었다. 체포된 개나리의 노랑을 벗겨내고, 냇물에 비친 양털구름을 벗겨 내고, 그 물 따라 흘러가는 초록을 벗겨내는 동안, 또 한 번 나는 그의 자서란 감옥 속에 갇혀 나를 여러 겹 벗겨 내어야만했다.

"달과달사이·한번쯤은마음을나누는사람이고싶었다…달과달사이·거울이 왔다·깨졌다…달과달과…달사이·거울들어왔다·깨졌다·깨졌다…깼다·꿈으로돌아갈·꿈이될·시간이다…달과달과달과…달사이·나는·우리는·또변할수있다"

새벽에 일어나 수십 번 단어와 문단 사이, 말줄임표와 가운뎃점 속에 숨겨 둔, 여정의 시어의 뼈와 살을, 내 심장의 피에 적셔 발라 먹었다. 그리하여 나도 "달과달사이·한번쯤은마음을나누는사람이고싶었다" 달과 달이 서로 떨어지지 않고 붙어있는 따스한 언어의 불을 쬐며, 깨진 거울 속을 밤낮으로 오갔다. 그의 말처럼 언어 "그 너머"란 존재하지 않을 지도 모른다. 하여, 언어는 태초부터 절벽 이전과 절벽 이후였는지도 모른다. "언어 그 자체가 물질이다"는 그의 말에 기립박수를 치다가, 문득 나는, 여정의 자서를 부채에 시니컬한 고딕 캘리체로 붓으로 썼다. 그를 만나면 전해 주리라 생각하다가, "…달과달사이·거울이왔다·깨졌다…달과달과…달사이·거울들어왔다·깨졌다·깨졌다" 그리고 나는 꿈을 "…깼다·꿈으로돌아갈·꿈이될·시간이다…달과달과달과…달사이·나는·우리는·또변할수있다" 그에게 전해줄 부채가 내 서재 한 켠에서 겨울을 나고 있는 것처럼, 현실과 꿈의 간극은 빙벽만큼이나 춥다. 그래서 천지 만물은 변한다, 아니 변할 것이다. 하여, 봄도, 우리도, 언어의 행간 속에서 「몇 명의 내가 있는 액자」가 될 수 있다.

　나의 정신병동에 프리다 칼로가 헨리포드 병원의 침대 하나를 옮겨 온다. 침대에는 내가 사랑하는 여자가 누워 있다. 나의 병실로 들어서자 그녀의 가랑이 사이에서 탯줄이 흘러나온다. 내 배꼽이 사라지고 나는 그 탯줄에 매달려 그녀의 배 위로 떠오른다. 그녀 앞에만 서면 작아지는 내가 허공에서 가부좌를 하고 두 눈을 감는다. 3, 내 몸은 건강하다((세 번 반복한다)). 2, 내 마음은 편안하다((세 번 반복한다)). 1, 몰입 상태로 들어간다((세 번 반복한다)). 나는 지금 엘리베이터 안에 있다. 엘리베이터가 천천히 내려간다. 10, 9, 8, ((더 깊이)), 7, 6, 5, ((더 깊이, 더 깊이)), 4, 3, 2, 1, ((엘리베이터 문이 열린다)). 자궁이다.

　자궁 안에서 詩를 쓴다. 그녀의 뼈가 한 줄 한 줄 약해진다. 詩가 되지 못해 몸부림친다. 그녀의 진통이 심해진다. 미칠 것 같아 그녀의 배를 찢고 뛰쳐나간다. 탯줄을 끊고 달아난다. 그녀의 내장이 몸 밖으로 흘러내린다. 그녀는 침대에 누워 계속 피를 흘리고 있다. 담당 간호사가 급히 내 뒤를 쫓는다. ((이봐요, 보호자님, 보호자님)), 보호자님이 내 뒤를 쫓는다. ((이봐요, 보호자님, 보호자님))이 내 뒤로 점점 멀어진다. 나는 문이 닫히고 있는 엘리베이터를 간신히 탄다. 엘리베이터가 빠르게 올라간다. 1, 2, 3, 엘리베이터 문이 열린다. 문이 열리면 다시 10층이다. 10층은 옥상이다.

　나의 정신병동의 보호사들이 옥상 철문을 두드리고 있다. 그 두드림에 옥상도 울렁대고 바닥도 울렁댄다. 그녀가 없으면 커져 버리는 내가 옥상 바닥 끝에서 가부좌를 한다. 하늘도 어수선하고 땅도 어수선하다. 두 눈을 감는다. 점점 작아진다. 허공으로 몸이 떠오른다. 머리가 무거워 머리가 먼저 내려간다. 엘리베이터도 따라 내려간다. 10, 9, 8, 7, 6, ((더 깊이, 더 깊이)), 5, 4, 3, 2, 1, ((꽝)) 엘리베이터의 문이 열린다. 문이 열리면 포토샵이다.

그녀의 포토샵 窓에는 프리다 칼로의 도로시 해일의 자살(1939)이 걸려 있다. 다른 窓을 열고 두 명의 내가 들어온다. 그녀는 도로시 해일의 자리와 자세를 나에게 내어 준다. 두 명의 나는 그녀의 안내대로 그 자리로 가서 그 자세를 취한다. 그녀가 두 명의 나를 미친 사람 보듯 한다. 그리고「어느 정신병자의 꿈(2010)」으로 저장한다. 그녀가 포토샵 窓들을 모두 닫는다. 그녀가 문을 열고 작업실을 빠져나간다. 나는 어둠 속에 누워 또 다른 나에게 말을 한다. 그렇게 해서 옥상까지 오를 수 있겠어? 물론이지! 하며 또 다른 내가 허공으로 솟구친다. 머리가 무거워 발부터 올라간다. 엘리베이터도 따라 올라간다. 1, 2, 3, 엘리베이터 문이 열린다. 문이 열리면 병실이다.

나의 병실에는 내가 사랑하는 그녀가 두 명의 내가 그려진 그림 하나를 걸고 있다.

- 여정,「몇 명의 내가 있는 액자」전문

우선,「몇 명의 내가 있는 액자」를 오독하기 위해서는, 독자는 멕시코의 여류화가 프리다 칼로(1907-1954)의 절규를 들어야 한다. 칼로의 그림『나의 탄생』(1932, 금속판에 유채, 30,5×35,0cm, 개인소장) 앞에 서면 참혹하다. 핏물이 배인 침대 위에서 흰 천을 덮어쓴 여자의 자궁 밖으로 내민 물컹거린 아기 머리가 보인다. 신식민주의에 대한 저항 담론의 다다이즘과 입체파, 모더니즘에 대항한 이 그로테스크한 리얼리티는, 남성 문화에 갇힌 칼로의 고뇌를 대변한다. 일곱 살에 소아마비를 앓아 한쪽 다리가 불구가 된 칼로는, 열아홉 살에 전차 사고를 당해 평생동안 서른두 번의 수술 끝에, 결국 다리를 절단했다. 화가로의 삶은 잔인했지만, 고통의 피를 찍어 그린 예술은 찬란했다. 1984년 멕시코 정부는 프리다 칼로의 그림을 국보로 분류한다.

그림「몇 명의 내가 있는 액자」속에는, 정신병자인 '나'를 위해 병실 벽에 프리다 칼로가 헨리포드 병원의 침대 하나를 옮겨 오는 것이 보인다. 침대에는 내가 사랑하는 여자가 누워있다. 그녀의 가랑이 사이에선 핏물이 흘러나오고, 나는 탯줄에 매달려 버둥거린다. 시의 산고(産

苦)를 은유하기 위해, 주체인 '나'를 자궁 밖에 고개를 내민 참혹한 타자(他者) 아기와 수정시킨다. 오독을 용서한다면, '정신병동'이란 가상공간은 더할 나위 없는, 매력적인 시의 가면이다. "내가 허공에서 가부좌를 하고 두 눈을 감는" 까닭은, 시의 자궁에 도달하기 위한 노정이다. 자궁의 상징은 "詩가 되지 못해 몸부림"치는 장소이자, "그녀의 배를 찢고" 뛰쳐나가는 시적 발광의 성소(聖所)이다. 하여, 「몇 명의 내가 있는 액자」속에 여럿 '나'가 존재할 수밖에 없는 필연적 이유는, 예술의 본질이 고해(苦海)이기 때문이다. 물론, 그녀의 포토샵 窓에 프리다 칼로의 그림 「도로시 해일의 자살」(1939)을 걸어 놓아도 무방하다. 이런 추상 언어의 붓질과 색감, 시 행간 사이의 비극과 음영은, 결국 ((더 깊이, 더 깊이)) 내려가는 선(禪) 호흡에서 잠깐, 모인다. 알고 보면, '나', '그녀', '칼로', '도로시 해일'은 자궁을 통해 치유될 수밖에 없는 고통을 감싼 여성성이다. 결국, 여정의 시는 "세상에 없던 전면적인 언어 실험"이며, "물질의 구성요소를 쪼개어 원소를 구분하고 다시 원소끼리의 조합으로 새로운 물질을 발견하는 과학자의 호기심 어린 연구"(권혁웅)처럼 재배치된다. 여정의 이런 언어 실험은, 언어를 형태소의 최소 단위로 쪼개고, 단어와 기호를 혼합하고, 색채와 시선을 분산하여, 수많은 점으로 찍어 놓은 그림 액자 속의 작은 '나'가 된다. '나'는 현실의 벽으로 인식된 띄어쓰기, 고정된 행간 속의 논리적 관념을 이중 괄호로 무화시키며, '시선'를 다초점으로 분열시켜 독창적인 시의 색채가 된다.

밥과 도(道) - 김기택 「사무원」

천지는 도(道)의 양식-밥솥이다. 색(色)으로 밥을 지어 공(空)을 먹이고, 공(空)으로 밥을 지어 색(色)을 먹인다. 만물은 생사(生死)가 서로 먹인다. 하늘과 땅은 음양과 오행의 법칙으로 사계절을 먹인다. 개미 한 마리라도 원자(原子) 하나라도, 결코 먹지 않는 것은 없다. 하여, 옛 성현의 말씀에 "國以民爲本 民以食爲天"이라 하여 국가는 백성을 근본으로 삼고 백성은 먹는 걸 하늘로 삼는다고 한다. 그렇듯 사람에게 가장 중요한 것은 먹고 사는 일이다. 그러고 보니, 봄은 꽃으로, 여름은 초록으로, 가을은 단풍으로, 겨울은 흰 눈으로 서로 먹인다. 천둥과 번개로 소리의 밥을 짓기도 하고, 태풍과 해일로 밥솥을 뒤집기도 한다. 알고 보면 자연은, 구상과 추상의 밥상을 우리 앞에 내놓는다. 지수화풍(地水火風)이란 경이로운 재료를 버무려, 해와 달을 운행하여 일상의 밥을 짓고 꿈을 갖게 한다. 김기택(1957~, 경기도 안양 출생)의 「사무원」(시집 『사무원』, 창비, 1999)은 "아침 6시부터 밤 10시까지" 온갖 업무에 시달리는 사무원의 모습을, 불교 수행자의 고행에 빗대어, 현대인의 삶의 모습을 풍자하고 있다.

>이른 아침 6시부터 밤 10시까지 하루도 빠짐없이
>그는 의자 고행을 했다고 한다.
>제일 먼저 출근하여 제일 늦게 퇴근할 때까지
>그는 자기 책상 자기 의자에만 앉아 있었으므로
>사람들은 그가 서 있는 모습을 여간해서는 볼 수 없었다고 한다.
>점심시간에도 의자에 단단히 붙박여
>보리밥과 김치가 든 도시락으로 공양을 마쳤다고 한다.
>그가 화장실에 가는 것을 처음으로 목격했다는 사람에 의하면
>놀랍게도 그의 다리는 의자가 직립한 것처럼 보였다고 한다.
>그는 하루종일 損害管理臺帳經과 資金收支心經 속의 숫자를 읊으며
>철저히 고행 업무 속에만 은둔하였다고 한다.
>종소리 북소리 목탁 소리로 전화벨이 울리면
>수화기에다 자금 현황 매출원가 영업이익 재고자산 부실채권 등등을
>청아하고 구성지게 염불했다고 한다.
>끝없는 수행 정진으로 머리는 점점 빠지고 배는 부풀고
>커다란 머리와 몸집에 비해 팔다리는 턱없이 가늘어졌다.

오랜 음지의 수행으로 얼굴은 창백해졌지만
그는 매일 상사에게 굽실굽실 108배를 올렸다고 한다.
수행에 너무 지극하게 정진한 나머지
전화를 걸다가 전화기 버튼 대신 계산기를 누르기도 했으며
귀가하다가 지하철 개찰구에 승차권 대신 열쇠를 밀어 넣었다고 한다.
이미 습관이 모든 행동과 사고를 대신할 만큼
깊은 경지에 들어갔으므로
사람들은 그를 '30년간의 長座不立'이라고 불렀다 한다.
그리 부르든 말든 그는 전혀 상관치 않고 묵언으로 일관했으며
다만 혹독하다면 혹독할 이 수행을
외부압력에 의해 끝까지 마치지 못할까 두려워했다고 한다.
그나마 지금껏 매달릴 수 있다는 것을 큰 행운으로 여겼다고 한다.
그의 통장에는 매달 적은 대로 시주가 들어왔고
시주는 채워지기 무섭게 속가의 살림에 흔적 없이 스며들었으나
혹시 남는지 역시 모자라는지 한 번도 거들떠보지 않았다고 한다.
오로지 의자 고행에만 더욱 용맹정진했다고 한다.
그의 책상 아래에는 여전히 다리가 여섯이었고
둘은 그의 다리 넷은 의자 다리였지만
어느 둘이 그의 다리였는지는 알 수 없었다고 한다.

- 김기택, 「사무원」 전문

「사무원」은, 산거에 들지 않고 저잣거리에 숨어 수행하는 '그'를 통해, 현대인의 수동적 삶과 비인간화되어 가는 현대 사회를 비판한다. 누가 묶어서도 아니고, 그는 날마다 "의자(에 앉아) 고행"중이다. 그렇다고 "30년간"해온 "長座不立"을 당장, 그만둘 수도 없다. 그의 손만 쳐다보고 있는 입 벌린 처자식을 생각하면, 등골이 오싹하기 때문이다. 그나마 "그의 통장에" "매달" 들어오는 "시주"는 '돈오(頓悟)'와 맞먹는 법열을 가져다 준다. 하여, 그는 "매일 상사에게 굽실굽실 108배를 올"리며, 전생에 업(業)이려니 넘긴다. 남들은 주체적 사고를 잃은 채, 타성에 젖

어 산다고 타박하지만, "하루 종일 손해관리대장경(損害管理臺帳經)과 자금수지심경(資金收支心經)"을 읊으며, 이는 화엄경, 법구경 못지않다고 여긴다. 아무리 더러운 현실의 "습관"과 "행동"이 몸에 배였을지라도, 지옥 가는 것보다 '강제 해고' 당하지 않는 것이 낫다고 자기 최면을 건다. 처자식 다 버리고 산속에 들자고 친구가 꼬드겼지만, 죽을 때까지 "그의 책상 아래에는 여전히 다리가 여섯이었고 / 둘은 그의 다리 넷은 의자 다리였지만 / 어느 둘이 그의 다리였는지는 알 수 없었다고 한다." 훗날, 그를 두고 어떤 자는 '인간 본연의 가치 추구를 상실하고, 헛인생을 살았네', '주체성을 잃고 현대 사회에 먹혀 버렸다'는 등 뚱딴지 같은 소리를 하지만, 정작「사무원」은 부처의 반열에 든 셈이다. 시인은 자신이 만든 상상의 세계와 체계 속에서 행복을 누리며 사는 사람이다. 하여, 인간은 각자 사주팔자의 숟가락을 들고 '도(道)의 밥솥'을, 저마다의 방식으로 퍼먹다 사라져가면 된다. 그리고 일상을 비일상화한 이 시가 더욱 유의미한 것은 경계를 넘나드는 자유자재한 말과 뜻에 있다.

시집사리 詩集思理

PART + 12

시와 사유·열둘

깊이는 높이의 차원과 너비의 차원에서 파생된 제3의 차원이다. 나는 보이지 않는 깊이를 보는데, 그것은 깊이가 몸에서 사물로 향하기 때문이요, 내가 내 몸속에 붙어있기 때문이다. 내가 깊이라고 부르는 그것은 모종의 큰 존재에 참여하는 것, 모든 관점 너머에 있는 공간의 존재에 참여하는 것이다. (…) 그림은 구멍 뚫린 존재다. 자코메티는 말한다. "내 생각에는 세잔이 평생동안 깊이를 찾으려 했던 것 같다." 로베르 들로니Robert Delaunay는 말한다. "깊이는 새로운 영감"이다. 깊이는 언제나 새롭다. 깊이는 우리에게 깊이를 찾으라고, '평생 한 번' 찾는 것이 아니라, 평생동안 찾으라고 한다. 세잔이 깊이를 찾으면서 찾으려고 한 것이 바로 이런 큰 존재의 폭발이다. 세잔에 따르면, 색은 우리 뇌와 우주가 만나는 곳이다. 색이라는 차원은 색 자체에서 출발하여 색 자체로 나아가며, 그 과정에서 동일성들을, 차이들을, 질감을, 질료성을, 어쨌든 뭔가를 창조한다. 깊이는 차원들이 서로 뒤바뀌는 경험이요 입체적 '현장성'의 경험이다.

- 모리스 메를로-퐁티, 『눈과 마음』(마음산책, 2008) 중에서

제12장
시와 깊이

    무릇 한 편의 서정시에는 아름다움과 깊이가 있다. 그 아름다움과 진리의 다른 말로서 깊이는 모리스 메를로-퐁티의 『눈과 마음』에 의하면, 높이의 차원과 너비의 차원에서 파생된 제3의 차원이며, 모종의 큰 존재에 참여하는 것이다. 제3의 영역이자 큰 존재인 시의 깊이는 검은 빛의 사유 이미지로서 한 편의 시에 밀도와 강도를 더한다. 딴은, 우리의 내면을 건드리고 생각을 자극하고, 우리를 둘러싼 세상을 새삼 다르게 보게 하는(이종건, 『깊은 이미지』) 깊이는 J.P.리샤르의 경우 하나의 품사로 기능하기도 한다. "명사, 형용사, 동사 등 이 언어의 원형의 위대한 삼위일체는 그때 또 다른 삼위일체-깊이, 투명함, 움직임-를 표현한다. 이는 또한 보들레르적 존재 그 자체의 삼위일체이기도 하다. 명사는 깊이를 채운다. 심연의 허공에 실체의 뜨거운 충만함을 대치함으로 해서 그것에 두께와 농도를 준다. 심연으로부터 명사는 심연의 마력과 신성한 수직성, 그리고 심연의 현기증과 울림의 능력을 유지시키면서 그러나 심연을 두려움으로부터 배운다. 그것은 명사 그 자신이 의미의 표면과 정확하고 매우 인간적인 의미에 이를 수 있기 때문이다."(장 폴 리샤르, 윤영애 역, 『시와 깊이』)에서 보듯이, 명사와 명사의 깊이는 심연의 현기(玄機)와 울림, 수직의 언어, 그리고 인간적인 현상과 의미마저

지니고 있어 넓이의 시와 높이의 시에 비해, 깊이의 서정시에는 가 닿을 수 없는 그리움(Sehnsucht)과 시혼과 음영이 있다. 그리고 무엇보다 몸이 있다.

몸은 구체적인 삶을 가능하게 하며, 마침내 마음이 드러난 현상을 말한다. 나는 나의 몸이다. 혹자(김주환)에 의하면, 그 몸은 인간 본성과 인간관계의 근원이며, 모든 문명의 근원인 것이다. 모든 매체는 결국 몸의 확장에 다름아니다. 정화열 교수는 자신의 몸 철학에서 공간, 시간 등 근본 개념의 밑바닥에는 인간의 몸이 있다. 세계를 지각하고 경험하는 것은 이 몸을 통해서라고 말한다. 세계는 하나의 몸이며, 몸의 말이다. 세계의 언어 또한 안과 바깥이 몸으로 이루어져 고통을 느끼는 건 매한가지다. 시의 말과 행간은 소리가 형상으로 드러나는 과정이어서 멀고 아득하다. 언어 이전이 있으면 이후가 있고, 언어 이전이 없으면 이후도 없는 법이다. 시는 시가 아닌 곳(것)에서 태어나 자라며, 사물과 언어 사이는 본래가 구멍이다. 그곳엔 어두워 오래 머물 수가 없다. 어둠의 부재인 빛의 언어는 이미지망을 뚫고 극한까지 밀고 나간다. 그림자는 대상을 공격하고, 이간하며 끝없이 흔든다. 시간은 사물의 위치와 방향에 따라 각기 다르게 흐른다. 최소한의 말로 최대한의 삶과 울림을 드러내는 게 시라면, 칼의 언어일수록 시의 피는 더욱 깊게 스민다.

시의 언어는 중첩(중층)과 얽힘의 상태로 존재한다. 은폐된 것들의 비은폐와 무의식이 시의 심층 언어라면, 이는 모호와 난해, 압화와 음영, 사물에 투영된 알레고리로 점철되어 있다. 사물을 인간화하고, 현실과 비현실의 경계가 사라지는 지점이 시의 언어다. 상극의 언어, 상생의 언어인 시어는 경우에 따라 변형과 굴절을 가져오며, 흔적을 지우고, 주체를 지우고, 사물의 안팎을 지우기도 한다. 딴은, 혼돈과 유무를 지우고, 형(形)과 상(想)을 지우고, 사라지는 방식으로 나타나며 불가능의 가능성을 추구한다. 현대시의 언어는 물질이자 파편화된 몸이며, 어떤 비명이다. 반/역을 도모하는 시는 존재의 공동(空洞)이며, 형극(荊棘)을 만나게 되면 가면을 벗는다. 시의 말은 버려진 것들을 대신하는 삶이며 곡비(哭婢)라는 목소리의 현상이자, 몸을 놓친 것들의 불안이다. 욕망의 현대시와 언어는, 죽음과 부조리에 대한 강렬한 저항과 반동, 모순의 극지다. 아름다운 것이 위험한 거라면, 바람은 흐느낌의 언어다. 직관을 통해 기미와 기척을 엿듣는다면, 보이는 세계를 통해 허공의 깊이를 가늠한다. 깊은 이미지는 행간에 바장이는 사물의 기(氣)다. 행과 연(聯) 역시 기의 흐름이다. 바람의 풍화에도 언어는 지문을 남기는 법. 시는 언어의 끌로, 사물의 내면을 각인하는 작업이다. 구체적 추상으로, 추상적 구체의 세계로 이행한다. 하여, 새로운 시와 언어는 언제나 구체와 추상의 접점에 있다.

보이는 것과 보이지 않는 것의 사이 존재가 시의 말이라면, 그것은 '존재와 비존재' 사이의 떨림과 울림이다. 언어는 끌어안는 공(空)의 방식과 밀어내는 색(色)의 방식으로 인연 생기한다. 아이러니와 패러독스, 그 언어의 전복(顚覆)이 시다. 살아남은 시대의 혼돈이 언어의 빛과 그림자이다. 시가 사물의 참된 모습을 드러내는 것이라면, 장자 내편 '대종사'의 말처럼, "若夫藏天下於天下而不得所遯 천하를 천하에 감추면 (훔쳐서) 도주할 곳이 없다." 즉 천하의 모든 존재를 천하 속에 있는 그대로 존재하게 한다. 천하를 천하에 감춘다는 이 말은 얼마나 장자다운 것인가. 하여, 궁하면 변하고(窮則變), 변하면 통하고(變則通), 통하면 오래간다(通則久)(주역)는, 그 미완성이 시의 깊이다. 결국 시는, 말과 사물에 대한 새로운 깊이와 시선, 방법으로서의 이미지다.

젖는다는 것 – 이성복, 「또 비가 오면」

문제는 〈그것〉이 앎의 대상이 되는 즉시 '불가능'으로 바뀐다는 점이다. 우리는 〈그것〉을 알 수 없고, 단지 〈그것〉이 될 수 있을 뿐이다. 사실 된다는 말은 맞지 않다. 그러나 이미 되어 있는 것을 안다는 것 또한 어폐가 있다. 그 또한 앎이며, 따라서 '긁어 부스럼'이고 '평지풍파平地風波'이다. 그렇다고 알지 않으면 '되어 있'을 수도 없다. 왜냐하면 되어 있는 것 또한 앎이기 때문이다 // 르네 샤르에 의해 '영원한 바깥의 흐름', 혹은 '죽음의 유골함'과 가깝지만 '혼례 가능한 저 너머'로 명명되는 〈그것〉의 자리는 우리가 한 번도 머문 적 없고, 머물 수 없는 곳이며, 그럼에도 여전히 우리 안에 찾아지는 곳이다. 이 자리를 기억/보존하고 모험/실패할 수 있는 유일한 수단은 언어이다. // 예술은 언어로 표현할 수 없는 것을 표현하려다 실패하는 형식이다."(이성복,「불가능의 시론」에서)

그렇다. 예술은 언어로 표현할 수 없는 것을 표현하려다 실패하는 형식이다. 그 바깥의 영역과 흐름에 시가 있다. 언어가 있다. 언어는 거대한 있음(il y a)의 공간이란 푸코의 말도 그런 맥락과 징후에서 읽혀진다. 시의 에스프리는 그것 자체(It-self)에 있다. 이는 너머와 여기를 잇는 다리로서, 비장소로서 아토포스(Atopos)를 알고 아토포스가 되는 것이다. 이성복(1952년~ 경북 상주 출생)의 첫 시집『뒹구는 돌은 언제 잠 깨는가』(1980, 문학과지성사)는, "철저히 카프카적이고 철저히 니체적이며 철저히 보들레르적"이다. 기존의 시 문법을 파괴하는 낯선 비유와 의식의 초현실적 해체를 통해 시대의 상처를 조명한다. 원초적인 부조리와의 치열한 싸움은, 병든 사회에 대한 경고음이다. 이성복은 시대를 '아프게 하는 것들에 대해' 'STOP'이라고 외치고 분노할 줄 안다. 권력의 폭압에 대해, 전시대의 우상에 대해, 누이의 유린에 대해, 조국의 병(病)듦에 대해, 죽어가는 '나의 별'에 대해, 무수한 부조리에 대해 소리친다. 한편, 1984년 프랑스에 다녀온 이후, 그는 사상의 일대 전환기를 맞는다. 김소월과 한용운의 시, 그리고 논어와 주역에 심취한다.『남해금산』(문학과지성사, 1986)은 그 동양 정신에 대한 탐색이자, 어느 모로 회귀다. 개인적, 사회적 상처가 정제된 언어로 형상화된 이 시집에서 그는 깊고 따뜻하며, 보다 고통스럽고 아름다운 시의 진경을 보여준다.

서정과 서사의 적절한 직조는 조각난 삶과 서러움을 바닥에 깔고, 슬픔의 근원을 명징하게 드러낸다. 이 심오한 비극으로의 바라봄-드러냄의 변증은, 80년대 우리 시단의 가장 탁월한 성취다. 때로는 환상소설의 한 장면처럼 납득하기 힘든 상황 묘사, 이유가 선명하지 않은 절규 등을 담아냈다는 비판도 받았다.

> 사랑하는 어머니 비에 젖으신다
> 사랑하는 어머니 물에 잠기신다
> 살 속으로 물이 들어가 몸이 불어나도
> 사랑하는 어머니 미동도 않으신다
> 빗물이 눈 속 깊은 곳을 적시고
> 귓속으로 들어가 무수한 물방울을 만들어도
> 사랑하는 어머니 미동도 않으신다
> 발밑 잡초가 키를 덮고 아카시아 뿌리가
> 입 속에 뻗어도 어머니, 뜨거운
> 어머니 입김 내게로 불어온다
>
> 창을 닫고 귀를 막아도 들리는 빗소리,
> 사랑하는 어머니 비에 젖으신다
> 사랑하는 어머니 물에 잠기신다
>
> — 이성복, 「또 비가 오면」 전문

이성복의 「또 비가 오면」(2시집 『남해 금산』, 문학과지성사, 1896)은 애절한 사모곡이다. "물"과 "비"는 어머니를 젖게 한 부정적인 이미지로 기능해 있다. 어머니는 현실이자 "동시에 세계 내의 삶의 원리, 아니 여건으로 존재하는 대지모신으로서의 어머니이다."(김현) 자식을 위해선 하늘이 무너져도 "미동도 않는 것이 어머니다. 설령 "살 속으로 물이 들어가 몸이 불어나도" 물에 잠겨도, 그 자식을 구할 수만 있다면 뛰어드는 것이 우리의 어머니가 아니던가! "빗물이 눈 속 깊은 곳을 적시고 / 귓속으로 들어가 무수한" 몸으로 환생해도, 자식을 구하러 이승에 올 사람은 어머니뿐이다. 태반에 연결된 그 질긴 인연이 모성이라면 "아카시아 뿌리가 / 입속에 뻗어도 어머니"는, 그 "뜨거운" 사랑의 "입김"을 자식의 심장에 불어넣는다. 마침내 시인은 어머니의 숭고한 사랑 앞에, 불효를 뉘우치며 "비에 젖"는다, "물에 잠"긴다. 이성복의 시에 나타난 "여성적 편향성은 여성과 성(性)에 대한 필요 이상의 관심과 무관하지 않을 것이다. 하나하나의 여성은 그에게 서로 다른 세계로 여겨졌으며 그 다른 세계들로 이어지는 통로가 '성(性)'으로 생각되었다. 물론 이러한 생각은 언제나 생각으로서만 머물러 있었을 뿐, 그가 그 다른 세계로의 '통과제의'를 실천했다는 뜻은 아니다. 한때 그가 연애시야말로 세상의 본질을 파헤치는 가장 유효한 문학 형식이 되리라 믿었던 것도, 그리고 그가 동물이나 식물의 생태학 가운데에서도 특히 '짝짓기'에 관한 연구에 관심을 기울였던 것도, '성'이 만남과 헤어짐, 있음과 없음, 삶과 죽음이라는 '무시무종'의 순환의 기본 고리로 작용한다."(김현) 이 시의 궁극적인 지점은 젖고 잠기는 물의 속성과 불의 이미지("뜨거운 어머니 입김")가 겹쳐진 데 있다. 하여 또 비가 오면, 또 당신의 따스한 기운이 바람처럼 내게로 불어온다는 사실, 그것은 사랑이다. 사랑이란, 고요란 (나의) 어머니다.

비극의 명랑성 – 정호승, 「맹인부부가수」

정호승(1950~, 경남 하동 출생)의 시와 세계는, 사회적 소외계층의 어려운 삶에 대한 연민과 지극한 사랑에 방점이 주어져 있다. 비극적인 세계 인식과 유한한 존재로서 인간의 고독과 외로움을 정제된 언어로 노래한다. 그의 언어의 숨결은 언제나 슬픔과 눈물로 직조(織造)되어 있다. 아픔이 배였는가 하면, 기쁨과 희망의 밧줄도 있다. 그의 언어는 세상 밖의 차가움을 말하지만, 더 깊이 내려가 더듬어보면, 시의 아랫목에는 언제나 곡진한 사랑과 온기가 있다. 시「맹인부부가수」(2시집『서울의 예수』, 민음사, 1982)는 그의 시적 감성을 연민의 차원으로 끌어올린다. 맹인 부부의 노래하는 모습을 통해서 힘들고 어려운 조건에서도 아름다운 세상에 대한 열망과 희망을 잃지 않는 삶의 자세를 형상화한 작품이다.

> 눈 내려 어두워서 길을 잃었네
> 갈 길은 멀고 길은 잃었네
> 눈사람도 없는 겨울밤 이 거리를
> 찾아오는 사람 없이 노래 부르니
> 눈 맞으며 세상 밖을 돌아가는 사람들뿐
> 등에 업은 아기의 울음소리를 달래며
> 갈 길은 먼데 함박눈은 내리는데
> 사랑할 수 없는 것을 사랑하기 위하여
> 용서받을 수 없는 것을 용서하기 위하여
> 눈사람을 기다리며 노랠 부르네
> 세상 모든 기다림의 노랠 부르네
> 눈 맞으며 어둠 속을 떨며 가는 사람들을
> 노래가 길이 되어 앞질러가고
> 돌아올 길 없는 눈길 앞질러가고
> 아름다움이 이 세상을 건질 때까지
> 절망에서 즐거움이 찾아올 때까지
> 함박눈은 내리는데 갈 길은 먼데
> 무관심을 사랑하는 노랠 부르며
> 눈사람을 기다리는 노랠 부르며
> 이 겨울 밤거리의 눈사람이 되었네
> 봄이 와도 녹지 않을 눈사람이 되었네

- 정호승,「맹인부부가수」전문

「맹인부부가수」는 당대 소외계층의 슬픈 자화상을 감동적으로 그리고 있다. 시각 청각 촉각의 복합감각은, 이 시의 어두운 그늘을 더욱 심화시킨다. 맹인 부부와 아이 그리고 이들을 바라보는 제3의 화자가 등장한다. 아이를 업은 장님 엄마, 울음 우는 아이, 노래하는 장님 아버지가 처한 참담한 상황은, 눈 내리는 세상과 대비되어 독자를 가슴 뭉클하게 한다. 특히 "아름다움이 이 세상을 건질 때까지 / 절망에서 즐거움이 찾아올 때까지" 희망찬 삶에 대한 갈망을 밀도 있게 그려낸 점은 탁월하다. 나는 15년 전쯤 대구 약전 골목 앞 '제일서점' 육교 위에서 함박눈이 퍼붓는 겨울 밤,「맹인부부가수」속에 나오는 똑같은 슬픈 장면을 오래 지켜본 적이 있다. 거리에는 눈이 내리고 맹인 아버지는 기타를 치고, 아이를 업은 엄마는 금전통 앞에서 노래를 불렀다. 등 뒤의 포대기에 싸인 아이가 이따금 뒤척이던 장면은, 내 붉은 눈시울에 화인(火印)처럼 찍혀 있다. 시「맹인부부가수」속의 '눈사람'은 빛과 희망의 상징이다. "눈 맞으며 어둠 속을 떨며 가는 사람들"의 외로움을 맹인부부는 노래를 통해 치유해 준다. 한편 이 시는, 소외된 민중들의 아픔을 무관심한 표정으로 스쳐 지나가는, 우리 사회의 일그러진 자화상을 비판하고 있다. '눈사람'을 통해 "봄이 와도 녹지 않을" 현실의 어두운 삶을 역설적으로 되묻는다. 이 시의 백미는 "사랑할 수 없는 것을 사랑하기 위하여 / 용서받을 수 없는 것을 용서하기 위하여 / 눈사람을 기다리며 노랠 부르네 / 세상 모든 기다림의 노랠 부르네"의, 그 깊은 행간의 의미다. 그렇다. 맹인 부부는, 현실은 참담하지만 끝까지 자신들의 희망인 '눈사람'을 기다린다. 아무리 절망적인 상황이 닥쳐오더라도, 그들을 둘러싼 무관심한 세상을 결코 원망하지 않겠다는 다짐의 역설이다. 그 역설은 "노래가 길이 되어 앞질러가는" 따뜻한 긍정의 세계로 승화된다. 긍정이야말로 모든 것을 용서할 수 있는 숭고한 영혼의 샘물이자 사랑의 울림이다. 하여 사랑할 수 없는 것을 사랑하기 위하여, 용서받을 수 없는 것을 용서하기 위하여, 눈사람을 기다리는 맹인 부부와 울음 우는 아이의 모습은, 아무도 돌봐주지 않는 비정한 인간 세계의 비극적 인식을 가리킨다. 맹인가수의 노래는 어둠 속에 내리는 함박눈이자 절망 속의 희망이다. 비극의 '명랑성'이다.

그로테스크, 혹은 유리의 도시 – 김혜순, 「서울」

김혜순(1955~, 경북 울진 출생)의 시는 무엇보다 유니크한 언어 실험과 상징적 이미지를 통해 독자에게 강렬한 인상을 남기고 있다. 욕망을 담은 몸의 시학과 역동적인 에로스(성민엽)로, 망가진 이중나선(정과리) 구조의 특징을 띤다. 현대시작품상 수상 시집인 『나의 우파니샤드, 서울』(문학과지성사, 1994)에 수록된 시「서울」은 예의 시선과 내면 풍경이 잘 스며들어 있는 텍스트이다. 그것은 하나의 '경이로움'이자 '유희'이며, '공포'이자 '문명 비판'으로 기능해 있다. 우파니샤드(Upaniṣad)의 지혜와 길은 '네티 네티'(neti neti: 이것도 아니고 저것도 아니다를 의미하는 산스크리트어)에 있다. 그것은 결국 '내 안의 물과 어머니를 찾아가는 일'이다. 출구 없는 유리와 유리의 도시 서울은 유리처럼 닫힌 열림을 지향한다. 그것은 몸의 내부와도 같이 얽히고설켜 있으며, 미궁이다. 떠나고 돌아오는 자의 플랫폼인 유리는 길 위의 길이며 꿈속의 꿈속, 딴은 '벙어리 그림자'이다. "몸을 깨뜨리고 어떻게 밖으로 나가지? 내 몸 밖에서 누가 나를 아직 부르고 있다" 나는 나를 다시 몸에 새긴다. 투명한 유리와 창에는 무수한 빛과 물이, 어머니의 눈과 마음이 얼비쳐 있다. 이렇듯, 김혜순의 시적 자아들은 그때 난폭하게 세계를 향해 자신을 벌려 스스로 찢어버린 '몸—자의식'을 드러낸다. 이는 자신의 현존을 위협하는 세계에 대한 공격적인 방어의 한 방법인데, 그

드러냄의 극단에 식육적 상상력과 시체 애호증이 자리잡고 있다."(장석주) 그런 측면에서 보면, 자본주의에 대한 회의와 부정, 부조리에 대한 폭로, "유리벽"으로 상징된 어두운 도시 뒷골목의 가면을 적나라하게 까발리고 있는 「서울」은, 마치 거대 도시 '서울'의 지옥도를 연상케 한다.

유리문을 밀고 들어가면 또 유리문이 나온다. 유리문 안쪽엔 출구라고 씌어 있고, 바깥쪽엔 입구라고 씌어 있지만 그러나 나가든 들어가든 언제나 너는 어떤 몸의 내부에 속해 있다. 마치, 난자를 만난 정자가 그녀의 집에 영원히 체포되듯 너는 거기에 속해 있다. 내부의 사람이면 누구나 유리문을 밀고 나가 또 하나의 유리문을 향해 걸어가야 하며, 그곳을 나와서도 또 하나의 유리문을 열어야 한다. 밤이 오면 어떤 유리문들은 네온사인을 달고 여기가 정말 출구예요 말하는 듯하지만 그러나 어디에도 출구는 없다. 어떤 유리문을 열면 거기 매맞은 얼굴들이 한 방 가득 들어 있고, 어떤 유리문을 열면 죽은 네 어머니가 웬일이냐 돌아앉으신다. 어떤 유리문을 열면 길 잃은 파리가 윙윙거리는 방안에 허벅지를 드러낸 여자들이 뒤엉켜 누워 있고, 어떤 방문을 열면 네 시신 위로 구더기들이 한없이 쏟아져나온다. 어떤 유리문은 빗속을 맹렬히 달려 너는 젖은 머리칼을 흔들며 죽어라 그 문을 향해 뛰기도 해야 하고, 어떤 유리문은 지하 깊숙이 미로를 개설하기도 한다. 지하 미로의 매달린 문들의 이름을 믿지 마라. 어떤 문엔 친절하게도 오류역이라 적혀 있기도 하고, 혹은 어떤 문엔 십리를 더 가라고 적혀 있기도 하지만, 그 말을 믿지 마라. 이곳의 사람은 아무도 출구를 모른다. 설탕병에 빠진 개미처럼, 일생의 시간을 다 풀어내어 만든 실뭉치 속에 숨어든 파리처럼. 이곳 가슴의 미궁은 그리 넓지 않아 새벽 네시경, 두 시간이면 동쪽 끝에서 서쪽 끝까지 주파할 수 있지만 몸 밖으로 출구를 찾은 사람은 아직 없다. 가슴속 투명한 미궁의 주인은 오늘 또 세간살이를 몽땅 싣고 정읍에서 올라온 다섯 식구를 접수한다. 그들도 이제 들어왔으므로 출구를 모르리라. 미궁의 유리문들이 점점 늘어난다. 길 위에 길이 세워지고, 물길 아래 물길이 세워진다. 너는 늘 떠나지만 멀리 가지 못하고 늘 제자리로 돌아온다. 새로운 길을 개척해보려 하지만, 늘 역시 그 자리로 돌아오고야 만다. 벙어리 네 그림자는 말하리라. 이 길로 가서는 안 돼요. 그림자 언제나 길은 틀렸어요 말한다. 날마다 복선이 증가한다. 유리벽에 뭘 새길 수 있단 말인가. 그러나 너는 유리벽에 매달려 뭔가 새기려 하고 있구나. 꿈속에 있으면서 꿈속에 전령을 보내려고, 헛되이 허공중에 고운 얼굴을 새기고 있구나. 미로는 날마다 골목 끝에 유리문을 세운다. 이 몸을 깨뜨리고 어떻게 밖으로 나가지? 내 몸 밖에서 누가 나를 아직 부르고 있는데……

- 김혜순, 「서울」 전문

시 「서울」은, 몸을 한없이 확장 시켜 세계를 몸의 보자기로 싸안거나, 몸을 샅샅이 뒤져 세계의 흔적을 발견해내는 특이한 상상력을 보여준다. 그것은 단순한 수사가 아니라 자신의 몸의 경계를 허물고 싶다는 욕망과 관련된, 수평적 번짐의 상상력이다. 그런 그녀에게 서울은 "유리문을 밀고 들어가면 또 유리문"이 나오는 출구가 없는 문이다. 밖에서는 보이지만 들어가면 나올 수 없는 은폐의 문이다. 우리는 그의 '문'을 통해 이미지가 "몸의 내부"와 연결된 은유라는 사실을 발견한다. 이런 숨겨진 세계는 "밤이 오면" "네온사인"을 달고 여기가 출구라고 외친다. 매음과 마약과 환락의 서울은 입구만 존재할 뿐 출구는 없는 비정한 세상이다. "매맞은 얼굴들이 한 방 가득 들어 있고,", "시신 위로 구더기들이 한없이 쏟아져"나오는 지옥도이다. 서울은 폭력과 살인의 공간이자 '오류(역)'의 공간이기도 하다. 하여 서울의 문을 열고 들어선 사람은 "아무도 출구를" 모른 채 죽어간다. "설탕 병에 빠진 개미처럼, 일생의 시간을 다 풀어내어 만든 실뭉치 속에 숨어든 파리처럼." 미궁 속에서 버둥거린다. 하여 서울로 기어든 인간들은 혼돈과 우울 속에서, 음습한 지하 방에 갇혀 어둠처럼 사라진다. "길 위에서 길이 세워지고, 물기 아래 물길"이 세워져도 까마득히 그 진실을 모른 채, 인간들은 자신의 유리 벽에 매달려 뭔가 새기려고 허탕을 친다. 아무리 서울을 벗어나려고 해도 언제나 "그 자리로" 돌아가는 악순환의 고리가 서울이다. 하여 시인은 자괴감 속에 중얼거린다. "이 몸을 깨뜨리고 어떻게 밖으로 나가지? 내 몸 밖에서 누가 나를 아직 부르고 있는데……". 그렇다. 아무리 밖에서 누가 불러도 서울은 대답하지 않는, 자본의 가면을 쓴 관념의 몸뚱어리다. 마약과 사이비 종교들, 지식의 잡탕아들이, 인간의 정신을 갉아먹는 허상의 공간 속에서 유령처럼 떠돈다. 서로가 서로의 몸을 뜯어먹는 아귀들의 아우성처럼 서울은 밤마다 살려달라고 절규한다. 하여 김혜순은 이 시집을 이렇게 규정한다. "나는 그 전경화된 마음의 참혹한 풍경화들에 폭풍처럼 구멍의 길을 낼 언술을 꿈꾸었다. 나는 방법의 다름으로도 말하고 싶었다. 나는 장르 속에 뛰어들어 그 장르를 폭파하고 싶었다. 나는 언술의 방법적 차이로 수많은 전언들의 획일주의에 항거하고 싶었다. 내가 가진 것이라곤 욕망밖에 없으므로 나는 내 욕망을 칼처럼 벼르고 별러 타인(그대)들의 욕망의 구멍을 내보고 싶었다. 아, 욕망의 총체 서울의 콘크리트 심장에 나의 언술의 길을 내보고 싶었다." 결국 「서울」은 성적 욕망이 뒤엉킨 메타포(metaphor)이자, 극사실적 이미지와 환상의 수법으로 채색한 한 장의 그로테스크화(畵)인 셈이다. 그녀에게 서울은 몸을 깨뜨리는 방식으로 다시 세우는 우파니샤드에 이르는 길이자, 유리에서 유리로 이어지는 미궁이다.

물질적 상상력 - 이하석, 「뒤쪽 풍경 1」

 이하석(1948~, 경북 고령 출생)의 첫 시집 『투명한 속』(문학과지성사, 1980)은, 당시 한국의 문학적 현실에서 매우 특이하면서도 이례적인 사건이었다. 문명사회로부터 버려져 아무에게도 주목받지 못한 무기물들에 대한 그의 시적 인식은 매우 이채를 띤다. 극사실주의적인 묘사를 통해 물질문명 세계가 지닌 비인간적이고 황폐한 현실을 섬뜩하리만큼 극명하게 드러내고 있다. 당시 시를 쓰거나 시에 뜻을 두었던 문청에게 그의 작업은, "그래, 이렇게 시를 쓰는 일도 가능하구나"라는 반향과 충격을 불러왔다. 이른바 '물질적(광물적) 상상력'이란 방법론적 접근이다. 서정시나 모더니티 계열의 시들도 상당히 위축되어 있었던 그 당시, 이하석은 70년대 사회의 뒤쪽 풍경에 주목한다. 폐차장 뒷길의 유리 조각에게 '풀'들이 살기를 느낀다는 놀라운 시적 인식은, 문단에 큰 주목을 받았다. 도시 변두리 뒷골목의 풍경을, 사진 작업을 통해 만들어진 그의 시편들은, 행간의 의미가 다층적이고 복잡하다. '유리 조각'과 '풀'의 갈등을 사회적 시선으로 치열하게 다룬 점은 높이 평가된다. 수십 년 각계각층을 취재한 현장 신문기자만이 볼 수 있는 부조리한 사회의 그늘을 예리하게 집었다. 현장의 생생한 목소리를 시에 도입해, 운문 산문 혼용 시법을 구사함으로써, 시적 갈등 구조가 오히려 증폭되는 효과를 낸 시법(詩法)은 독보적이다. 「뒤쪽 풍경 1」에 주목해 보자.

> 폐차장 뒷길, 석양은 내던져진 유리 조각
> 속에서 부서지고, 풀들은 유리를 통해 살기를 느낀다.
> 밤이 오고 공기 중에 떠도는 물방울들
> 차가운 쇠 표면에 엉겨 반짝인다.
> 어둠 속으로 투명한 속을 열어 놓으며,
> 일부는 제 무게에 못이겨 흘러내리고
> 흙 속에 스며들어 풀 뿌리에 닿는다.
> 붉은 녹과 함께 흥건한 녹물이 되어,
> 일부는 어둠 속으로 증발해 버린다.
> 땅 속에 깃든 쇠조각들 풀 뿌리의 길을 막고,
> 어느덧 풀 뿌리에 엉켜 혼곤해진다.
> 신문지 위 몇 개의 사건들을 덮는 풀. 쇠의 곁을 돌아서
> 아늑하게, 차차 완강하게 쇠를 잠재우며
> 풀들은 또 다른 이슬의 반짝임 쪽으로 뻗어 나간다.
>
> — 이하석, 「뒤쪽 풍경 · 1」 전문

「뒤쪽 풍경·1」은 산업화의 그늘이 막 드러나기 시작할 때의 작품이다. 자연과 문명을 대립적으로 설정하여 우울한 전망을 보여주고 있는 이 시의 표면은 "쇠 조각"과 "풀뿌리"와의 대결이다. 하지만, 그 이면엔 개발 독재와 정신의 황폐화를 경고하고 있다. 근대화라는 미명으로 이루어진 산업화의 심각한 폐해는, 사회 전반의 불균형을 초래하였다. 환경과 생태의 파괴는, 이후 문명의 파괴로 전이된다. 「뒤쪽 풍경·1」의 묘사는 냉정하고 예리하다. 김현의 지적처럼, 70년대 산업화 시대의 뒷그늘을 환경 생태학적으로 온전히 접근한 시선은, 이하석의 시가 유일하다. 광물성의 소재에 대한 그의 관심과 탐색은 집요하다. 버려진 '비닐, 휴지, 껌 종이, 못, 깡통, 병, 깨진 유리, 타이어 조각들'을 사진으로 찍어 현상 인화한다. 그렇게 모여진 자료들을 분석하고, 그 분석된 자료 사진을 하이퍼리얼리즘 방식으로 시를 제작한다. 주관적 감정을 극도로 배제한 채, 광물적 이미지를 식물성에 접목해 시대의 문명과 현실을 고발한다. 붉은 녹물이 풀 속에 스며든 풍경은, 그늘진 세계를 연민의 시선으로 바라본다. 폐차장 뒷길의 유리 조각을 '풀'들이 살기를 느낀다는 인식은 예각적인 데가 있다. "유리 조각"을 폭력 집단으로, "차가운 쇠"는 사회의 부조리로, "풀"은 힘없는 민초로 다층적으로 그렸다. 그리고 시제에서 뒤쪽의 '뒤'는 어둠과 세속-현실의 공간을, 풍경은 상처의 이면을 표상한다. 뒤쪽 풍경은 어둡고 깊다.

견인주의자의 노래 - 이기철, 「열하를 향하여」

천 개의 시가 있으면 천 개의 물음과 대답이 있다. 그의 서정시는 규정될 수도, 규정할 수도 없는 세계를 가졌다. 낡은 존재를 지우고, 새로운 집을 지으려는 이기철(1943~, 경남 거창 출생)의 시와 몸짓은 치열하다. 익숙한 것에서 낯선 것을, 사소한 것에서 장엄함을 찾아내는 그의 시안은 깊다. 시집 『열하를 향하여』(민음사, 1995)에서 인간 박지원의 내면적 갈등과 당대 선비의 지조는 엄혹하다. 이 시는 「一夜九渡河記 일야구도하기(하룻밤에 한 강물을 아홉 번이나 건너다)」속의 '사물을 인식할 때, 외물에 영향을 받지 말아야 진정 깨달음에 도달할 수 있다'는, 연암의 철학을 바탕으로 형상화되었다. 여기서 시인이 다다르고 싶은 정신의 극점과 이상향은 격렬하게 구가된다. 한편, 그의 시집 『유리의 나날』(문학과지성사, 1998)은 90년대 가장 낯선 '문학적 사건'으로 꼽힌다. 이 시집은 현대시사의 정신주의적 문학으로서 특이한 위치를 점한다. 언어의 절차탁마를 가감 없이 보여준 진경이자, 견인주의자로서, 시의 묘처를 얻었다. 그의 고백처럼 「유리에 닿는 길 2」은 폴 발레리(프랑스, Paul Valery, 1871~1945)의 순수시(Pure poem)에 기대어 있다. 언어의 명징성과 순수성, 객관성과 극한성이 그것이다.

> 형틀의 사내처럼 내 가슴에 가시를 박고
> 내 손과 발에 못을 쳐라
> 그러면 나는 지면서 아름다운 꽃잎처럼
> 온몸의 피를 흘려 내 발을 적시리라
> 내 발을 적신 피 흐르고 흘러
> 십리 마른 땅 모래밭을 물들이리라
>
> 바위여, 천근 무게로 내게로 와서 내 몸의 욕망을 압살하라
> 나는 바위에 눌려 마침내 가지를 버린 마른 잎으로 남으리라
> 그러면 나는 투명한 한 장 유리가 되어
> 천의 살을 불태우는 고압의 전류를
> 내 뼈로 막으리라
>
> 그때가 되면 모든 잠, 모든 끼니 벗어던진 철사 인간으로 나는 서서
> 산 것들이 두려워하는 주림과 목마름을 떨쳐버리리라
> 폐도 간도 위도 항문도 버린 철사 인간으로 나는 남아

영욕과 휴식을 떠나 지상의 어디에도
그림자 남기지 않는 유리가 되리라

귀가 구하는 노래, 눈이 부르는 고혹, 코가 찾는 향기, 입이 누리는 감미
로움
다 던져버리고 나면
내 지상에서 남긴 말은 한 점 잉크로 남아
마침내 내 정신이 걸어간 금결의 흔적이 되리라

내 경배하는 유리, 몸을 찔러 마음을 서게 하는
가시여
내 정신의 채찍인 못과 바늘이여

- 이기철, 「유리에 닿는 길 2」 전문

사물 이미지로서 유리(琉璃)는 구도와 초월을 지향한다. 그는 고도로 단련된 정신과 극한의 경지를 파고든다. 이기철이 사용한 '추위와 더위, 차가움과 뜨거움, 인내와 극기, 염열(炎熱)과 금욕, 인종(忍從)과 수정(水晶), 명징과 이녕(泥濘), 진창과 염량(炎涼), 한서(寒暑)와 천축(天竺)'은, 궁극적으로 유리에 닿는 은유이다. 시「유리(琉璃)에 닿는 길 2」은, 견자(見者)의 시이자, 선시일여(禪詩一如)의 세계를 보여준다. 격물치지의 놀라운 관(觀)은, 실로 한국 정신주의시의 극단을 체험케 한다. 그의 시는 정신과 도(道)의 칼날 위에 서 있다. 시적인 것과 비시적인 것을 구분하고, 비시적인 불순물이 제거된 상태를 통해, 그의 언어는 마침내 '유리'에 닿는다. 언어의 절대 순수란 존재하지 않지만, 그는 끝없이 순수를 향해 직진한다. 언어는 수천 년 동안 인간의 감정과 조작을 통해 욕망을 드러내 왔다. 이기철은 언어를 통해 언어의 극한을 넘어서려고 시도한다. 죽음을 통해 부활한 예수가 그랬듯, 그는 "가슴에 가시를 박고", 자신의 "손과 발에 못을" 친다. "지면서 아름다운 꽃잎처럼",

"온몸의 피를 흘"리며, "발을 적"신다. 이런 고행이야말로, 관념을 뚫어 '유리에 닿는 길'이며, "내 몸의 욕망을 압살하"는 성스런 행위다. 유리에 닿는 길은 곧 시에 이르는 길이다. 아무리 "천의 살을 불태우는 고압의 전류"가 "뼈"를 녹일지라도, 그는 "철사 인간으로" 서서, "산 것들이 두려워하는 주림과 목마름을 떨쳐버리"겠다고 염원한다. 하여, 궁극엔 "못과 바늘"로 제 "몸을 찔러 마음을 서게 하"는 정신의 구도자가 된다. 차가운 유리의 투명함/명징함 속에는 얼마나 많은 열망과 절망, 오래 참음과 뜨거운 피가 스며있는 것인가. 그런 정신의 깊이에서 마침내 "지상의 어디에도 / 그림자 (하나) 남기지 않는 유리"가 된다. 산야스(Sanyās, 구도자)가 된다.

고뇌, 그리고 탐미 – 고은, 「사치奢侈」

키에르 케고르(덴마크 철학자, 1813~1855)는, 시인은 "심장에 깊은 고뇌를 감추고 있는 불행한 사람"이라고 갈파하였다. 어떤 측면에서 고은(1933~ 전북 군산 출생)은, 참혹한 시대를 관통한 역사의 목격자였다. 그의 초기 시는 불안한 무의식의 흔들림을 통해 병적 탐미주의를 추구한다. 「폐결핵」(시집 『피안감성』, 청우, 1960)과 「사치奢侈」(시집 『해변의 운문집』, 신구문화사, 1964)는 젊은 날의 고은을 가장 잘 보여준다. 한국 전쟁의 트라우마는 그의 삶 전체를 허무와 정신 분열로 몰아갔다. 그의 시에서 빈번히 나타나는 '누님, 형, 형수'의 근친 간음의 시적 허구는, 그런 상처에 연유한다. 파계하기 전엔 당대 선승 효봉(1888~1966)의 제자이기도 하였다. 언어를 통해 언어를 뛰어넘는 고은 특유의 번뜩이는 시 정신은 불교의 선(禪)과 내통한다. "「폐결핵」이 금기로 여겨지는 가족 사이의 비밀스런 성애와 질병에 대한 몽상을 버무려 빚은 낭만적 탐미주의와 삶에 대한 깊은 허무주의를 오롯하게 보여준 시"(장석주《현대시학》12월호, 2012)라면,「사치(奢侈)」는 천부적인 언어의 감수성과 병적 탐미를 극한으로 치고 나간 작품이다.

어린 시절 고향 바닷가에서 자주 초록빛 바다를 바라보았습니다
그 바다가 저에게 자꾸 달려오려고 애를 썼으나
저는 조금씩 물러날 뿐 마중 나가지도 못하고 바다는 바다일 뿐이었습니다
빨랫줄은 너무 무겁게 팽팽해지고 마른빨래는 날아가기도 했습니다
저 세상의 깃발은 빨래와 이 세상인 바다로
제가 가지고 있던 오랜 병(病)은
착한 우단 저고리의 누님께 옮겨갔습니다
아주 그 오동꽃의 폐장(肺臟)에 묻혀 버리게 되었습니다
누님은 이름 부를 남자 하나가 없고
오직 〈하느님!〉〈하느님!〉만을 부르고 때로는 아버지도 불렀습니다
저는 파리한 몸으로 누님의 혈맥에 흐르는 갈대밭의 애내를 들었습니다
이듬해 봄이 뒤뜰에서 머물다 떠나면
어쩌다 늦게 피는 꽃에 봄이 남아 있었습니다
백철쭉꽃이야말로 여름까지도 이어졌습니다
이윽고 여름 한동안 저는 흙을 파먹기도 하며 울기도 했습니다
비가 몹시 내리고 마을 뒤 넓은 간사 농지는 홍수에 잠겼습니다
집이 둥둥 떠내려가는 온종일의 물 세상
누님께서 더욱 아름다웠기 때문에 가을이 왔습니다
그렇습니다 진정코 누님이야말로 가을이었습니다
찬 세면 물에 제 푸른 이마 잔주름이 떠오르고
세수를 하고 나면 가을은 마치 하늘이 서서 우는 듯했습니다
멀리 기적 소리는 확실하고 그 위에 가을은 한 번 더 깊었습니다
잎 진 나무에 겨우 몇 잎새만 붙어 있을 때도
그것은 사람에게 빈 나무이게 하고
누님은 그 잎새들과 더불어 이야기했습니다
기역자나 니은자 없이도 새소리 없이도 곧잘 말했습니다
그리고 맑은 뜰 그 땅 밑에서 뿌리들도 제대로 놀고 있었습니다

하늘 역시 이 세상인 듯 하늘나라임에 틀림없고
그 하늘이 소리치며 더 푸르기 때문에 제가 눈 빠는 버릇이 자고
어디서인지 제 행선지가 재삼재사 저를 기다리고 있었습니다
누님께서 기침을 시작한 뒤 저는 급격하게 삭막하였습니다
차라리 제 턱을 치켜들어 삼라만상을 우러러보아도
다만 제 발등은 움쩍도 않고 노쇠로 복수 받았습니다
마침내 제가 참을 수 없게, 울 수도 없게 누님은 피를 쏟았습니다
한아름의 치마폭으로 그 피를 껴안았습니다 쓰러졌습니다
그때 저는 비로소 보았습니다 누님의 깊은 내부가 외부임을
그리고 그 동정(童貞) 안에 내재하는 조석(潮汐)의 고향 바다를
그 뒤로 저의 잠은 누님의 시든 잠이었습니다
누님의 방에는 산 자 죽은 자의 고막(鼓膜)으로 가득찼고
저는 문밖에서 숱한 밤을 한 발자국씩 새웠습니다
누님께서 우단 저고리를 갈아입던 날
저는 누님의 황홀한 시간을 더해서
겨울 간사지 개펄을 헤매다가 돌아왔습니다
이듬해 봄의 음력 안개 방울 달린 빈 빨랫줄을 가리키며
누님의 흰 손은 떨어지고 이 세상을 하직했습니다
저는 울지 않고 그의 흰 도자 베개 가까이 누워
얼마만큼 그의 죽음을 따라가다 돌아왔습니다
관 속은 누님인지 나인지 또는 어떤 기쁨인지 모르는 어둠이었습니다

- 고은, 「사치(奢侈)」 전문

누이의 병과 죽음을 둘러싼 유년의 시간과 이미지를 그린 「사치(奢侈)」는 48행의 장시임에도 불구하고 운율의 아름다움이 슬픔 속에 깊이 스민다. '~바라보았습니다', '~뿐이었습니다', '~불렀습니다', '~쏟았습니다' 등에 보이는 종결형 어미의 반복은, 사건을 확인(각인)시키는 기능을 담당한다. 이는 시를 틀 속에 가두는 위험성도 내포하지만, 유려한 내재율의 리듬은, 도리어 「사치」를 추상과 모호함의 미학으로 끌어올린

다. 「사치」는 우주가 보낸 죽음의 충격을 받은 듯, 허공의 귀에 대고 속삭인다. 그것은 '병(病)'이란 은유이다. 위급이 인간의 정신을 세우듯, 병은 삼라만상을 치명(致命)으로 물들인다. 만물 속에 내재한 병은, 어느 모로 무의식을 불러내는 시다. 필요 이상의 돈이나 물건을 쓰거나 분수에 지나친 생활을 '사치(奢侈)'라 한다면, 왜 시인은 병을 '사치'로 보고 이를 시제로 정했을까. 우울하고 고독한 혼자만의 생활을 어느 모로 즐겨서일까, 아니면 두렵고 섬뜩한 죽음의 그림자가 우리네 삶과는 거리가 있다고 느껴서일까. "누님의 혈맥에 흐르는 갈대밭의 애내"는 애조를 띤다. 그리고 피를 쏟으며 죽어가는 누님의 슬픈 환청을 듣는다. 병은 자연이 인간에게 준 가장 고귀한 겸손이다. 신경의 떨림은 우주의 슬픈 화음이자, 황홀이 켜는 선율이다.

「사치」 속에는 죽음을 만져본 자만이 아는 크나큰 우울과 군산 앞바다의 물 우는 소리가 있다. 누님인 듯, 꽃인 듯, 피인 듯 그 우는 곡소리는 밤마다 몸부림치는 꿈속 슬픈 진혼곡이다. 생에서 죽음이 싹트는 엄혹한 사실 앞에서, 누님의 죽음을 통해 생이 열리는 혹독한 비애를 본다. 보들레르에 심취한 고은의 「사치」는 붉게 쏟은 피의 냄새가 진동한다. 암울한 형이상학의 미학은, 누님의 추상을 타고 서늘한 음기(陰氣)의 흐름을 보여준다. 그리고 '누님과 나', '바다와 달'을 빌어 지금껏 수만 생을 윤회한 고은의 또 다른 환생의 모습을 「사치」에서 그려낸다. 아무려면 어떤가. 우리는 지금 「사치」를 읽으며, 시 속의 누님이 고은이든 관(棺) 속의 고은이 누님이든 괘념치 않는다. 단지 저 핏속 애내의 서러운 뱃노래를 흥얼흥얼 따라 부르며, 죽음 쪽으로 겸허하게 저마다의 생을 노 저어 가면 된다. 이제 "(누님의) 깊은 내부가 외부임을" 본 사람은 누구인가, 그리고 누님의 가을, 가을의 깊이는 어디서 오는가.

■ 참고 시집 및 문헌

고　은 『피안감성』(청우, 1960)
고　은 『해변의 운문집』(신구문화사, 1964)
금은돌 『금은돌의 예술산책』(청색종이, 2020)
강우식 『한국현대시사』(민음사)
고형진 『백석시 바로 읽기』(현대문학, 2006)
권기덕 『P』(중앙북스, 2015)
김기택 『사무원』(창비, 1999)
김남주 『학살』(한마당, 1990)
김동원 『깍지』(그루, 2016)
김동원 『빠스각 빠스스각』(그루, 2022)
김민철 〈문화일보〉 당선작 「풍경 재봉사」 (문학세계사, 2012)
김부식 『삼국사기』 「설총」 조
김사람 『나는 이미 한 생을 잘못 살았다』(천년의 시작, 2015)
김선우 『내 몸속에 잠든 이 누구신가』(문학과지성사, 2007)
김수영 『김수영 전집 1권(시), 2권(시론)』(민음사, 1981)
김승희 『세상에서 가장 무거운 싸움』(세계사, 1995)
김열규 『욕, 그 카타르시스의 미학』(사계절, 1997)
김이듬 『히스테리아』(문학과지성사, 2014)
김용택 『그 여자네 집』(창작과비평, 1998)
김용택 『그래서 당신』(문학동네, 2006)
김지하 『오적(伍賊)』(동광출판사, 1985년)
김지혜 〈동아일보〉 당선작 「이층에서 본 거리」(문학세계사, 2001)
김춘수 『김춘수 시전집 1권, 시론집 2권』(현대문학, 2004)
김현자 『한국현대시사』(민음사)
김혜순 『달력 공장 공장장님 보세요』(문학과지성사, 2000)
기형도 『입 속의 검은 잎』(문학과지성사, 1989)
기형도 전집편찬위원회 『기형도전집(시·산문·소설)』(문학과지성사, 1999)
까　뮈 『시지프 신화』(민음사)

나짐 히크메트 『나짐 히크메트 시선집』 (태학사, 2021)
남경태, 『개념어사전』 (휴머니스트, 2012)
노태맹 『벽암록을 불태우다』 (삶창, 2016)
류인서 『신호대기』 (문학과지성사, 2013)
문인수 『동강의 높은 새』 (세계사, 2000)
문　정 〈문화일보〉 당선작 「하모니카 부는 오빠」 (문학세계사, 2008)
문정희 『양귀비꽃 머리에 꽂고』 (민음사, 2004)
문정희 『나는 문이다』 (뿔 출판사, 2007)
문태준 외 『한국의 애송시2권』 (조선일보사, 2008)
D.H 로렌스 『채털리 부인의 연인』 (민음사, 2003)
박남철 『地上의 人間』 (문학과지성사, 1984)
박목월 『박목월 시전집』 (서문당, 1984)
박봉우 『나비와 철조망』 (미래사, 1991)
박상순 『나는 장난감 신부와 결혼한다』 (민음사, 2019)
박상순 『6은 나무 7은 돌고래』 (민음사, 1994)
박이화 『그리운 연어』 (애지, 2009)
박재삼 『춘향이 마음』 (신구문화사, 1962)
박현수 『한국현대시사』 (민음사, 2007)
배한봉 『제26회 소월시 문학상 작품집』 (문학사상사, 2011)
백　석 『멧새소리』 (미래사, 1991)
변희수 〈경향신문〉 당선작 「의자가 있는 골목-李箱에게」 (문학세계사, 2016)
소래섭 『백석의 맛』 (2009, 프로네시스)
상희구 『노곡동 징검다리』 (오성문화, 2014)
서안나 「동백 아가씨」 (『시와문화』 여름호, 2007)
손은주 『애인을 공짜로 버리는 방법』 (시와사람, 2022)
송수권 『한국대표시인 101인 선집』 (문학사상, 2005)
송재학 『소월시문학상 수상집』 (문학사상, 2010)
송종규 『공중을 들어 올리는 하나의 방식』 (민음사, 2015)
송찬호 『고양이가 돌아오는 저녁』 (문학과지성사, 2009)
송하선 『미당평전』 (푸른사상, 2008)

서정주『미당시전집 1, 2, 3권』(민음사, 1983)
신범순『이상시전집』(나녹, 2017)
심지현〈경향신문〉당선작「갈라진 교육」(문학세계사, 2014)
안상학『그 사람은 돌아오고 나는 거기 없었네』(실천문학사, 2014)
엄원태『먼 우레처럼 다시 올 것이다』(창비, 2013)
여　정『몇 명의 내가 있는 액자 하나』(민음사, 2016)
오규원『현대시작법』(문학과지성사, 2017)
오규원『가끔은 주목받고 싶은 생이고 싶다』(문학과지성사, 1987)
오민석「욕망의 사회학을 향하여」(『시와 표현』여름호, 2020)
오　윤『오윤 전집 1, 2, 3권』(현실문화, 2010)
오닥빈 4시집『겨울 강』(세계사, 1994)
에이브람즈(M.H. Abrams)『거울과 램프』
유안진「죽은 자도 깨우는 밀교의 呪文 같은 시를」(『시와 시학사』, 2000)
이가림『빙하기』(민음사, 1973)
이규리『최선은 그런 것이에요』(문학동네, 2014)
이기철『열하를 향하여』(민음사, 1995)
이기철『유리의 나날』(문학과지성사, 1998)
이성복『끝나지 않는 대화』(열화당, 2014)
이성복『남해금산』(문학과지성사, 1986)
이수명『횡단』(문예중앙, 2011)
이수명『표면의 시학』(난다, 2018)
이승훈『환상이라는 이름의 역』(미래사, 1991)
이장희『봄은 고양이로다』(대일출판사 -대구문인협회, 1996)
이정록『어머니 학교』(열림원, 2012)
이정록『정말』(창비, 2010)
이종건『깊은 이미지』
이하석『투명한 속』(문학과지성사, 1980)
이　향『희다』(문학동네, 2013)
이혜순『나의 우파니샤드 서울』(문학과지성사, 1994)
임　보「팬티」(월간『우리 詩』6월호, 2009)

임영조 『갈대는 배후가 없다』(세계사, 1992)

장정일 『길 안의 택시 잡기』(민음사, 1988)

장 폴 리샤르(윤영애 역, 『시와 깊이』)

장 보드리야르 『사라짐에 대하여』

정끝별 『어느 가슴엔들 시가 꽃피지 않으랴 1권』(민음사, 2008)

정끝별 『시론』(문학동네, 2021)

정 민 『한시미학산책』(휴머니스트, 1996)

정정호 편, 『들뢰즈 철학과 영미문학 읽기』(도서출판 동인, 2003)

정호승 『서울의 예수』(민음사, 1982)

조유인 〈매일신문〉 당선작 「금관」(문학세계사, 2001)

조인호 『방독면』(문학동네, 2011)

조지훈 『한국대표시인 100인 선집』(미래사, 1991)

최문자 「꽃은 자전거를 타고」(『시와시학』 봄호, 2007)

최백규 「레드 파라다이스」(『문학사상』, 2014)

최완식 『주역』(혜원출판사, 1989)

최재봉, 『포노사피엔스』(샘앤파커스, 2019)

최창윤 『잘 가라, 버디 홀리』(북인출판사, 2015)

함민복 『우울氏의 하루』(세계사, 1990년)

황성희 「할로윈 무도회」(『앨리스네 집』, 민음사, 2005),

황은주 〈중앙일보〉 당선작 「삼만 광년을 풋사과의 속도로」(문학세계사, 2013)

호프만 『수고양이 무어의 인생관』(문학동네)

허수경 『혼자 가는 먼 집』(문학과지성사, 1992)